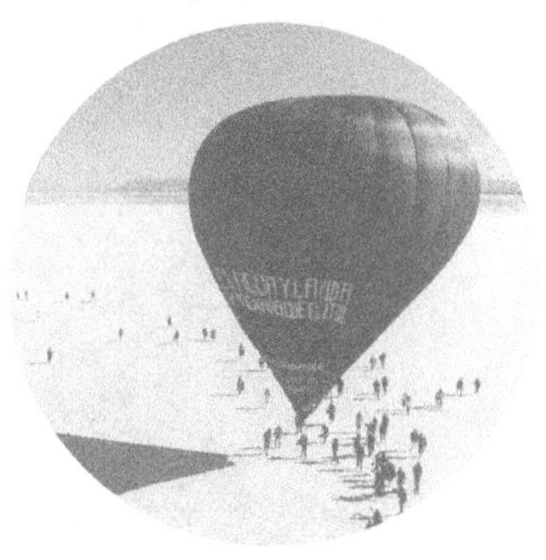

MIND THE GAP
La vita tra bioarte, arte ecologica e post Internet
di Elena Giulia Rossi

in copertina: Victoria Vesna, *Blue Morph*, 2007

tutte le immagini: courtesy dell'autore
se non diversamente specificato

book design: Alessandra Mancini

© 2020 Postmedia, Milano
www.postmediabooks.it

ISBN 9788874902897

MIND THE GAP

LA VITA TRA BIOARTE, ARTE ECOLOGICA E POST INTERNET

Elena Giulia Rossi

postmedia ● books

7   Introduzione

Capitolo 1
CODICE DELLA VITA
E VITALITÀ DEL CODICE

17   1. Arte e nanotecnologie. Percepire il mondo
      molecolare con Victoria Vesna
24   2. Creare in nano scala con Alessandro Scali
      e Robin Goode
26   3. Simulazioni evolutive con William Latham
29   4. Nell'occhio della bioarte
          4.1 Nello sguardo transgenico di Eduardo Kac
          4.2. Arte e biotecnologia nella dimensione analogica
              con George Gessert e Marta de Menezes
          4.3. Modellare la natura con l'ingegneria tissutale:
              Tissue Culture & Art Project
          4.4. Immaginare il DNA con Paul Vanouse
          4.5. Biologia, arte e politica
48   5. Verso l'ibridazione
51   6. Ibridazioni intelligenti

Capitolo 2
LA VITA E LA QUESTIONE
CLIMATICA

70   1. Visioni sistemiche: Hans Haacke
71   2. Forme e dimensioni della natura:
      dalla Land Art alla Sound Art
83   3. Lo sguardo tecno-ecologico di Piero Gilardi
87   4. Vedere attraverso i suoni: Andrea Polli
92   5. Tra ragione e sensazione: Janine Randerson
95   6. Visualizzare i dati nel tempo analogico: un passo
      indietro, sulle orme di Alexander von Humboldt
96   7. Percepire il clima con Olafur Eliasson
101   8. Volare verso il post-Antropocene
      con Tomás Saraceno
107   9. Verso il paesaggio algoritmico

Capitolo 3
LA VITA NELLO SGUARDO
DEL NETWORK

115   1. Entrata del paesaggio nella dimensione ubiquitaria
119   2. Seguendo la curva della New Economy
122   3. Dentro l'immagine, verso la perdita del centro
126   4. Il paesaggio nell'economia fluida
130   5. Il paesaggio fuori dal tempo
132   6. Il paesaggio tra i nodi della Blockchain
136   7. Tra visibile e invisibile, tra fisico e virtuale
141   8. Materialità effimera
142   9. Una questione di sguardo… e di metodo
146   10. Il *Media landscape* nell'occhio e nel metodo
          di Antoni Muntadas

Capitolo 4
SPAZI LIMINALI: ISTITUZIONI, LINGUAGGIO,
COMUNICAZIONE, ARCHIVIO

159   1. Arte "viva" e istituzioni
165   2. Il clima nel raggio istituzionale
168   3. Linguaggio e comunicazione
173   4. L'archivio

178   Bibliografia

INTRODUZIONE

Mind the Gap rilegge i cambiamenti epocali che hanno seguito l'era informatica nello sguardo caleidoscopico dell'arte. La tecnologia applicata alla biologia, il suo estendersi all'ecologia, il confluire del tutto nel paesaggio algoritmico si ritrovano in sperimentazioni artistiche riconosciute in generi come: nanoarte, bioarte, arte meteorologica ed ecologica, arte del network (net art e post-Internet). Coltivati per lo più in un contesto di nicchie specialistiche, si rivelano punti di vista preziosi per ripercorrere la storia a ritroso, per poterla rallentare e soffermarsi su alcuni aspetti e momenti, prima inosservati, in realtà centrali. Il testo corre a ritmo serrato, oscilla tra ciò che l'arte vede e i metodi impiegati; sguardi che hanno saputo cogliere l'invisibile molto prima che si restituisse prova della sua esistenza. Adottarli può significare cambiare il modo di vedere e di raccontare. Questa è una di tante storie possibili.

Biologia, tecnologia, informatica, ecologia e lettura dei dati, sono tutti parte dell'ecosistema che in questo momento sembra attraversare un cambiamento epocale, ma che è tutt'altro che improvviso. Artisti, filosofi e scienziati hanno sentito l'impulso di cercare nuovi termini, concorrendo alla definizione della nuova era a seguire l'Antropocene, Chtulucene (Haraway), Novacene (Lovelock), Nuova Era Oscura (Bridle), sono solo alcuni esempi.

Il linguaggio emerge nel paesaggio e nella vita in una posizione centrale, magma da dove la realtà materializza la sua forma ed essenza. Basti pensare al potere evocativo della *cloud*/nuvola che ci allontana dai cavi e dall'elettricità dalla quale tutta questa circolazione di dati ancora dipende. Il termine *iperoggetto* che Timothy Morton attribuisce a fenomeni come buchi neri, sistema solare, clima, somma complessiva del materiale nucleare presente sulla Terra, è visualizzato nella sua qualità «"iper" in relazione a qualche altra entità, siano essi costruiti direttamente dagli esseri umani oppure no».[1] Questo non è solo un termine. Ci proietta fuori dall'illusione del mondo sferico di Google Earth, ombra della prima immagine della Terra scattata dalla Luna e, ne ricolloca la visione in una posizione interna al tutto.

Un numero sempre maggiore di scienziati, artisti, filosofi, teorici e scrittori concordano nell'attribuire la crisi attuale a una crisi di conoscenza. Questo significa che dobbiamo imparare nuovamente a guardare nel senso più esteso del termine.
«Dobbiamo, dunque, per ottenere un miglioramento della situazione attuale, innanzitutto "riscattare l'innaturale" trasformare eventi artificiali in eventi naturali o naturalizzati attraverso un'azione di volontà e di conoscenza».[2] Lo sosteneva Gillo Dorfles alla fine degli anni

Sessanta. Ma la conoscenza è rimasta incasellata in un sistema non ancora aggiornato al cambiamento. Nel frattempo, tutto è assimilato nel tutto, metabolizzato nel corpo e nella coscienza, così vicino da annullare ogni possibile distanza da noi che siamo diventati "l'altro", ma anche l'oggetto stesso, come Tzvetan Todorov indicava lo spazio della diversità umana.[3] Possiamo immaginare di sostituire l'altro da noi con tutto ciò che esiste nella dimensione non organica.

Lo sguardo e il metodo adottati dagli artisti che hanno accompagnato il racconto hanno cercato di conquistare proprio questa distanza dall'oggetto in questione. Se non altro, sono partiti dalla consapevolezza di doverla cercare. Tutti si sono posti al limite tra discipline, tra spazi, tra arte e vita. Il limite diventa una condizione, un'energia oscillatoria che emerge dalla materia quantistica. *Mind the Gap* si sofferma proprio su questi spazi, vuoti apparenti, piuttosto anelli di congiunzione tra cose. Porsi al limite tra spazi sembra rispondere all'esigenza di cercare l'*intervallo perduto* che, ancora Gillo Dorfles, auspicava trovare in un mondo inquinato dall'"ipertrofia segnica".[4] Il compito è arduo, ancor di più quando arte e musei sono diventati parte del flusso.[5] Eppure, lo sforzo di tutti questi sguardi creativi (che sono stati qui presi in considerazione) è stato, ed è, quello di trovare un punto di vista "altro", di uscire dal flusso e da noi stessi, di avere un punto di osservazione che non sia ingabbiato all'interno di ciò che si cerca di vedere. Il paradosso è che per fare questo, per uscire dall'oggetto, è stato necessario entrare in simbiosi con esso. Potrebbe questa essere una nuova modalità di ritrovare quella "funzionalità" dell'arte perduta «nel prevalere di forme edonistiche, frivole, esclusivamente velleitarie o mercantili»?[6]

Prima ancora, quando si parla di sperimentazioni, al confine tra arte, scienza, network e informatica, c'è una domanda che sorge spontanea: "Questa è arte?". La premessa da fare a qualunque risposta si candidi a possibilità, è che l'arte è andata incontro a diverse trasformazioni, difficili da visualizzare quando ancora radicati in un'idea preconcetta di arte come rappresentazione. Tanto è cambiata, da doverla cercare nuovamente alla radice del suo significato. Nella lingua latina, infatti *ars* traduce la parola greca *téchne,* termine con il quale i Greci riconoscevano abilità mentali e manuali che comprendevano discipline come la medicina, la geografia, la navigazione, la pesca e la strategia militare. Lo sottolinea anche Jose Jiménez per aiutare a traghettare verso significati possibili attribuibili al tempo attuale, quando «il termine arte, pieno di una sua nuova vitalità, rinvia oggi ad *una mescolanza*, ad *una sintesi*, ad *un ibrido* così come il mondo in cui viviamo, sempre più profondamente meticciato»[7].

Ma l'intenzione, lo abbiamo detto, non è quella di discutere sull'arte, né sulla legittimazione o meno di questi approcci sperimentali, che in fondo tutte le opere prese in questione hanno adottato. Alcuni accenni sono però necessari, anche nella misura in cui l'arte è parte della vita, un canale potenzialmente importante per scuotere dall'assuefazione e combattere ciò che più radicalmente ha contribuito alla crisi attuale. Il discorso si muove, comunque, su un doppio binario e alcune cose vanno chiarite anche per chi si avventurasse in questa lettura per pura curiosità rispetto alle questioni trattate e affatto attratto dall'arte. In questo contesto, ci basti sapere che, anche come conseguenza del progresso tecnologico e delle mille possibilità messe in gioco nell'"epoca della riproducibilità tecnica", così la definiva Walter Benjamin[8] nel suo celebre saggio, l'arte si è avvicinata sempre di più alla vita. Dalle avanguardie dei primi decenni del XX secolo, a successive evoluzioni con body art, arte concettuale, optical art, arti performative... e ancora, appunto, land art, nanoarte, bioarte, arte algoritmica, l'avvicinamento progressivo dell'arte alla vita ha finito per combaciare con la stessa, entrando in quel vortice di ibridazione che configura il paesaggio attuale. L'arte rende la vita manifesta, percepibile, più che ritratta in una rappresentazione. Questo ha comportato un coinvolgimento dello spettatore su più fronti, in vere e proprie esperienze.

«La consapevolezza moderna della pratica artistica, sottolinea Dario Evola, consiste nell'acquisizione dell'arte come funzione e non più come imitazione, né tanto meno di imitazione del bello»[9].
Il dato di fatto, qualunque sia l'esito che risponde alla questione di cosa sia l'arte, è che le opere citate, elette ad arte dagli stessi artisti-ricercatori e poi dai musei che le hanno consacrate tali, hanno rivelato aspetti del paesaggio e delle sue trasformazioni invisibili allo sguardo assuefatto. Questo processo, inoltre, è proseguito nel tempo, lasciando tracce preziose in frangenti temporali in cui sarebbero passate del tutto inosservate per poi diventare obsolete.

Quello che delle opere selezionate ci interessa, non è solo ciò che rivelano ai nostri occhi, ma i loro metodi trasversali e transdisciplinari, tutti altrettanto validi per poter imparare ad adattare lo sguardo all'oscurità di questa nuova era. Il loro porsi al limite. In alcuni punti il testo si è soffermato su sguardi Maestri come quello "sistemico" di Hans Haacke, quello tecno-ecologico di Piero Gilardi, quello "metodologico" di Antoni Muntadas. Il metodo scientifico di Alexander von Humboldt (1796-1859) che nel XIX secolo costruiva visualizzazioni di dati, percorrendo, osservando e riproducendo il mondo, passo dopo passo, ci fa capire come tutto ciò che celebriamo come nuovo, anche in complicità con la comunicazione, non è altro che il frutto di una grande operazione di accelerazione che lascia i passaggi sempre più indecifrabili. L'artista è cambiato e a volte questo aspetto è stato trascurato nella tensione di capire cosa sia l'arte in senso assoluto. «Ora l'artista assume nei confronti della comunicazione, un atteggiamento investigativo. Da un punto di vista metodologico, ad esempio, sposta i procedimenti interpretativi dal piano dell'espressione a quello dell'azione, impegnandosi in un discorso aperto alla costruzione di processi interattivi che sottolineano uno sfilacciamento della dimensione temporospaziale e una revisione del rapporto opera-pubblico (opere – pubblici)».[10] Così metteva a fuoco, Antonello Tolve, l'artista nell'epoca del *policentrismo ubiquitario* (2013), quando di ubiquità, di policentrismo e di ibridazione se ne parlava sì, ma con una certa prudenza e distanza. Un anno prima, Carolyn Christov-Bagargiev curava un'edizione di Documenta, *dOCUMENTA (13)*, manifestazione quinquennale a Kassel (Germania), tra le più importanti al mondo, destinata a rimanere nella storia per la sua apertura e trasversalità, coinvolgendo ricerche in vari campi scientifici e artistici ad altre forme di sapere, antiche e contemporanee, un'ibridazione non affatto scontata.

Lasciamo ora il racconto proseguire nelle opere e nei metodi degli artisti che hanno contribuito al viaggio nel paesaggio contemporaneo riflesso nell'occhio trasversale del loro agire creativo. Non ci sarebbe da meravigliarsi se le trasformazioni dell'arte, così come il ruolo dell'artista, andassero incontro a ulteriori cambiamenti, aprendo il sipario su una nuova tipologia di artista ibrido. Ma questa è materia per un altro capitolo.

Il libro è strutturato in quattro macro aree: *La vita del codice e il codice della vita*; *La vita e la questione climatica*; *La vita nello sguardo del network*, e *Spazi liminali: istituzioni, linguaggio, comunicazione e archivio*. Ciascuna funziona a sé, nella sua riconfigurazione con ogni altra area e nel tutto. La successione, che nella carta stampata è inevitabilmente lineare, è immaginata come circolare e nell'ottica di uno sguardo sistemico.

Il primo capitolo, *La vita del codice e il codice della vita*, si addentra subito nella dimensione della vita a livello molecolare e genetico in compagnia di artisti che, spesso in dialogo con la scienza, si sono avventurati nel microcosmo della materia dove hanno ritrovato verità universali. Con la nanoarte lo hanno osservato e restituito in forme percepibili (Victoria Vesna) e lo hanno manipolato dal suo interno (Alessandro Scali e Robin Goode). La simulazione algoritmica di dinamiche biologiche (William Latham) l'ha traghettato nel "vivo" della manipolazione della vita, con bioarte e arte transgenica, termine coniato da Eduardo Kac del cui lavoro si parlerà ampiamente. Abbiamo attraversato diversi modi di impiego di manipolazione genetica, con metodi "naturali" (Marta de Menezes, George Gessert), applicando l'ingegneria tissutale (Tissue Culture & Art Project), ricostruendo e manipolando il DNA tanto da revocare la certezza dell'inconfutabilità della prova del DNA (Paul Vanouse). Dall'intreccio della tecnologia con la genetica e con la carne si è proseguito poi verso forme ibride tra uomo e macchina in combinazione con l'Intelligenza Artificiale (Art is Open Source, Marco Cadioli, Maurizio Bolognini, Luigi Pagliarini, Memo Atken). Tutto questo, dalla bio-tecnologia all'intelligenza artificiale, si ritrova inevitabilmente coinvolto in una dimensione politica e nel mezzo di grandi conflitti etici.

La vita e la questione climatica, secondo capitolo, segue la vita sul piano ecologico e attraverso il clima, traccia più evidente del modo in cui questa si intreccia con l'ecosistema. Gli interventi nella natura, nella sua stessa forma e dimensione (Land Art) e la visione trasversale tecno-ecologica di Piero Gilardi instrada verso una varietà di sguardi sul clima resi possibili dalla riproduzione di fenomeni naturali (Fujiko Nakaya, Antony Gormley, Donato Piccolo), dalla visualizzazione del clima attraverso i dati (Carlo Buontempo, Drew Hemment, Polli, Roberto Pugliese) dalla loro "sonificazione" (Andrea Polli, Roberto Pugliese). Alcuni hanno misurato l'Universo partendo da ciò che vive al suo interno (Katie Peterson) e visualizzato la fragilità della natura (Tamara Repetto, Federica Di Carlo), riuscendo a entrare nell'occhio intermediale delle strumentazioni scientifiche (Janine Randerson). Tutto si è ritrovato al centro di una percezione espansa ed esperienziale, anche questa intesa in un'ottica di intervento dell'arte che sia anche fattivo nella vita (Olafur Eliasson, Tomás Saraceno).

La vita e la sua estensione ecologica sono confluite nel paesaggio algoritmico del terzo capitolo, *La vita nello sguardo del network*. Per uno sguardo su questo aspetto del paesaggio, Internet, che ci avvolge come in una bolla embrionale, si è prestato a terreno di osservazione ideale, momento spartiacque, da quando il paesaggio è stato sul punto di essere inghiottito nel "vortice informazione", sistema circolatorio metabolizzato della società attuale. Nelle sue varie evoluzioni, da sistema ubiquitario di distribuzione (Web 1.0), a sistema di condivisione a grappoli (Web 2.0), a sistema decentralizzato a blocchi (Blockchain), sono riflesse le rispettive evoluzioni della vita su tutti i piani possibili, individuale e sociale.

Il paesaggio algoritmico stava prendendo forma già da tempo. L'arte lo aveva sempre seguito man mano che si era distaccata da quegli stessi luoghi dove sono nate le tecnologie del progresso, i laboratori militari e da dove iniziavano a prender forma strutture fondate sullo scambio interdisciplinare, come EAT – Experiments in Art and Technology, avviata nel 1966 –, con a capo l'ingegnere Billy Klüver e l'artista Robert Rauschenberg. L'artista e teorico Roy Ascott,[11] negli stessi anni, avviava una ridefinizione dell'arte alla luce della cibernetica definita da Norbert Wiener, nel 1948, come lo studio scientifico della comunicazione tra animali e macchine, e della telematica, termine con cui si indica, dal 1978, la convergenza delle comunicazioni con il computer. Le utopie di un mondo delle telecomunicazioni che sarebbe confluito in un "villaggio globale" (Marshall McLuhan), sono andate di pari passo con l'esponenziale progredire delle tecnologie negli anni Settanta e Ottanta per quanto ancora accessibili a pochi. Nam June Paik che con *Electronic Super Highways* (1974) indicava il potenziale connettivo del televisore, con la perfomance satellitare *Good Morning Mr. Orwell* trasmessa dal Centre Pompidou di Parigi nel 1984, faceva il verso al romanzo di George Orwell che negli anni Quaranta immaginava il mondo quarant'anni dopo, precisamente nel 1984, guidato dall'occhio della sorveglianza.

I progressi della comunicazione e di annullamento dello spazio avviavano a quello slittamento percettivo, al cambiamento radicale dei confini geografici, del corpo e alla sua estensione mentale nella rete, tutto quanto si sarebbe poi diluito in Internet. Fred Forest, David Rockeby, Roy Ascott, Hans Haacke e Robert Adrian sono alcuni degli artisti che sperimentano, con una varietà di dispositivi, la comunicazione a distanza. Con le BBS – Bulletin Board System, sistema telematico di collegamento tra computer antesignano di Internet – arriviamo al momento preso in considerazione.

Il racconto di questo capitolo ha inizio nei primi anni Novanta, quando Internet cominciava a essere un canale accessibile ai più. Qui è confluito tutto: media, contenuti e contenitori sono entrati nel flusso di una continua riconfigurazione. Scegliere Internet come spazio e momento spartiacque ha significato affiancarsi a uno sguardo dell'arte necessariamente interno e in simbiosi con il network.

Una panoramica sul paesaggio ci ha permesso di entrarvi prendendo in esame i primi tempi della sua dimensione ubiquitaria con i net artisti, che hanno operato "nella" e "con" la rete e con piglio ironico, politico e *low tech*, ne hanno smascherato i meccanismi nascosti e mostrato, al contempo, potenzialità e pericoli. Abbiamo seguito la curva della New

Economy, siamo entrati dentro l'immagine, verso la perdita del centro, abbiamo visto il paesaggio coincidere con l'economia, fuori dal tempo, tra i nodi della *Blockchain*, tra il visibile e l'invisibile dentro la materia effimera.

Molti sono gli artisti che hanno contribuito al racconto. Tra i complici (consapevoli e non) di questo percorso: 0100101110101101.org (Eva e Franco Mattes), Cory Arcangel, Eduardo Kac, Maurice Benayou, Natalie Bookchin, James Bridle, Mauro Ceolin, Paolo Cirio, Petra Cortright, I/O/D, IOCOSE, Dragan Espenchied, Elisa Giardina Papa, Lisa Jevbratt, Oliver Laric, Olia Lialina, Guthrie Lonegarn, Alessandro Ludovico, Gene McHugh, Miltos Manetas, Marisa Olson, Trevor Paglen, Chiara Passa, Seth Price, Jon Rafman, Guido Segni, Tommaso Tozzi, Victoria Vesna, Carlo Zanni. Attraversare il paesaggio con i lavori in uno spazio così ristretto ha significato rassegnarsi a dover adottare le modalità di un navigatore in Internet e rinunciare alla possibilità di essere quanto più lontanamente esaustivi. Ogni lavoro e argomento è l'inizio di un percorso che va ricostruito tra testo, note e ulteriori approfondimenti.

L'intero Universo si è ritrovato in una questione di sguardo, di conoscenza, e di metodo. Sono le radici della crisi dalle quali siamo partiti, una questione legata in modo indissolubile alla vita, non certo all'arte. L'arte è un canale che la rende visibile, a prescindere da tutto. Immaginazione e metodo si sono dimostrati strumenti fondamentali per poter vedere oltre. Era così che il quadrato, protagonista del romanzo di Edwin A. Abbott (1838-1926), aveva anticipato, per mano del suo autore, la quarta dimensione alla fine del XIX secolo, quando ancora questo termine non esisteva. «Tutto ciò che fino a questo momento avevo dedotto, congetturato e immaginato della perfetta bellezza Circolare», dice il quadrato alla sfera che dal suo mondo bidimensionale lo guida in quello a lui sconosciuto della terza dimensione, «stava ritto lì davanti al mio occhio, in carne ed ossa. Quello che sembrava il centro della figura dello Straniero si offriva alla mia vista in tutta la sua pienezza: e tuttavia non riuscivo a vedere cuore, polmoni, arterie, ma solo un Qualcosa di bello e armonioso, per cui non avevo parole; ma voi, Lettori di Spacelandia, direste che è la superficie della sfera».[12] Non appena il quadrato riesce a vedere il mondo tridimensionale con un vero e proprio sforzo di conoscenza, si proietta in una "quarta dimensione" e infinite altre possibili. Metodo e immaginazione tornano quindi al centro del discorso.

L'opera e il metodo nel quale si riconosce Antoni Muntadas, che il *Media landscape* lo aveva fermato nell'obiettivo già dagli anni Settanta, a questo punto arricchiscono lo sguardo di un nuovo strumento e diventa snodo da dove tornare indietro e rileggere il tutto, o proseguire verso l'ultimo capitolo che prende in considerazione ulteriori *Spazi liminali: istituzioni, linguaggio, comunicazione, archivio*. Sono spazi e momenti tanto invisibili quanto concreti, indispensabili perché tutto il discorso, la realtà stessa, prenda forma.

Nel cercare angolazioni diverse del paesaggio, dell'arte stessa, uscendo a volte dal suo flusso per poterlo osservare, agli artisti è necessario re-immettersi in quello stesso flusso, scorrere nei canali dell'arte perché il racconto possa prendere forma in una certa direzione e la vita trovare quella decontestualizzazione dalla *routine*, necessaria per tornare a essere "straordinaria". L'archivio, poi, è ciò in cui tutto torna e si riconfigura a nuova vita. Compresso anche in una sola immagine, è la finestra di accesso elastica che, come la tela di un ragno, nuovamente si espande in tutte le riconfigurazioni dell'era entrante.

N. A. Questa lettura è un attraversamento di ambiti e discipline, corre nel paesaggio a ritmo serrato per poter avere uno sguardo di insieme e rimandare, attraverso le note, a letture specifiche che in questi ultimi anni sono proliferate. Il testo si muove in un racconto non lineare e affatto esaustivo né scientifico. Intende, piuttosto, essere un esercizio di visione che possa proiettarsi nella singolarità delle tematiche o in ulteriori letture e approfondimenti del tutto. La ricerca specifica sulla net art, per molti anni "sigillata" nel brevissimo saggio *Archeonet. Viaggio nella storia della net/web art e suo ingresso negli spazi dei musei tradizionali*[13], non era che l'inizio di una curiosità rivolta a ogni cosa si ponesse al limite. La ricerca è proseguita nell'arco di diciotto anni in una varietà di direzioni, appunto legate alla bioarte, all'incontro tra arte e clima, alla media art ad ampio raggio (qui solo parzialmente trattata). Gli argomenti, la vita, corrono così velocemente che, per forza di cose, l'unico modo è seguire tutto da vicino, immergersi nelle specificità, scrivere testi o saggi brevi e tenere il passo continuando la ricerca nella continua e sempre crescente condizione di inadeguatezza che il progredire inarrestabile delle cose e il proliferare dei testi costringe. Un giorno, poi, tutto improvvisamente torna in un unico discorso con l'esigenza e l'impulso di doverlo rileggere di un fiato prima di proseguire oltre. Il testo è immaginato come la prima traccia di un racconto che dovrà certamente essere ordinato in future letture, esteso, e nuovamente riconfigurato nelle nuove specificità che andranno man mano emergendo, cosa che mi auguro faccia chiunque abbia questo testo tra le mani, studente, studioso, o curioso che sia.

1. Timothy Morton, *Iperoggetti*, Nero Edizioni, Roma 2018, p. 11 (ediz. orig. *Hyperobjects*, University of Minnesota Press, Minneapolis 2013). Il termine è apparso per la prima volta in Timothy Morton, *The Ecological Thought*, Harvard University Press, Cambridge 2010, pp. 130-35

2. Gillo Dorfles, *Artificio e Natura*, Einaudi, Torino 1968, p. 14

3. Tzvetan Todorov, *Noi e gli altri. La riflessione francese sulla diversità umana*, Einaudi, Torino 1991 (tit. orig. *Nous et les autres. La réflexion française sur la diversité humaine*, Éditions du Seuil, Parigi1989)

4. Gillo Dorfles, *L'intervallo Perduto*, Skira, Milano 2006

5. Boris Groys, *In The Flow*, Verso, Londra 2016 (ediz. italiana postmedia.books, Milano 2018)

6. Gillo Dorfles, *L'intervallo Perduto*, op. cit., p. 169

7. José Jiménez, *Teoria dell'arte*, Aesthtetica, Sesto San Giovanni 2002, p. 98

8. Walter Benjamin, "Das Kunstwewerk im Zeitalter seiner technischen Reproduzierbarkeit", in *Gesammelte Schriften,* Suhrkamp, Frankfurt 1931 (ediz. italiana *L'opera d'arte nell'era della sua riproducibilità tecnica*, Einaudi, Torino 2000)

9. Dario Evola, *La funzione moderna dell'arte. Estetica delle arti visive nella modernità*, Mimesis Editore, Sesto San Giovanni 2018, p. 185

10. Antonello Tolve, *Ubiquità. Arte e critica d'arte nell'epoca del policentrismo planetario*, Quodlibet, Macerata 2012

11. Roy Ascott, "The Construction of Change", originariamente apparso nel 1964 in *Cambridge Opinion 41* (Modern Art in Britain)

12. Edwin A. Abbott, *Flatland. A Romance of Many Dimentions*, 1884 (ediz. italiana *Fatlandia. Racconto fantastico a più dimensioni*, Bollati Boringhieri, Torino 2008)

13. Elena Giulia Rossi, *Archeonet. Viaggio nella storia della net/web art e suo ingresso negli spazi dei musei tradizionali*, Lalli Editore, Poggibonsi 2003

Capitolo 1

CODICE DELLA VITA E VITALITÀ DEL CODICE

Cos'è la vita? Come si intreccia con la tecnologia? Dove localizzare il confine tra organico e inorganico, semmai ancora esistesse? Qual è il ruolo dell'uomo in questo nuovo equilibrio che si sta via via configurando?

Alcuni artisti si sono interrogati su questi temi molto prima che diventassero argomento di punta dei salotti mediatici. Tra questi, ci siamo avvicinati a coloro che si sono avventurati nel mondo molecolare per osservarlo e restituirlo in forme percepibili (nanoarte), e a coloro che lo hanno manipolato con processi naturali e tecnologizzati (bioarte). Questo ha significato rendere percepibile la materia invisibile a occhio nudo (nanoarte) così come tutte le questioni etiche e filosofiche che l'incontro tra biologia e tecnologia hanno portato con sé (bioarte).
Le opere hanno guidato verso evoluzioni della vita, sempre più ibride, astratte dal corpo, ibride anche sul piano delle intelligenze.

1. ARTE E NANOTECNOLOGIE.
PERCEPIRE IL MONDO MOLECOLARE
CON VICTORIA VESNA

Diversi artisti si sono avventurati nel mondo molecolare. Sono entrati nel microcosmo della materia, spesso in collaborazione e in dialogo con scienziati, dove hanno ritrovato verità universali. Compiere questo percorso ha necessariamente comportato il confronto con questioni e conflitti etici e religiosi.

Victoria Vesna[1] è un'artista pioniera in questo ambito. Il suo lavoro si è interposto tra arte, scienza e religione. La sua ricerca ha tratto ispirazione da menti visionarie, come Richard Buckminster Fuller (1895-1983)[2] e si è evoluta in un dialogo costante con scienziati e professionisti di altre discipline. Questo approccio trasversale ha portato il suo sguardo lontano, dentro la vita e la materia di cui si compone e lo ha poi proiettato nel suo intrecciarsi con l'Universo.

Nei primi anni Duemila, la nanotecnologia, e in particolare la sua relazione con l'arte, era un tema di nicchia.[3] Nel 2001, all'Università della California, Victoria Vesna ha organizzato con James Gimzewski il simposio *Networks to Nanosystems* con l'intenzione di costruire un parallelo tra la struttura del microcosmo e quella del network. L'evento è stato atteso da un pubblico molto ristretto e accolto con lo scetticismo dei più. Ciò nonostante, da quel momento Vesna ha proseguito la sua ricerca in questa direzione. Oggi gli stessi argomenti si sono rivelati centrali alla vita, oltre a essere entrati anche nell'occhio dell'attenzione mediatica. Il sopravvento del COVID-19, un virus comparso come sintomo clinico di una malattia, ha rivelato molti aspetti che nel sistema capitalistico si erano mimetizzati in modi di agire e di pensare completamente omologati dai media. Questo ha reso chiaro e papabile quanto importante sia il ruolo della percezione, motore che innesca comportamenti sociali determinanti perché il mondo si concretizzi e si evolva in una certa direzione. Per Vesna l'importanza della percezione nella relazione tra noi e la vita è tanto importante oggi quanto lo era negli anni Novanta.

In un'intervista con Dobrila Denegri spiega il perché: «Abbiamo l'abitudine di giudicare qualcuno in base a ciò che vediamo del suo aspetto, dei suoi vestiti, delle sue macchine e di qualunque altra merce, e quindi adesso il fatto di pensare che sia la percezione il primo passo mi sembra un grande salto in avanti. Il secondo cambiamento di paradigma apportato dalla nanoscienza è che essa introduce il principio "dal basso verso l'alto/*bottom-up*" che è esattamente il modo in cui la natura opera. È il processo opposto a quello che si adopera nello sviluppo della tecnologia, che è invece "dall'alto verso il basso/*top-down*". Abbiamo cominciato con computer di grandi dimensioni, abbiamo cercato di farli sempre più piccoli, finché non sono diventati assurdamente piccoli e adesso abbiamo raggiunto il limite. Ma se seguiamo il modello *bottom up* non è possibile raggiungere un punto a cui siamo costretti a fermarci. [...] Possiamo essere testimoni del fatto che tutto ciò che riguarda i nostri sistemi politici o amministrativi si sta scomponendo e decentralizzando. In altri termini, ciò che funziona sono gruppi di dimensioni ridotte che si uniscono e si collegano in una rete. Per questo, *bottom up* costituisce un altro importante cambiamento di paradigma».[4]

Per invitare a percepire il mondo, oltre il piano del visibile e iniziare a comprendere l'interrelazione del tutto, Vesna ha voluto comunicare attraverso l'esperienza, la partecipazione. Con *Zero@wavefunction* (2002), la prima di una serie di collaborazioni mai interrotte da allora a oggi con lo scienziato Gimzewski, l'ombra di molecole di buckminsterfullerene,[5] o anche *buckyballs*, erano proiettate in scala monumentale sulle pareti della sala. Le visualizzazioni delle molecole rispondevano alle ombre dei visitatori attraverso sensori. Le ombre potevano, quindi, interagire con le molecole, sembravano quasi poterle toccare, spostare, ingrandire, modificarne la forma. L'esperienza aveva reso naturale l'urgenza di dover entrare in sintonia con le dinamiche molecolari. Era emerso, infatti, che il cambiamento di forma delle molecole sarebbe stato possibile solo attraverso movimenti lenti.

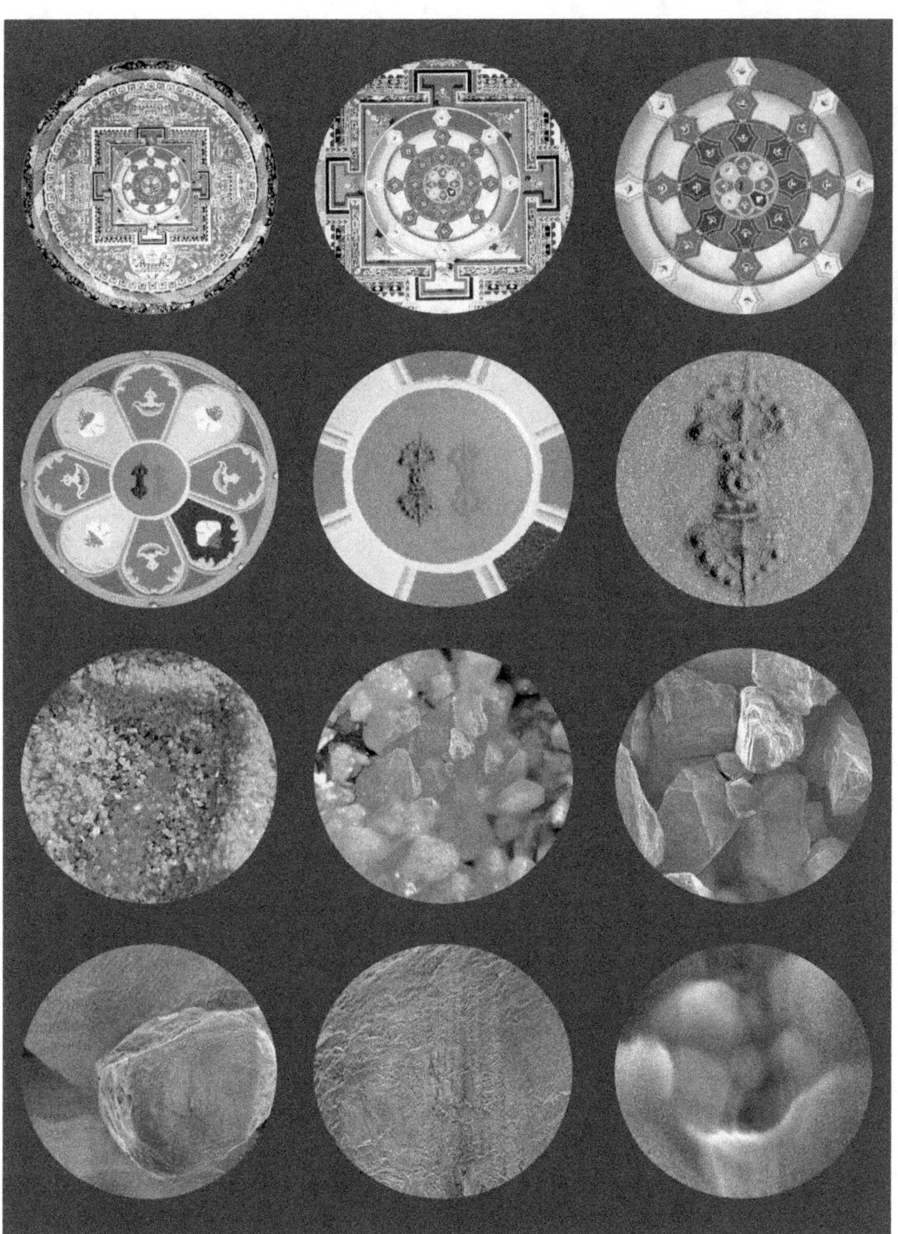

Victoria Vesna, *Nanomandala*, 2005.

Qualche anno dopo, *Nanomandala*[6] (2005) ricollocava biologia e tecnologia nel campo visivo di uno sguardo al crocevia tra cultura orientale e occidentale, tra spiritualità e scienza. La costruzione del mandala realizzata interamente con la sabbia da un gruppo di monaci tibetani del monastero indiano Gaden Lhopa Khangsten, era stata filmata per intero e montata in un video. La visione di insieme si alternava a quella che penetrava la materia di un singolo granello di sabbia attraverso le lenti microscopiche. Il tutto era accompagnato dal suono originale prodotto dai monaci tibetani, parte del rito nell'intera durata. La proiezione del video su un disco di sabbia bianca, consegnava la visione della corrispondenza tra micro e macro cosmo al pubblico. Era possibile, infatti, toccare la sabbia ed entrare, quindi, nel vivo dell'immagine modificandola.

Con *Blue Morph* (2007 – in corso) il suono è diventato il principale canale di percezione. Estrapolato da vibrazioni cellulari e combinato con le immagini, il suono si è fatto testimone della metamorfosi del bruco in farfalla. Il progetto era nato con una serie di sperimentazioni di James Gimzewski nel tentativo di "ascoltare" il passaggio da bruco a farfalla. Dopo vari tentativi era riuscito a ricavare il suono delle vibrazioni, coprendo la crisalide con una piccola lastra di vetro e colpendola con il laser.[7] Oltre all'ascolto dell'invisibile, questi studi hanno evidenziato come la trasformazione avvenga tutta in una volta, un attimo che corrisponde a un'assenza di suono. Questa particolare scoperta ha indirizzato la riflessione sulla relazione tra silenzio e "rumore" tecnologico.

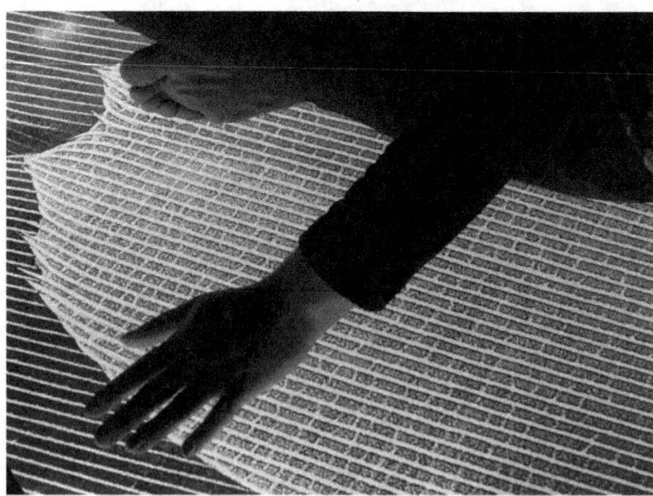

 Elena Giulia Rossi

Victoria Vesna, *Blue Morph*, 2007 – in corso.
Pagina a destra: *Blue Morph_Face12*.

Torniamo per un attimo ai lavori della sua prima ricerca avviata con un interesse molto forte per la cosiddetta *Database Aesthetics*,[8] nel suo caso radicata nell'uomo, e nell'estensione del corpo al network. Con il suo progetto online *Bodies©INCorporated* (1996-1999), avatar composti in un puzzle di componenti di ogni genere erano "incorporati" in un corpo-network, e il tutto nella dimensione del mercato e delle sue regole. Per accedere bisognava acconsentire a una serie di condizioni riprese da quelle dettate sul sito della Walt Disney.

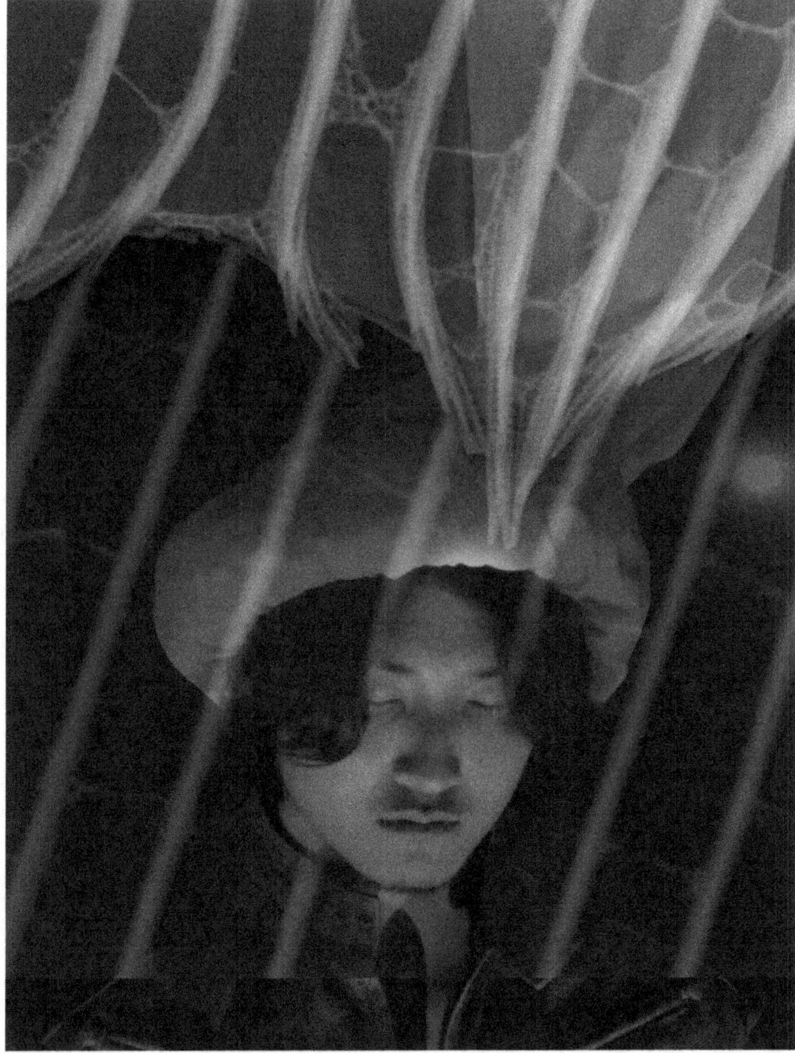

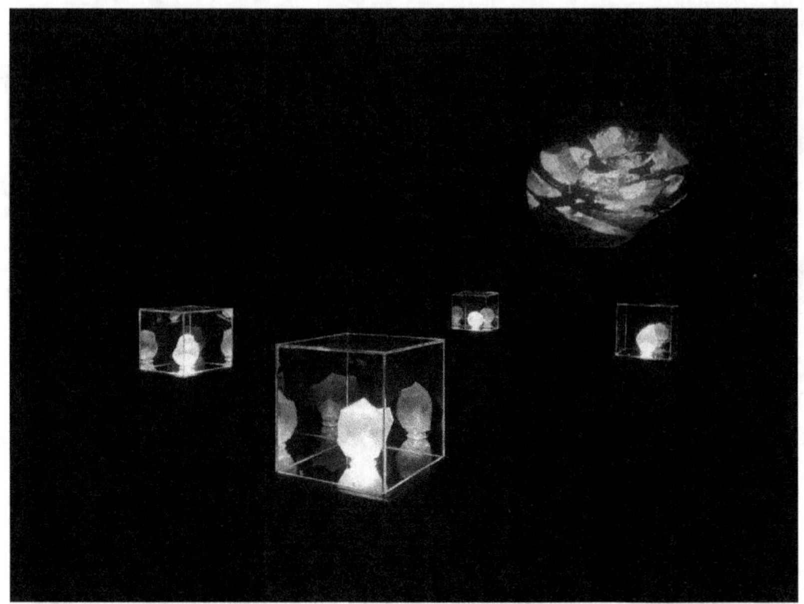

Negli anni Novanta c'era un grande fermento nel settore della vendita di grafiche per avatar. Gli avatar in vendita erano *alter ego* immaginati e impaginati dagli utenti, sogni di "alterità" che nel cyberspazio trovavano a volte una vera e propria realizzazione, per quanto confinata a un momento "altro" da quello fisico.[9]

Per esistere gli avatar dovevano "nutrirsi" delle relazioni del network, pena la loro morte sociale e il trasferimento, dopo un periodo di inattività nel Limbo, zona grigia anticamera alla Necropolis. In quest'area dall'atmosfera barocca i proprietari dell'avatar potevano decidere di cancellare il loro *alter ego*. Tracce di dati persistevano invisibili e recuperabili. Tornare indietro a questa sua prima fase di ricerca e con il bagaglio di quanto detto, ci spinge nuovamente in avanti, direzione di sguardo che ultimamente si è proiettata sull'Universo. Nel suo *[Alien] Stardust* (2019 – in corso) l'Universo è raggiunto attraverso la polvere stellare, con particelle di una misura che corrisponde a circa dieci volte un capello umano. Ancora una volta, a raggiungere la macro-scala sono proprio quelle particelle invisibili ai nostri occhi, micro-meteoriti che gli scienziati sono impegnati a cercare tra le polveri generate dall'uomo, in particolare quelle rilasciate dall'inquinamento.

Victoria Vesna, *[Alien]Stardust*, 2019 – in corso. Dettaglio e, a sinistra, veduta dell'installazione.

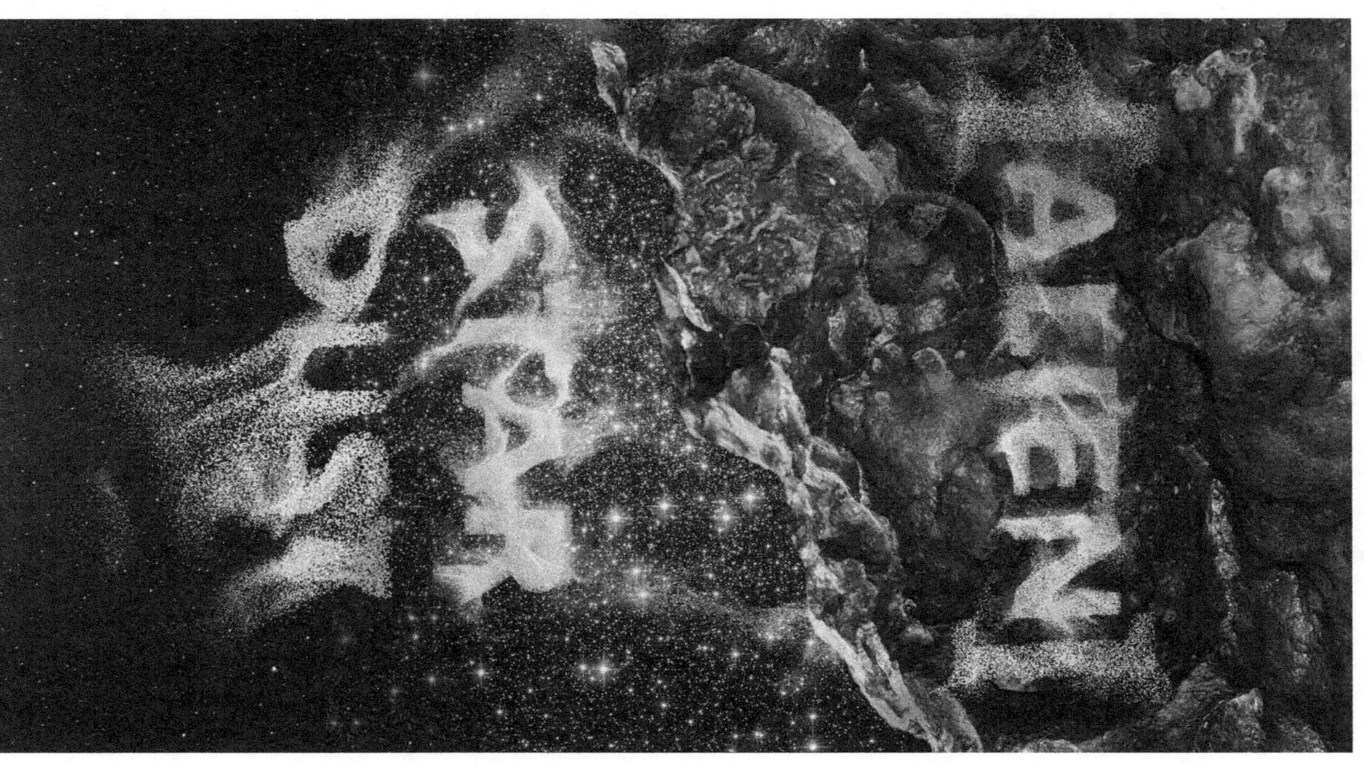

2. CREARE IN NANO SCALA
CON ALESSANDRO SCALI E ROBIN GOODE

Il mondo in micro scala è stato abitato creativamente in altri modi, sempre nell'intento di restituire una consapevolezza da proiettare in più scale. È questo il caso di Alessandro Scali e Robin Goode che dal 2014, iniziano a realizzare fattivamente opere in nano scala, in collaborazione con il Dipartimento di Fisica del Politecnico di Torino.[10]

Anche loro si sono mossi sul piano della percezione con modalità e obiettivi diversi e complementari a quelli di Victoria Vesna. Il loro interesse è, infatti, da sempre radicato nella comunicazione.[11] Intorno alla metà degli anni Duemila il progresso della nanotecnologia e le sue potenzialità di applicazione hanno reso questo ambito particolarmente appetibile per esprimere, al meglio, nuove interpretazioni del mondo.
«Il nostro obiettivo, precisano Scali e Goode, non si limita a riprodurre il mondo microfisico a grandi dimensioni, ma utilizza le potenzialità offerte dalle nanotecnologie come mezzo per esprimere artisticamente nuovi punti di vista, nuovi valori, nuove interpretazioni del mondo».[12]

Oltre le colonne d'Ercole (2006), una passeggiata micrometrica su una superficie di silicio di circa 2x2 cm, era l'inizio di questo viaggio in micro-scala, oltre il visibile e lo scibile umano.
«L'idea era quella di rappresentare i primi passi dell'arte in un universo, tutto sommato, all'epoca, ancora sconosciuto: quello della nanotecnologia e dell'infinitamente piccolo, appunto, dominato dalle leggi della meccanica quantistica, che operano un vero e proprio stravolgimento del nostro modo abituale di osservare il mondo, presentando una realtà capovolta e contro-intuitiva, in cui perdono consistenza le norme fondamentali che regolano la nostra realtà quotidiana».

Actual Size il continente africano è di 350x260 nanometri di dimensioni e si trova su un wafer di silicio di circa 2 cm per lato, una misura effettivamente molto difficile da poter visualizzare, anche attraverso normali microscopi, o addirittura con quelli elettronici a scansione (FESEM – Field Emission Scanning Electrons Microscope). Ma questo è il punto. Il continente ricreato in una scala difficilmente raggiungibile perfino all'occhio elettronico, rendeva percepibile l'invisibilità del continente a livello geo-politico, in particolare all'epoca in cui era stato realizzato il lavoro.
Se un intero continente aveva preso forma in una scala microscopica, in *Chiave del Paradiso* (2007) un cammello, configurato attraverso

Alessandro Scali e Robin Goode, *Oltre le colonne d'Ercole*, 2006.
Sotto: *Chiave del Paradiso*, 2007.

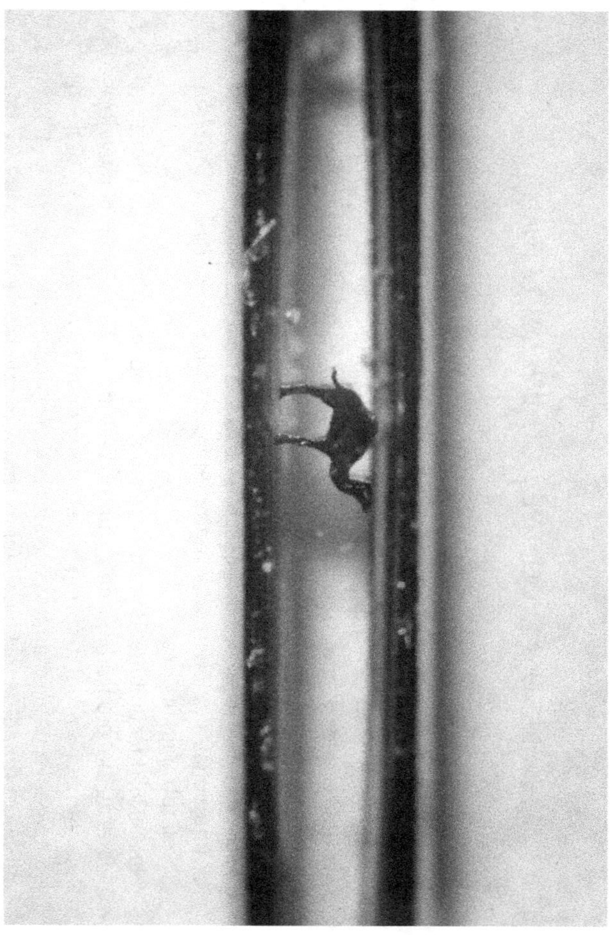

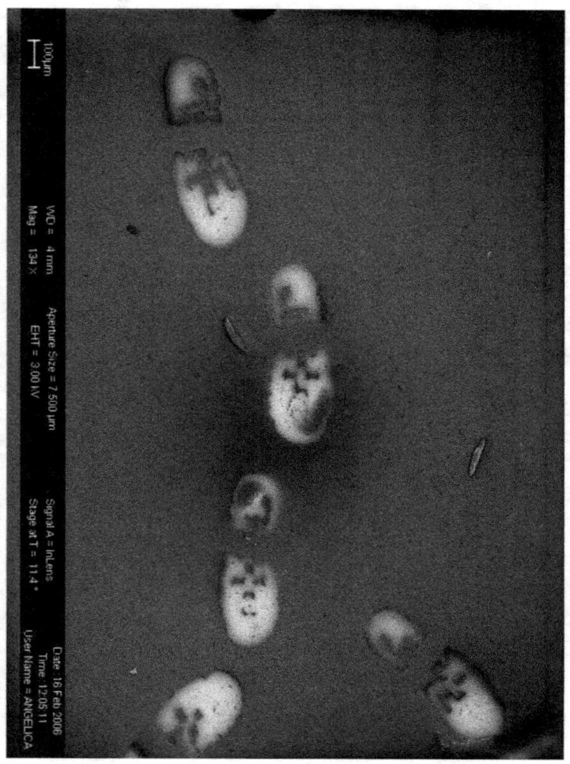

la manipolazione delle forze molecolari, era stato incastonato nella cruna di un ago. Con le stesse modalità di laboratorio nascevano *Libertà condizionata* (2007), una statua della libertà infinitamente piccola, *Scemo chi legge* (2007), la stessa scritta incisa con il laser su un wafer di silicio. Ciascun lavoro ha espresso una realtà materializzata e completata con la complicità di ciò che le parole del titolo hanno lasciato intendere all'immaginazione. Lo sguardo creativo di Alessandro Scali, si è addentrato tra le forze molecolari e, poi, proiettato nel desiderio di comunicare con l'Universo, un gesto che ricolloca la Terra in uno sguardo più ampio. Nel 2014 Alessandro Scali, ha partecipato al *Moon Arts Project*, un progetto collaborativo che ha ideato un museo dell'uomo, MoonArk, destinato alla Luna e al racconto della nostra civilizzazione, pronto per partire nel 2021. Il suo *C'moon* (realizzato con Alessandro Chiolerio), è l'impronta dell'uomo incisa su di una superficie di silicio per restituire l'immagine dell'arte che per prima sbarca sulla Luna. *Man with Smarthphone* (realizzato con Alessandro Chiolerio), con la rappresentazione di un uomo che parla allo smartphone era diventato testimonianza primitiva dell'uomo nel pieno della sua socialità informatica. Questa fase dedicata al mondo in micro-scala è un frangente della ricerca di Scali e il suo avvicinamento alla nanoarte come potere comunicativo, nell'ambito di una ricerca rivolta alla comunicazione, rende il suo sguardo ancora più potente e la relazione tra realtà e linguaggio ancora più consolidata.

3. SIMULAZIONI EVOLUTIVE CON WILLIAM LATHAM

William Latham rivolge l'attenzione in un'altra, ulteriore, direzione, seguendo le dinamiche evolutive della biologia molecolare.

Tra il 1983 e il 1985, ha realizzato una delle sue prime forme di *FormGrow*, disegni a mano che, applicando una serie di regole, delineano un sistema evolutivo per la crescita di forme complesse. È stato con questi studi che, quando nel 1987 è diventato artista e ricercatore presso i laboratori dell'IBM, a Winchester, ha trovato terreno fertile per l'avvio di una collaborazione con il matematico e *computer scientist* Stephen Todd, tutt'oggi in corso.[13]
Nel 1988, la combinazione di matematica ed estetica è confluita in *Mutator*, un programma che riprende i dati di *FormGrow* per avviare una serie di incroci di forme, indentificando le loro componenti di base come geni e permettendo a questi di essere ricombinati e modificati per produrre grandi alberi evolutivi di forme immaginarie 3D, generate dal

computer. Sostanzialmente si tratta di un'interfaccia che può assistere all'esplorazione di spazi genetici multi-dimensionali. La peculiarità è la combinazione di regole geometriche che derivano da scelte di tipo estetico con algoritmi speculari a processi evolutivi della natura.
L'avvio del processo con l'inserimento di regole formulate sulla base di canoni estetici ben precisi, guidavano un'apparenza che nell'impronta sarebbe rimasta tale. Si sarebbe, però, evoluta con dinamiche a volte anche inaspettate. Con *Artist as a Gardener*, nel 1987, Latham aveva dato l'impronta al suo metodo: la creazione prima, e il giardinaggio poi. L'artista diventa giardiniere all'interno del mondo da lui stesso creato: lui seleziona e coltiva forme scultoree esattamente come un giardiniere pianta i fiori. La selezione è basata sul gusto estetico di Latham.
L'essenza del software dei tardi anni Ottanta sfruttava hardware più moderni per un lavoro di tipo interattivo. Inizialmente, Latham e Todd

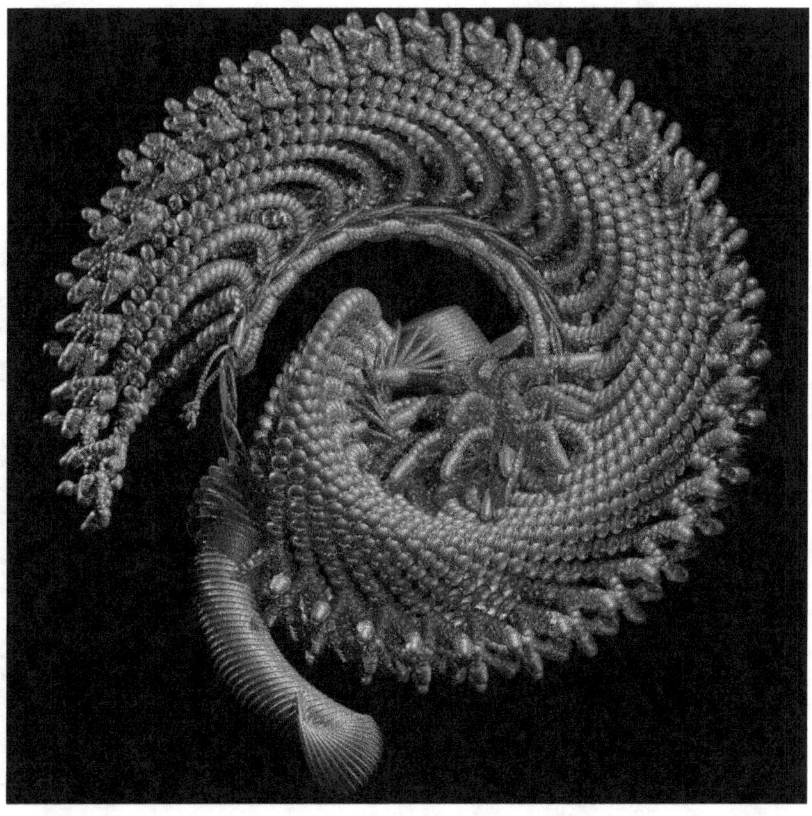

William Latham, *Gold Coiled form*, 1988.

impiegavano la tecnologia *touch screen*. I visitatori potevano combinare
due forme parenti per crearne una nuova. Una persona poteva controllare
la mutazione, utilizzando il *touch screen*, mentre l'altra interagiva con il
corpo catturato da Kinect, un accessorio che permette al giocatore di
controllare il videogioco senza aver bisogno di indossare o impugnare
qualcosa. Si creava così un'esperienza collaborativa.

Dal 2016, *Mutator* si è esteso alla realtà virtuale. Gli spettatori sono
circondati dalle forme organiche 3D e le loro azioni hanno un impatto
immediato sullo spazio. L'importanza della percezione e del punto di vista
torna un'altra volta in campo per allargare la nostra visione. L'interazione
in questo caso è, infatti, fortemente condizionata dall'impatto della
visione immersiva e dalla condizione ipovedente dovuta a una posizione
troppo ravvicinata all'oggetto di interesse. L'evoluzione di *Mutator* nel
mondo virtuale ha indirizzato la sua attenzione verso i virus. Il Mutator
è diventato MVR CSynth Virus.[14] Iniziato per visualizzare l'Herpes
Simplex Virus[15] e, nel 2020, dirottato verso il Covid-19 dove tutto questo
mondo invisibile sembra convergere nella sua fuoriuscita nel mondo
sensibile, nelle vesti di un sintomo. Le simulazioni del lavoro di Latham ci
traghettano verso opere di bioarte espresse attraverso la manipolazione
del materiale genetico.

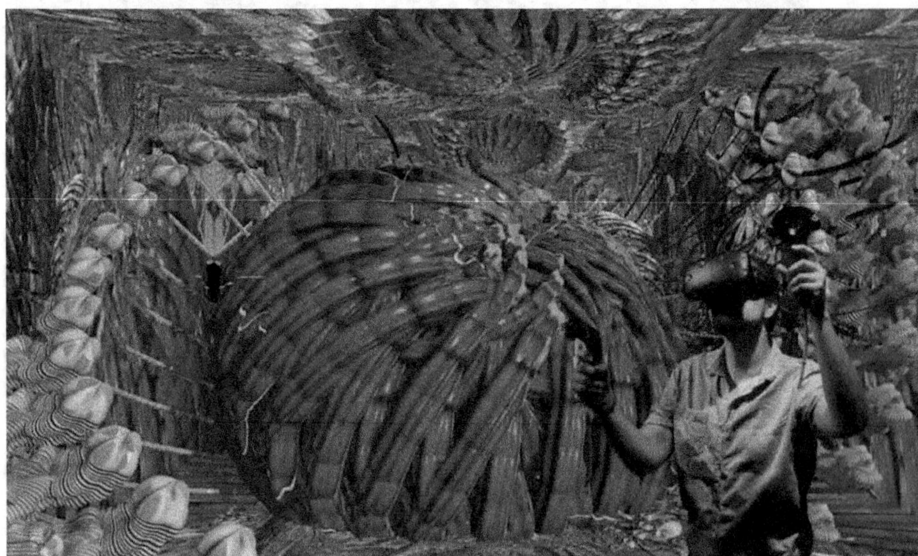

William Latham, *Mutator VR*, 2017.

4. NELL'OCCHIO DELLA BIOARTE

Dopo aver attraversato il paesaggio nella sua configurazione in micro-scala, e seguito le dinamiche evolutive con le simulazioni genetico-estetiche di Latham, ci avventuriamo nel mondo della bioarte. Alcuni artisti hanno utilizzato materiale biologico come materia creativa, plasmandola a livello cellulare, molecolare o di un intero organismo e attraverso una varietà di metodologie applicate alla genetica (biotecnologie, ingegneria genetica e tissutale...), spesso in collaborazione con laboratori scientifici. Hanno portato così alla luce tutte le criticità legate all'incontro tra biologia e tecnologia e l'emergere di nuove forme di vita ibrida.

«Le bioarti sono fondate sul vivente, affermano gli studiosi Pierluigi Capucci e FrancoTorriani nella loro introduzione alla versione italiana del catalogo della mostra "Art Biotech", curata da Jens Hauser, ma di fatto non sappiamo definire cos'è la vita. Se alla dimensione macroscopica dei nostri sensi siamo abbastanza certi di saper distinguere tra ciò che è vivo e ciò che non lo è, o è inanimato, alla dimensione microscopica la certezza di questo confine sfuma, tanto che in ambito scientifico non c'è accordo in proposito».[16]

Alcune opere di bioarte sono partite dalla creazione di organismi originali attraverso l'applicazione dell'ingegneria genetica, con cui poter trasferire geni da un organismo a un altro o crearne di nuovi. Nel 1986, quando il termine di bioarte non era ancora emerso nel vocabolario dell'arte, Joe Davis progettava Microvenus,[17] una molecola transgenica che consisteva in una grafica (dalla sovrapposizione di una "Y" e una "I") codificata in una sequenza di DNA (DNA nucleotide). Formulata come modello scultoreo da liberare nello spazio, era destinata a essere decodificata da entità extra-terrestri. Per realizzare i suoi lavori, dalla bio-informatica alla *space art* (arte spaziale), ha utilizzato materiali e tecniche di ogni genere, come centrifughe, radio, protesi, campi magnetici e materiale genetico; ha impiegato processi di traduzione, come dalla luce in suono per poter ascoltare cellule viventi (*Audio Microscope*) e sperimentare così come l'*Escherichia coli* risponde al jazz e ad altri suoni. Con il suo DNA *supercode*, sistema di codificazione di qualsiasi quantitativo di informazione in DNA, sperimentato nel 1995, nel suo *Milky Way* ha codificato la mappa della Via Lattea per trasferirla nel gene dell'orecchio di un topo, determinandone così le generazioni future. Tutta la sua ricerca si è rivolta al mondo molecolare nella prospettiva di poter comunicare dalla Terra allo spazio, una proiezione del tentativo di

comunicazione e di estensione della vita che in fondo abbiamo ritrovato
e ritroveremo nel lavoro di molti artisti. Nella seconda metà degli anni
Novanta, inzio Duemila, queste sperimentazioni iniziavano a essere
riconosciute nel termine di bioarte con la guida teorica di alcuni artisti,
come Eduardo Kac e George Gessert, e di critici, come Jens Hauser.
In Italia questo argomento è stato seguito con particolare attenzione
da Pier Luigi Capucci e Franco Torriani. Attraversare il lavoro di alcuni
dei protagonisti della bioarte chiarisce modalità e motivazioni di chi ha
lavorato tra arte e biologia. Soprattutto, emergono aspetti importanti
relativi al delinearsi di nuovi profili legati alla vita da ritrovare in una
natura sempre più ibrida tra organico e non organico.

4.1 Nello sguardo transgenico di Eduardo Kac

La ricerca pratica e teorica di Eduardo Kac, che lo ha portato ad affermarsi
come pioniere in diversi ambiti (tele-presenza, bio-telematica e arte
transgenica – termine da lui fondato), chiariscono molti degli aspetti
di continuità tra biologia, arte, progresso tecnologico e telematico
e costringono a riflettere sull'impatto culturale del progresso della
biotecnologia.

«Un altro aspetto di questo spostamento culturale – sosteneva Kac
già diversi anni fa – è la trasformazione della biologia in una scienza
dell'informazione. La comprensione di fenomeni genetici alla luce della
semiotica e della teoria della comunicazione ha favorito lo sviluppo di
un campo di studi conosciuto come bio-semiotica. La bio-semiotica
considera la comunicazione come caratteristica essenziale della vita».[18]
Sono l'interesse per il linguaggio e per i cambiamenti dello spazio
insieme alla comunicazione a guidare Kac nella dimensione del DNA
dove il linguaggio scrive l'uomo per come si configura nel suo aspetto
fisico e caratteriale.

Kac impiega per la prima volta la parola e il concetto di bioarte nel 1997
con il suo *A-positive*, evento dialogico creato in collaborazione con Ed
Bennet, per mettere in contatto fisico l'uomo e il robot attraverso uno
scambio intravenoso di cellule di sangue. Era la nascita del biobot,
esperienza di un ibrido uomo-macchina a livello biologico. Questa
esperienza di ibridazione "genetica", combinata con tutti i precedenti
esperimenti di bio-telematica[19] è l'anticamera dell'arte transgenica
che ne costituisce la sua naturale evoluzione. Nel 1998 Kac coniava il
termine *transgenic art*, per definire: «Una nuova forma d'arte basata

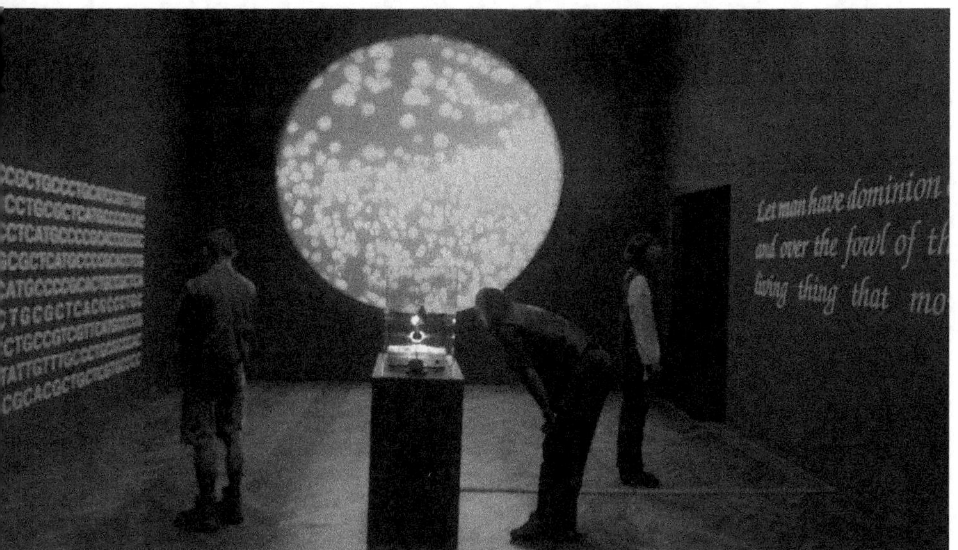

Eduardo Kac, *Genesis*, 1999.

sull'impiego delle tecniche di ingegneria genetica per creare esseri umani unici»,[20] ed estendeva il senso della creazione transgenica alla relazione dialogica che si instaura tra artista, animale, e tutti coloro che ne entrano in contatto. Mentre era impegnato a ricercare un modo per creare un cane transgenico che "esprimesse" una proteina fluorescente verde (GFP K-9), Kac iniziava a lavorare al suo *Genesis* (1998-99), primo lavoro transgenico per la creazione di un "gene d'artista".

Kac ha tradotto una frase della Bibbia (trovata su Internet) che proclama la superiorità dell'uomo sulla natura,[21] in codice Morse prima, e in sequenza genetica poi. Spedita la sequenza via e-mail a una compagnia specializzata nella sintesi di DNA, ne ha ricevute, via posta, milioni di copie. Dopo aver clonato il gene in plasmidi, questi sono stati successivamente trasformati in batterio. Contenuto in un vetrino, visibile anche in scala più grande proiettato a parete, la nuova vita era aperta a mutazioni di diverso tipo.[22] La proteina fluorescente del batterio rispondeva alla luce ultravioletta restituendo cromature di colore tra il giallo e il ciano, mutando anche sulla base del numero crescente di plasmidi e delle loro diverse interazioni. Ma non finisce qui. La luce poteva essere attivata anche in modalità remota, attraverso un

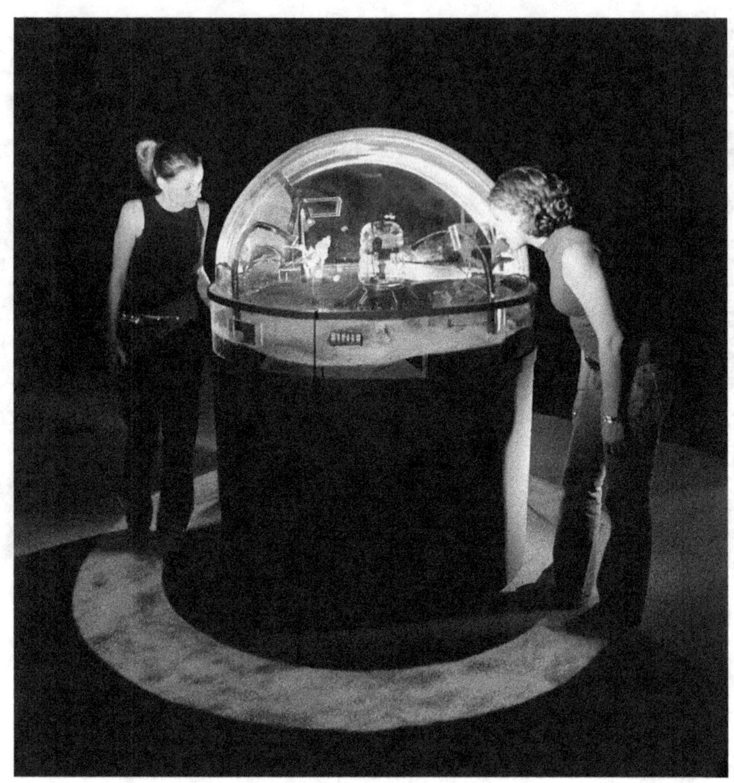

sito Internet accessibile a tutti. Ne sarebbe risultata modificata anche la frase di partenza nel caso di traduzione in senso contrario (dal codice genetico alla frase della Bibbia). Il batterio transgenico era al centro dei riflettori, ma lo era anche l'estrema facilità di poterlo modificare.

Il progetto sociale destinato all'integrazione del coniglio transgenico Alba, *GFP Bunny* (2000), è il lavoro che ha attirato maggiormente l'attenzione del mondo passando attraverso il filtro mediatico. Kac aveva innestato un particolare gene fluorescente trovato nella medusa *Aequorea victoria* in un coniglio albino con una procedura sicura e affine a operazioni transgeniche condotte nei laboratori quotidianamente. La sua natura transgenica era resa evidente quando il coniglio diventava fluorescente, in seguito all'esposizione a una particolare luce blu. I riflettori puntati sulla natura ibrida dell'opera hanno allontanato l'attenzione dalla sua intenzione originale, quella di creare un "soggetto transgenico sociale".[23] Non tanto la sua creazione, quanto il suo inserimento sociale proseguivano una ricerca rivolta alla comunicazione

Elena Giulia Rossi

dialogica tra specie diverse, e alla necessità di creare una *networked ecology.* Di esseri transgenici di questo tipo ne esistevano già: pesci, E. coli, insetti, cellule vegetali. Semplicemente, sono sempre passati inosservati. Inosservata è la natura transgenica di alcuni animali domestici, come il coniglio e il cane, specie intenzionalmente scelte da Kac per i suoi progetti.

All'interno della cupola in plexiglass di *The Eight Day* (2001) l'esperienza dialogica si esplicitava in un ecosistema artificiale. Qui coesistevano forme di vita transgeniche, tutte prodotte attraverso la clonazione di un gene che codifica per la sintesi di una proteina fluorescente verde

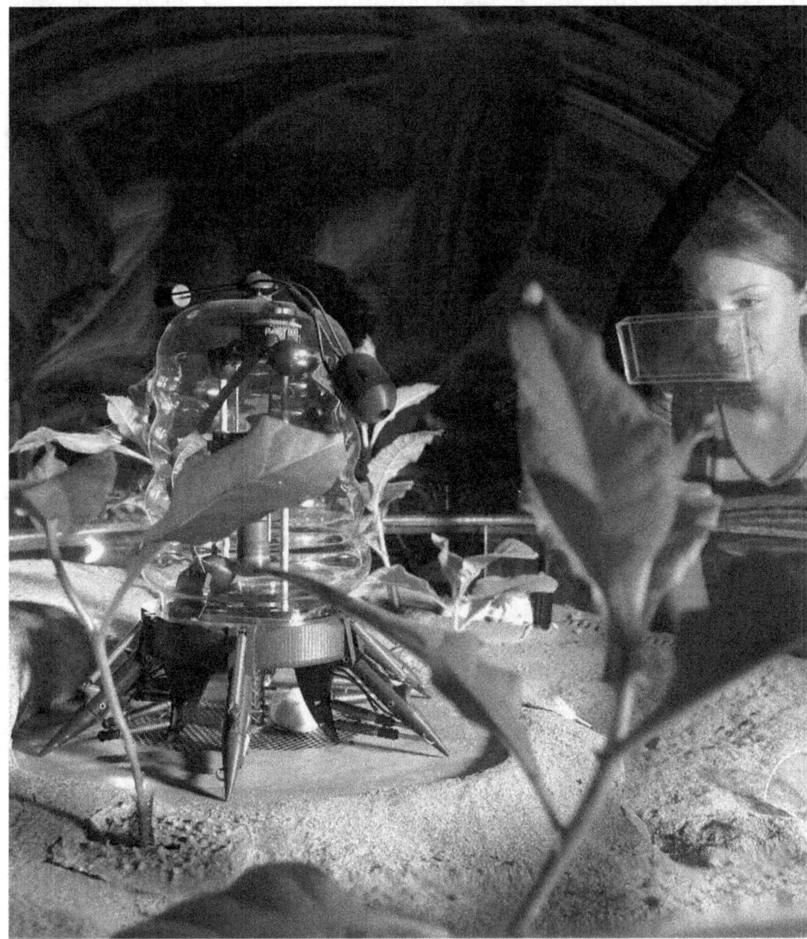

e un robot biologico. La bio-luminiscenza, espressa attraverso il gene quando illuminata da una luce blu (contenuta nell'ambiente), rendeva la natura transgenica dell'ambiente evidente.

La componente biologica del biobot era una colonia di *amoebe* GFP sostitutive del cervello. Quando queste *amoebe* si muovevano in una particolare direzione, il biobot assumeva un comportamento dinamico. L'ecosistema rendeva visibile una condizione di coesistenza tra esseri transgenici che è sempre più attuale.

Il discorso dell'ibridazione della natura transgenica di una parte crescente della vita sulla Terra diventa estremo con *Natural History of Enigma* (2003-2008). Con questo lavoro, Kac aveva trasferito alcune componenti del suo DNA in una pianta, una petunia, sovrapponendo i tratti della sua identità genetica nelle venature della foglia che nel loro colore rosso riconosceva l'elemento transgenico ma anche il pulsare della vita.

Racchiudere un ambiente vivo all'interno di una cornice, come Kac ha fatto per il suo *Spécimen de secret sur des découvertes merveilleuses,* ha portato all'estremo il discorso dell'arte e della vita. La vita del *biotope*, come Kac definisce questo ecosistema che lui "semina" all'interno del quadro, dipende dal suo metabolismo interno, ma è anche condizionata dallo scambio con quello esterno, da dove assorbe ossigeno. Sappiamo che, oltre ai fattori fondamentali legati alla luce, la condizione climatica di un ambiente è fortemente condizionata anche dalla presenza dell'uomo. Se con questo lavoro l'ecologia è diventata "nomade", con *Cypher* (2009) la vita è racchiusa in una scultura libro d'artista, destinata a entrare nel suo stadio vitale grazie al "lettore" abilitato ad aprire il kit (esattamente come si apre un libro) e a seguire una serie di istruzioni per trasformare il libro in un piccolo laboratorio contenente tutto il necessario, compreso un DNA sintetico dove è stato codificato un poema d'artista che si schiude alla vita qualora il DNA sia inserito nel batterio contenuto nella piastra di Petri.

La scelta di questi progetti, tra i molti di una ricchissima produzione che dai primi anni Novanta lo vede impegnato tra pratica e teoria, è una finestra su uno sguardo poliedrico guidato dalla spinta di un forte interesse per la dimensione filosofica, sociale, politica ed estetica del linguaggio. È stato nelle evoluzioni del linguaggio e nelle sue molteplici declinazioni che Kac ha trovato un punto di osservazione privilegiato sul mondo. Questo metodo di osservazione e lo sguardo transdisciplinare gli hanno permesso di anticipare molto del paesaggio contemporaneo, come la coesistenza di organico e inorganico e le dinamiche dialogiche tra specie diverse.

4.2 Arte e biotecnologia nella dimensione analogica con George Gessert e Marta de Menezes

Quando si parla di biotecnologia questo vale anche per processi transgenici analogici e riguarda anche l'ambito vegetale. È il caso di un altro importantissimo pioniere in questo campo, voce importante di riferimento alla bioarte e alla sua definizione. Si tratta di George Gessert[24] che ha dedicato una vita alla ricerca sull'ibridazione dei fiori, con particolare interesse per i suoi prediletti iris e altre specie per le loro qualità cromatiche.

Quando nel 1980 Gessert esponeva i suoi fiori al Museum of Modern Art (New York), il termine di bioarte non era così diffuso.[25] È stato questo suo percorso che ha portato l'artista a lasciare un'impronta molto importante proprio nella definizione e nella teoria della bioarte.[26]

Il suo interesse per la biogenetica si è indirizzato a finalità esclusivamente estetiche, radicate in una necessità innata nella connessione con il non umano, volte alla ricerca di nuovi canoni e parametri estetici. È questo che, nella metà degli anni Ottanta, ha spinto Gessert a lavorare con le ibridazioni degli iris, dopo aver trascorso diversi anni alla ricerca di questi fiori, e di particolari specie che crescono in tutti i colori eccetto il rosso. Per quanto la sua ricerca si sia rivolta alla gamma cromatica, i fiori avevano messo in contatto Gessert con l'ecosistema. Cercava di capire quali tipi di habitat corrispondessero alle diverse specie di iris. «La caccia agli Iris – afferma Gessert – ha focalizzato la mia attenzione sulla terra in modo nuovo; in questo frangente il Nord Ovest è diventato la mia casa.»[27] Questo significa che un lavoro così specificatamente indirizzato a una ricerca estetica gli ha comunque permesso di comprendere l'ecosistema e di interagire con le sue dinamiche.

Il termine natura, per molti decenni inequivocabilmente riferito a tutto ciò che si contrapponeva all'artificio dell'uomo, ha iniziato a diventare opaco, sfuggente. In *Nature?* (1999-2000), così titola il progetto dell'artista portoghese Marta de Menezes,[28] le ali di una farfalla vivente erano modificate con un sistema di interferenza naturale, in quel momento sperimentato da un laboratorio di biologia olandese.[29] Questo intervento induceva la formazione di nuovi *patterns*, mai visti in natura. La farfalla si era trasformata in un'opera transgenica attraverso una manipolazione del tutto "naturale".[30] Modificare solo un'ala e lasciare l'altra ha offerto un confronto immediato tra natura e artificio. La fragilità di questo equilibrio si è resa evidente nella facilità e leggerezza dell'intervento dell'uomo. «La mia intenzione non era quella di migliorare il design della natura – sostiene Marta de Menezes – né di rendere qualcosa di così bello ancora più bello. Piuttosto, volevo semplicemente esplorare le possibilità e i limiti del sistema biologico, creando (con ciò che era a disposizione) *patterns* differenti che non fossero il risultato di un processo evolutivo».[31]

Per Marta de Menezes, anche le proteine diventano materia da scolpire. Con *Proteic Portrait* (2002-2007) ha impiegato le proteine come medium artistico. Utilizzando la convenzione che indica i venti aminoacidi che formano la struttura di una proteina, con una lettera, ha generato una nuova proteina con le lettere che compongono il suo nome, per la tradizione portoghese molto lungo. Il computer si è dimostrato in grado di trovare strutture di proteine simili, per quanto impossibile trovarne di identiche, non esistendo queste proteine in natura. Per quanto le proteine non siano esseri viventi, richiedono la presenza degli organismi per produrne copie in grande numero. La loro moltiplicazione è raggiunta attraverso il disegno di un gene che ha codificato le informazioni della sequenza di "Marta" da introdurre nel batterio o in cellule umane. Sono queste cellule ad aver prodotto la proteina in milioni di copie. Come era emerso anche in *Genesis* di Eduardo Kac, l'esperienza legata a questo tipo di esperimenti rende chiaro come informazione e materia genetica si trasformino in vita solo quando inseriti in un contesto, in questo caso quello delle cellule. Il confine tra naturale e artificiale messo in evidenza dal primo lavoro *Nature?* è diventato ancora più sfocato. In *Truly Natural* (2018) ha impiegato crisper (CRISPR-Cas9), il sistema basato sulla proteina Cas9 in grado di sostituire o annullare sequenze di DNA, per editare un genoma di un organismo geneticamente modificato e per farlo tornare allo stato originario. A questo punto il confine è del tutto indistinguibile: non c'è più traccia del passaggio da naturale ad artificiale.

4.3 Modellare la natura con l'ingegneria tissutale: Tissue Culture & Art Project

Alcune opere di bioarte hanno impiegato l'ingegneria tissutale[32] ovvero «la branca dell'ingegneria biomedica che si occupa delle procedure di rigenerazione di tessuti del corpo umano mediante la coltivazione di cellule su apposite strutture, per consentire la produzione di nuovo tessuto».[33] Con il progetto di ricerca Tissue Culture & Art Project, Oron Catt (cofondatore e Direttore Artistico del laboratorio di ricerca SymbioticA)[34] e Ionat Zurr,[35] hanno cresciuto cellule tissutali (di epidermide o tessuti muscolari di topi e conigli) in vitro per farne delle sculture, ma anche *semi-living objects* ("oggetti semi-viventi").

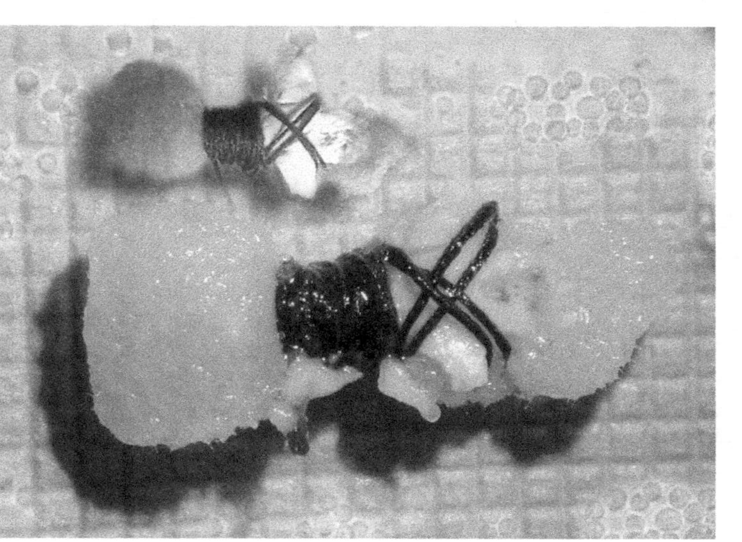

Destra: The Tissue Culture & Art Project, *A Semi-Living Worry Doll H*, dettaglio dell'installazione *The Tissue Culture & Art(ificial) Wombs,* Ars Electronica, 2000.
Sotto: *Semi-Living Dolls Display*, 2000.

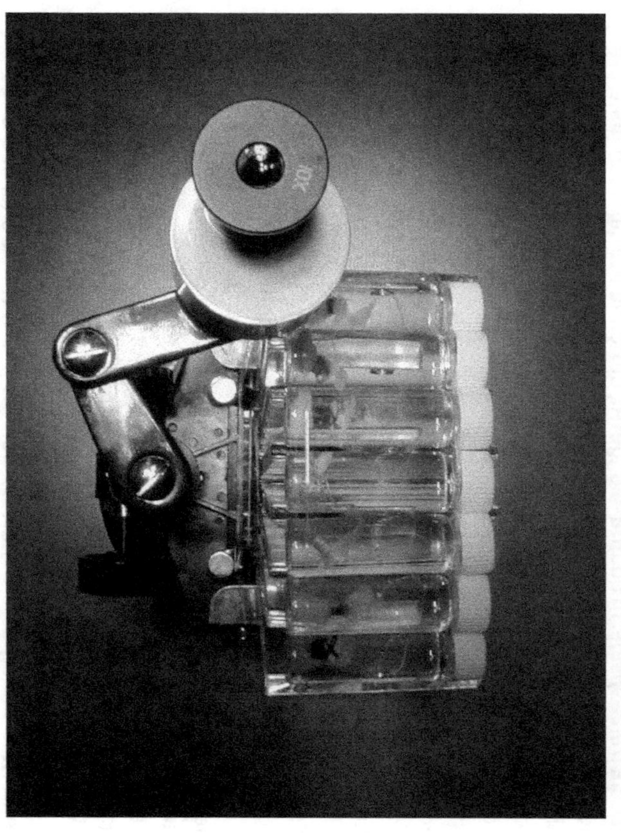

«Utilizziamo l'ingegneria tissutale e le tecnologie di cellule staminali – afferma la coppia di artisti – per creare entità semi-viventi. I semi-viventi sono tessuti vivi derivati da organismi complessi cresciuti in substrati tridimensionali. Le nostre entità semi-viventi crescono in condizioni artificiali che imitano le condizioni del corpo all'interno di bio-reattori. Questo nuovo gusto per la manipolazione, per lo meno a questo stadio, è strettamente legata a questioni etiche e filosofiche».[36]

Nei loro primi progetti hanno avvolto con le cellule coltivate delle figure di vetro modellate come oggetti tecnologici. È il caso di *B(Womb)* del 1998, dove la figura in vetro rappresenta una bomba. Le cellule sono state cresciute dagli occhi dei conigli, come nel caso di altri animali utilizzati nel corso della loro ricerca e prelevati da animali sacrificati per la ricerca scientifica. Cultura dei tessuti cellulari come estensione della vita.

Nella fase immediatamente successiva a questo primo approccio sperimentale, i due artisti hanno iniziato a coltivare muscoli scheletrici e cellule neuronali, rispettivamente legati alla forza e all'intelligenza, su miniature tridimensionali, che riproducevano utensili di pietra, come simbolo dell'uomo tecnologico, e quindi, della sua separazione dalla natura.

Con *Victimless Leather*, scultura che prende la forma di un cappotto cresciuto da un mix di cellule umane, di maiali, e di topi, era nata la prima interfaccia *trans-specie*. In qualità di oggetto, difficilmente circoscrivibile alla nostra idea [preconcetta] di vita, il semi-vivente ha messo di fronte questioni legate alla vita in maniera esperienziale. Ancora una volta, la partecipazione e la responsabilizzazione sono diventate complici di uno sguardo che dalla coscienza si estende alla conoscenza.

Quando il loro progetto *The Tissue Culture & Art(ificial) Wombs* (1996) nel 2000 è stato invitato ad Ars Electronica Festival, i due artisti hanno costruito un vero e proprio laboratorio dove hanno ricreato davanti a un pubblico il proprio lavoro. In questo caso i loro oggetti *semi-viventi* prendevano la forma di *worry dolls*, popolari bambole dell'America del Sud, utilizzate per allontanare e trasferire, su quei piccoli feticci, ogni sorta di preoccupazione. I visitatori erano invitati a compiere lo stesso rituale raccontando dolori, paure..., alle bambole semi-viventi che avevano di fronte.

La realizzazione delle sculture in un laboratorio aperto aveva reso quest'esperienza totale. Non solo era possibile guardare gli oggetti semi-viventi, ma anche nutrirli con un vero e proprio rituale, da loro definito come *The Feeding Ritual*. La responsabilità dell'arte che lavora con materiale biologico è condivisa con gli spettatori. Condivisa è la

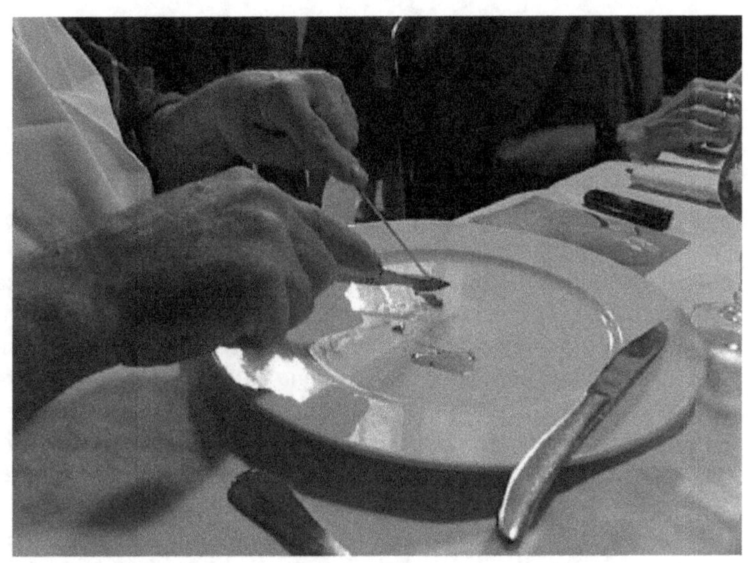

The Tissue Culture & Art Project, *Tissue Engineered Steak No.1'*, 2000,
studio per *Disembodied Cuisine*, 2003.
Sotto: *Disembodied Cuisine*, 2003, veduta dell'installazione alla mostra
"Art Biotech", Nantes, Francia. Entrambe le foto: Axel Heise.
Courtesy The Tissue Culture & Art Project (Oron Catts & Ionat Zurr).

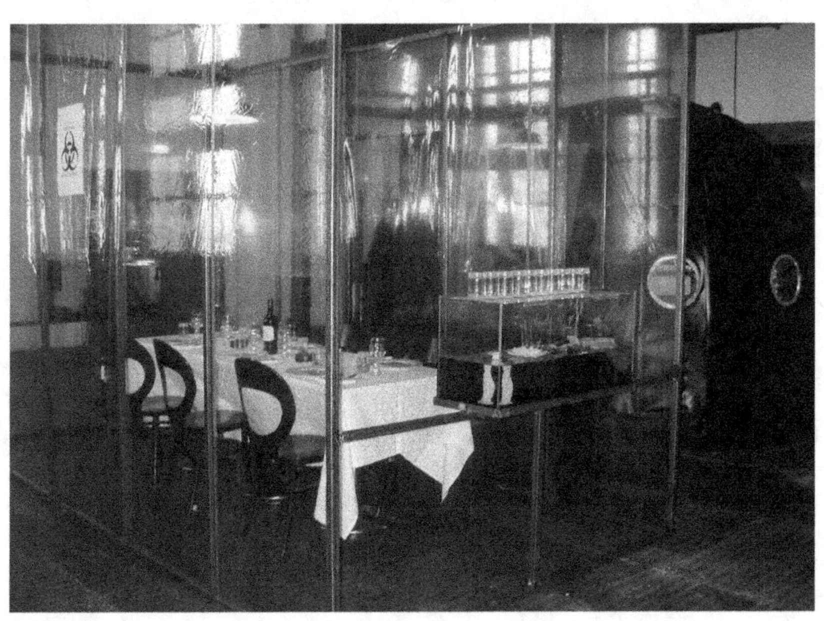

responsabilità che abbiamo per qualcosa che non è definito in ciò che vive o non vive. Come sempre nei lavori di Catt e Zurr la forma che prendono le loro sculture semi-viventi è ricca di riferimenti culturali, spesso radicati nel mito e nella religione.

Il rituale e il mito oscillano tra ciò che le sculture rappresentano e il modo in cui i visitatori interagiscono con esse. In *Pig Wings* (2002) tre tipologie di ali cresciute con tessuto osseo suino, si riferivano a diversi modi di volare proprio delle chimere, degli angeli e dei demoni. Così mettendo radici nella cultura i due artisti hanno fantasticato sulla possibilità per i maiali, un giorno, di poter volare. Dopo aver coltivato le ali per circa nove mesi, le hanno poi fissate e ricoperte con dell'oro. Quando hanno esposto il lavoro in una galleria, dovendo tornare a Perth, loro città natale, hanno interrotto la vita dell'opera visto che nessuno se ne sarebbe preso cura. Similmente al rituale del loro nutrimento, ne hanno concepito uno che accompagnasse la loro fine destinandone la responsabilità al pubblico. Si è trattato di un *Killing Ritual*: le sculture semi-viventi erano tirate fuori dal loro contenitore. Questo gesto così basico avrebbe contaminato le sculture con funghi e batteri che vivono nell'aria e sulla pelle delle persone.

La questione è diventata poi cruciale quando la bistecca di *Disembodied Cuisine*,[37] cresciuta da muscoli scheletrici di rane, è stata offerta in pasto durante un cerimoniale performativo.[38] Il mito del tessuto cellulare da oggetto glorificato nell'immaginazione di un futuro senza vittime è sfatato dalla necessità di impiegare un siero di provenienza animale per la sua crescita. La questione etica si riapre in tutto il suo vigore. La vittima è semplicemente sottratta alla vista. Il cappotto vive nel paradosso del *Victimless* e la cucina in quello del *Disembodied*. La dicotomia natura (cellule)/cultura (materiali costruiti) si è trasformata in una *constructed nature* ("natura costruita"), incontro tra organico e inorganico.

4.4 Immaginare il DNA con Paul Vanouse

Per Paul Vanouse l'incontro tra biologia e arte è avvenuto sotto la spinta di un interesse politico, nato dalle questioni etiche che si era posto durante i suoi studi medici e alle quali non aveva trovato risposta.

I suoi lavori genetici si relazionano prevalentemente a questioni legate al determinismo genetico, alla riconoscibilità del DNA, e all'attribuzione inequivocabile del DNA con la singola persona, ciò che nel diritto forense è riconosciuto come "prova inconfutabile". Il tutto si riconduce anche alla relazione tra linguaggio e rappresentazione nella comunicazione scientifica e nel suo impatto sociale. Il DNA è diventato, il suo materiale creativo, oggetto e soggetto dei suoi lavori; l'elettroforesi il mezzo. «[...] Sottoscrivo che il DNA è il mio mezzo creativo per creare una varietà di tipi di immagine, così racconta il suo metodo creativo intervistato da Alessandro Ludovico. Il motivo per il quale sono così interessato ad impiegare l'elettroforesi e il DNA come mezzo espressivo – prosegue Vanouse – è forzare un materiale generalmente inteso come "soggetto" a diventare "mezzo". Detto questo, il mezzo impone alcune regole buffe. Mentre le mie immagini somigliano a volte all'ASCII Art o al bitmap imaging, fare in modo tale che il DNA si muova alla velocità giusta perché possa prendere forma in immagini non è così semplice. Dopo tutto, il DNA (al contrario di alcune tecnologie costruite dall'uomo) non è stato creato per essere un mezzo rappresentativo».[39]

The Relative Velocity Inscription Device (2002) è il suo primo lavoro con il DNA e nasce in risposta allo *Human Genome Project*, il documento che ha reso pubblica una serie di studi sul DNA nella rivelazione della possibilità di manipolarlo. Vanouse aveva inserito nel gel campioni di DNA di pelle differenti, appartenenti alla sua famiglia giamaicana-americana. Con il sistema di elettroforesi, applicando una scarica di elettricità, le molecole si muovono: quelle più piccole risulteranno più veloci, mentre le grandi rimarranno indietro. Una misura più piccola e, quindi, più agile equivale a essere più forte. Questa misurazione dal titolo è indicata come competizione con chiaro riferimento alla questione razziale.[40]

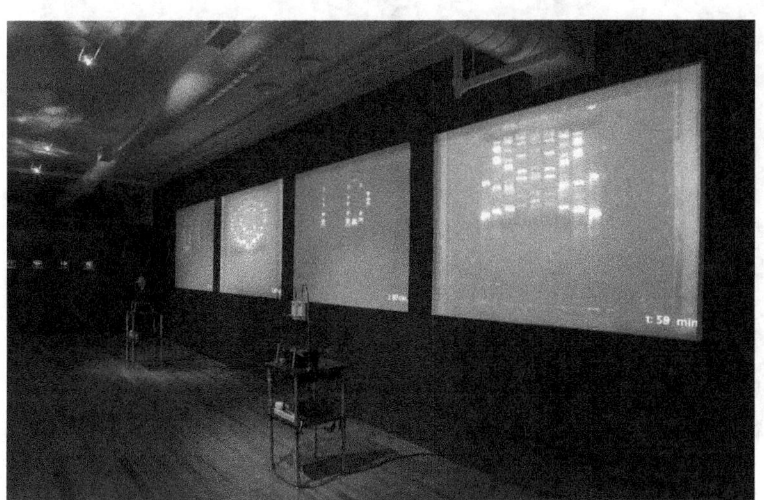

Paul Vanouse, *Latent Figure Protocol*, installazione, CEPA Gallery, Buffalo, NY, 2008.

In *Latent Figure Protocol* (2007-2009)[41] uno stesso DNA ha preso forma in immagini diverse, manipolato attraverso il procedimento di gel elettroforesi in una performance in tempo reale della durata di circa un'ora. La prima di questa serie, è stata il simbolo del copyright derivato dal DNA di un organismo prodotto industrialmente. Questo ha sollevato questioni etiche relative al cambiamento di stato di una vita organica e a responsabilità e diritti dell'eventuale proprietario.

Con SIC (*Suspect Inversion Center*, 2011 – in corso), l'artista ha mostrato come il DNA possa essere estratto, amplificato, frammentato e immaginato fotograficamente. Con questo si rivolgeva all'inconfutabilità attribuita alla prova del DNA nella legge forense. In particolare aveva preso in considerazione un caso celebre dei primi anni Novanta, quello di O. J. Simpson, celebre giocatore di football e attore americano accusato di aver ucciso la sua ex-moglie. Durante il processo nel 1995 le prove del DNA erano state date in pasto ai media come prova schiacciante della sua colpevolezza. Vanouse non è voluto entrare nella questione; ha voluto solo mostrare come l'immagine del DNA possa essere manipolata in laboratorio. In un processo reso pubblico e ripetuto durante alcune giornate dedicate, Vanouse ha riprodotto l'immagine del DNA di Simpson con il suo stesso DNA. Oltre ad aver reso gli spettatori partecipi, ha consegnato loro anche la "ricetta" del processo che lo ha portato alla

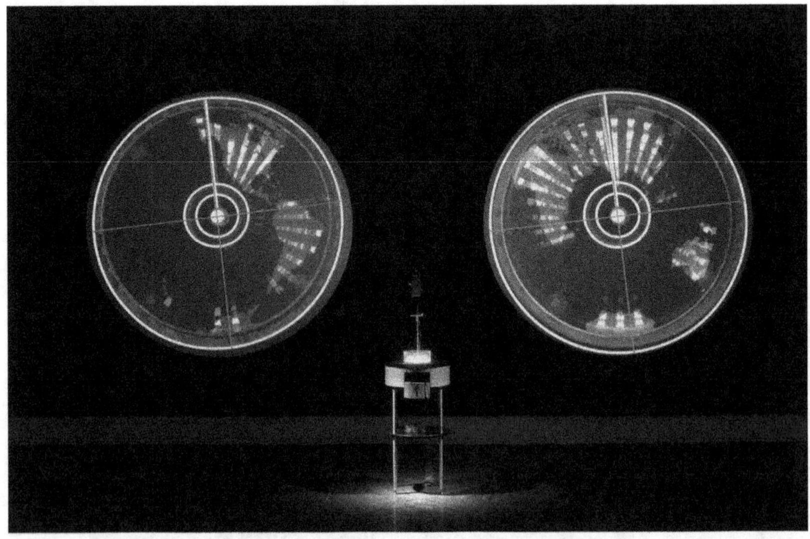

Paul Vanouse, *Ocular Revision*, documentazione del primo esperimento di *imaging*, 2010.

duplicazione. L'immagine del **DNA** può, infatti, variare a seconda delle centinaia di sonde biologiche o enzimi impiegati nei laboratori per frammentare le bande di **DNA**.

Con *The American Project* (2016) il **DNA** donato dai visitatori attraverso la raccolta di sputo ha contribuito alla realizzazione di un *compost* che ha preso forma in diverse immagini legate alla cultura popolare: una corona, simbolo del potere dall'alto verso il basso; il simbolo dell'infinito, immagine anche dell'utopia del futuro e la bandiera americana, immagine di nazionalità e appartenenza che sfuma nelle molte possibilità di mescolare generi e razze anche a livello genetico.

Ma c'è un lavoro che, unitamente a questi, ci interessa particolarmente; si tratta di *Ocular Revision* (2010) un progetto che mette in discussione non solo il linguaggio e l'impatto che questo ha nelle nostre convinzioni culturali, ma anche i dispositivi di visualizzazione.
La biologia "moderna" ha osservato il mondo cellulare attraverso lenti di microscopi e vetrini di forma circolare e definito la cellula come sostanza, unità base della vita. La post-biologia, quella riconosciuta come tale dalla possibilità di leggere il **DNA**, è una visualizzazione legata all'informatica, alla griglia cartesiana e al database. Visualizzare qualcosa come una serie di informazioni, di dati, comporta anche una certa facilità e leggerezza, nella possibilità di essere manipolata.
Vanouse ha ricostruito un dispositivo circolare, che ricorda i dispositivi di osservazione moderni. Utilizzando sempre il sistema di elettroforesi in modo tale da polarizzare il **DNA** dall'interno verso l'esterno del cerchio. Il design radiale che ne è derivato ha consentito all'apparato di creare immagini di **DNA** reminiscenti di un segnale, un'intermittenza.
Con questo, Vanouse ha voluto riportare l'immagine del **DNA** indietro a quando la biologia moderna considerava la materia genetica come "sostanza" piuttosto che come "codice".
Il suo gioco di visione rompe alcune convenzioni linguistiche adattate nell'era post-biologica e dimostra quale ruolo possano giocare percezione e linguaggio nelle politiche che regolano il rapporto tra vita e biotecnologie.

4.5 Biologia, arte e politica[42]

Che sia per scopi puramente estetici e rappresentativi o che sia in relazione a una volontà di intervento esplicitamente attivista, la bioarte ha sollevato questioni sociali.

«Il termine generico "Bioarte" – così risponde a Daniela Silvestrin il teorico e curatore Jens Hauser,[43] in un'intervista per *Digicult* – spesso crea l'illusione di fare riferimento solo a un oggetto estetico, mentre l'aspetto importante di queste opere invece sta nella tensione che si crea tra lo spettatore e l'oggetto che sta guardando».[44]
Lo stesso Gessert, che la bioarte l'ha coltivata per scopi puramente estetici, ha posto questioni etiche. Le sue esperienze hanno provato come sia possibile modificare ecosistemi esistenti o crearne di nuovi.[45]
«A livello più profondo – afferma Gessert nelle sue note – l'arte genetica riguarda la comunità, la comunità degli esseri viventi».[46]

Marta de Menezes, anche lei interessata all'impiego della bioarte per fini estetici, ha considerato l'aspetto partecipativo ed eco-sistemico come parte integrante del suo lavoro.
«La vita è, per definizione, in costante trasformazione – precisa l'artista portoghese – è semplice capire che utilizzando come medium la vita stessa, questo genera una risposta nello spettatore che non può avvicinarsi alla vita più di quanto non faccia una qualsiasi forma d'arte che alla vita vi faccia solo riferimento».[47]

Chi con la bioarte si è assunto una responsabilità tutta politica e attivista è il collettivo Critical Art Ensemble (CAE), dal 1987 impegnato a esplorare e modellare attività di resistenza all'interno del sistema capitalista. Dal 1999 ha iniziato ad attirare l'attenzione nello specifico sul discorso che ruota attorno alle biotecnologie, alle aspettative che queste hanno creato nel mercato e a tutti i conflitti etici e religiosi che questo comporta.

Da questa prospettiva dell'epoca nasceva il loro *Flesh Machine* (1997), primo progetto di biotech, avvio di una ricerca rivolta a smascherare il potere delle biotecnologie così come delle politiche del terrore. In questa occasione, costituirono l'azienda fittizia BioCom per offrire assistenza per pratiche riproduttive di nuova generazione, un vero e proprio "commercio della carne". Era necessario fare domanda. I candidati venivano accettati o meno sulla base delle loro risposte a un questionario che erano invitati a compilare, rispondendo a domande relative a questioni estetiche e all'adattabilità della persona al sistema tecnocrate (anche in relazione al lavoro). In caso di accettazione, il candidato "promosso" avrebbe ottenuto un certificato di "merito genetico" e un'abilitazione a procedere oltre. Alcuni tra quelli che sono stati ammessi a procedere si sono ritirati di fronte al timore di andare avanti. Altri hanno proseguito e sono stati sottoposti a un prelievo del sangue in un laboratorio molecolare predisposto. Il DNA è stato poi analizzato in loco. Il profilo genetico di ogni individuo è stato così ricostruito attraverso gli esemplari delle cellule donate, e accompagnato anche dal questionario precedentemente compilato e da una loro fotografia. Tutto questo ha permesso ai partecipanti di assestare il loro corpo come materia da posizionare nel nuovo mercato genetico.

Da quel momento, molte delle loro pratiche si sono rivolte alla manipolazione della vita a livello genetico. Questo, unitamente alle pratiche di condivisione laboratoriale, era rivolto a svelare i retroscena del potere dell'industria scientifica e il significato delle applicazioni dell'ingegneria genetica e delle moderne biotecnologie. «Tutti gli scritti e i progetti di CAE – così introduce il loro operato il teorico e attivista Gregory Sholette in un suo saggio critico – convergono attorno ad un singolo obiettivo: uno sforzo sostenuto di de-familiarizzare forme di disobbedienza civile nell'ottica di reinventare nuovi modi di rispondere criticamente alla realtà contemporanea, sociale e politica».[48]

Molto del loro lavoro ha fatto leva su paura e credenza religiosa. La loro performance partecipativa *Cult of the New Eve* (1999-2000),[49] realizzata in collaborazione con Paul Vanouse e Faith Wilding, ha spinto la biotecnologia all'interno della dimensione religiosa e lo ha fatto appropriandosi di un linguaggio molto specifico. Il gene del primo donatore per la ricerca Human Genome Project è stato offerto in un rituale che si appropriava della retorica cristiana per persuadere il pubblico dell'utopia di una nuova natura bio-tecnologica. Il gene del donatore era la nuova Eva, Messia dell'era tecnologica.

La condivisione del laboratorio del loro *GenTerra* (2001-2003), anche, faceva leva sulla "paura". Una serie di batteri transgenici, creati in collaborazione con gli spettatori, sono stati mescolati a batteri normali e inseriti in una sorta di roulette russa. I visitatori, invitati a far girare i vetrini in un meccanismo cinetico, delegavano al caso quale batterio sarebbe stato rilasciato nell'ambiente.

«Lo scopo principale di *Gen Terra*, così ricorda il collettivo riportando il discorso anche nel contesto storico sociale di allora, era di stimolare la discussione pubblica sui rischi dell'ingegneria e del rilascio di organismi transgenici. La situazione all'epoca era piuttosto opaca. Da un lato, c'era la posizione delle aziende che sostenevano la produzione di qualsiasi prodotto transgenico producesse guadagno; i problemi si sarebbero risolti all'occorrenza. Dall'altra parte, c'era la posizione dei verdi che denunciavano il rilascio di agenti inquinanti da parte di qualsiasi organismo OGM e che chiedevano di bandire prodotti in questione dal

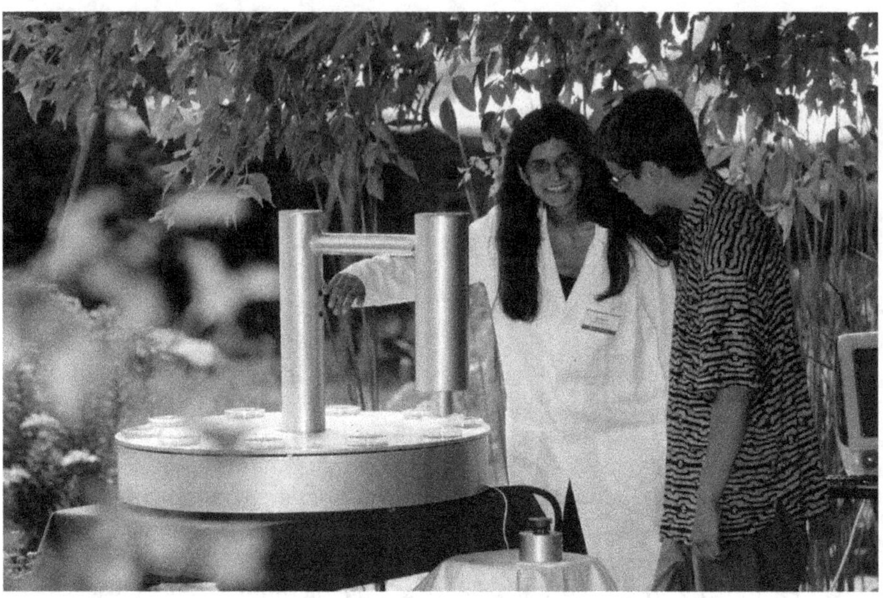

Critical Art Ensemble e Beatriz de Costa, *GenTerra*, 2001-2003.

mercato per un periodo indeterminato, fino a quando studi specifici non avessero dimostrato il contrario».[50] Lontani dal voler dare un giudizio universale sui vari casi, la loro posizione era piuttosto quella di dover assumere la responsabilità di analizzare caso per caso. Per attirare l'attenzione del pubblico su questi argomenti e coinvolgerli al di là di una chiacchierata circoscritta attorno a un tavolo di discussione, hanno privilegiato ansia e responsabilità come strumenti diretti di conoscenza e consapevolezza.

Con *Molecular Invasion* (2002),[51] realizzato in collaborazione con gli studenti della Corcoran School of Art and Design, il collettivo ha preso a bersaglio la multinazionale biotech Monsanto.[52] Il loro obiettivo era di attaccare il cibo geneticamente modificato con la sua stessa arma. Ci sono riusciti attingendo al sistema stesso. Le leggi democratiche americane obbligano, infatti, le aziende alla trasparenza. Uno dei documenti conservati e resi visibili dalla stessa Monsanto rivelava che la vitamina P5P poteva interrompere gli effetti protettivi della Roundup Ready. La galleria è stata trasformata in una serra; non appena le piante sono state abbastanza mature, sono state spruzzate di erbicida Roundup

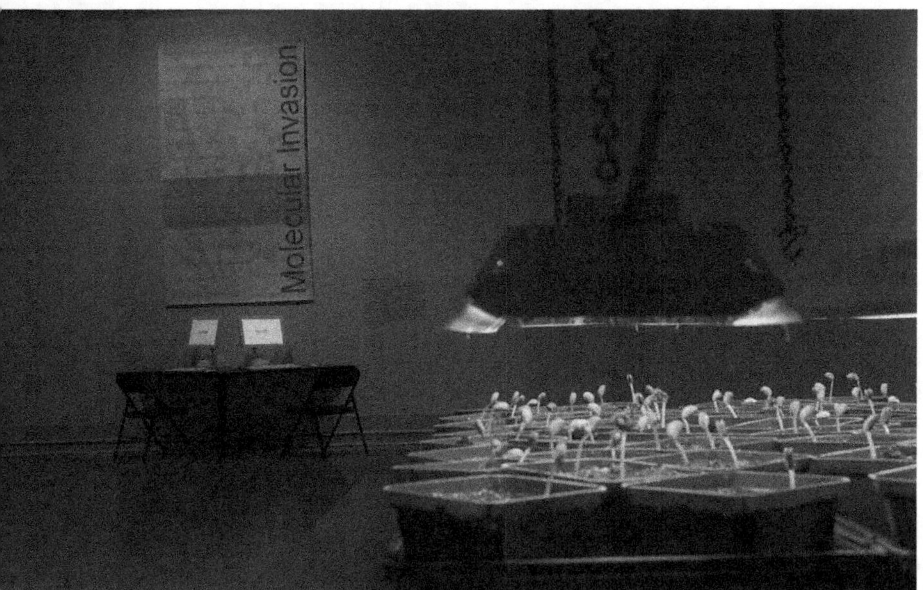

Critical Art Ensemble, *Molecular Invasion*, 2002.

Ready, corretto con la vitamina in questione, provocando così la morte delle piante. Il tratto di adattabilità era stato trasformato in tratto di suscettibilità. Le piante erano diventate sensibili proprio all'erbicida dal quale sarebbero dovute essere immuni. L'evidente reazione dell'azienda, con la minaccia di un'azione legale, si è poi spenta in un nulla di fatto. Non avrebbe che sollevato l'attenzione sulla loro poco ecologica attività. Il luogo dove è stato esposto il lavoro, il rispettabile e istituzionale Corcoran College of Art and Design, si è rivelato strumento chiave nel modo in cui il messaggio è stato consegnato al pubblico e alla stampa.

«Quello che CAE ha realizzato nel corso di questi venticinque anni, così introduce il catalogo antologico Brian Holmes, è stato di occupare la classica sfera pubblica illuminata e sviluppare i suoi potenziali critici attraverso relazioni forti tra ricerca universitaria, presentazioni museali e sperimentazione sociale».[53] La loro ricerca ha proseguito in questa direzione per diversi anni, dal 2006 è stata interrotta per dirottare il loro interesse sui sistemi di difesa militari degli Stati Uniti, per poi, nel 2018, tornare sul piano ecologico con un progetto che indaga sull'organizzazione e l'amministrazione della morte.

Natalie Jeremijenko ha portato questo discorso politico su un piano propositivo, nella proiezione di un futuro ecologico. Ha canalizzato tutta la sua ricerca, le conoscenze ingegneristiche, di biochimica, fisica e neuroscienze, nell'immaginazione e concretizzazione di soluzioni propositive a favore dell'ecosistema. Il presupposto è che siamo noi a determinare cosa siamo, e ad avere un impatto su tutto ciò che, di ritorno, riscrive la nostra genetica.[54] Ha partecipato a politiche attiviste dai primi anni Novanta, quando Internet, come strumento di uso comune, era ai suoi albori.
È da questo suo ambito di ricerca, di attività e di interessi che va collocato il suo *One Tree (s)*.[55] Aveva clonato mille alberi da un solo gene e ne aveva piantati più di duecento in parchi diversi di San Francisco. I cambiamenti degli alberi da una stessa radice genetica avrebbero restituito un ritratto dei micro-climi di ciascun quartiere attraverso le diverse risposte genetiche all'ambiente. «Diventeranno uno strumento connesso che mappa i micro-climi della Bay area, non collegati via Internet, bensì attraverso la loro materialità biologica».[56] Dalla genetica all'impatto ambientale il progetto "illustrava" la scienza attraverso esperienza diretta.

C'è da dire che attivismo, impegno politico e sociale si risolve in un impegno, anche pratico e fattivo, di re-immaginazione e re-design della nostra relazione con la natura, un impegno che durante una conferenza al TED ha definito come la *space-race* del XXI secolo.

5. VERSO L'IBRIDAZIONE

La bioarte ha messo in discussione l'identità dell'uomo, ma anche i confini tra specie biologiche diverse. *Natural History of Enigma* di Eduardo Kac questo cambiamento lo aveva "scritto" nel codice genetico di una pianta.

Il duo Art Orienté Objet (Marion Laval-Jeantet – Benoît Mangin), costituito nel 1991, ha esplorato altri aspetti legati alle trasformazioni dell'uomo post-antropogenico (e post-antropocentrico) legati, soprattutto, ai comportamenti, dall'etologia alla psichiatria trans-culturale e intrapresi in una direzione attivista. Nella serie di *Skin Cultures* (1996) hanno prestato i loro stessi tessuti epidermici per la sperimentazione, combinati con quelli dei *guinea pigs*. Ottenuto il permesso di conservare per sé alcuni campioni li hanno tatuati con immagini di animali comuni alla cultura popolare.

«Queste culture di pelle artistiche – specifica Marion Laval-Jeantet – sono anche la proiezione di un mondo ibrido dove gli xenotrapianti sono moneta corrente, e la distinzione tra specie viventi differenti sfumerebbe fino a sparire completamente».[57]

Il discorso si è spostato nuovamente su un piano più estremo con *May the Horse Live in Me* (2011), il progetto per il quale Marion Laval-Jeantet, per conto del duo, ha instaurato un rapporto di comunicazione biologica con un cavallo per cercare di capire anche emotivamente questa condizione ibrida. Le immunoglobuline dell'animale erano state trasfuse nel corpo dell'artista, con attenta assistenza medica e dopo un lunghissimo periodo di ricerca e di preparazione.

Eduardo Kac cercava un'ibridazione biologica con un robot, successivamente con una pianta. Laval-Jeantet ha sperimentato l'ibridazione con un'altra specie, il cavallo. L'artista greco Yannis Melanitis lo ha fatto con una farfalla. Il 27 novembre del 2016 in un laboratorio tedesco nasceva *Leda Melanitis*, la prima razza di farfalla con gene umano, più precisamente transgenico, uno dei geni dell'artista (SIX6)[58] che con la farfalla condivide lo stesso nome (*Melanitini, Linnaeus* è la specie di appartenenza). La farfalla, come espresso per voce del suo "autore" è diventata "un mediatore organico tra arte, bio-codice e linguaggio".[59]

L'ibridazione tra umano e non umano è emersa anche nel lavoro più recente di Paul Vanouse, che con *Labor* (2019) ha creato artificialmente l'odore di sudore umano incubando batteri di epidermide diversi in bio-reattori.

Tutto questo ha condotto a una natura diversa da quella che in questi ultimi decenni ha preso forma attorno alla dicotomia natura-artificio. Roy Ascott, pioniere dell'arte telematica e punto di riferimento come artista e teorico, ha inglobato nella sua visione la convergenza tra tecnologia dell'informazione (asciutta) e sistemi biologici (bagnati). Una *Natura II* in un mondo che non è né digitalmente asciutto né biologicamente bagnato, né virtuale né attuale, un mondo "umido". Ascott è stato un visionario nell'immaginare un futuro umido, ma anche di commistione tra cultura orientale e occidentale[60] che ha proiettato il DNA nella rete cosmica.

«La struttura molecolare del corpo può essere considerata all'origine di una rete. Le molecole emettono biofotoni e alcune ricerche consentono di ipotizzare che la coerenza dei sistemi viventi sia dovuta in una certa misura alla rete di informazione dei fotoni emessi dalle molecole di DNA. È come se questa rete corrispondesse alle reti telematiche che informano il corpo del pianeta».[61]

Le sue esperienze tra mondi, miti, religioni, credenze lo hanno portato a teorizzare la relazione tra ingegnerie ontologiche diversamente sviluppate nelle culture arcaiche e post-moderne da lui definite con le tre *VR: Virtual Reality* (tecnologie digitali, interattive, telematiche e immersive), la *Validated Reality* (tecnologie meccaniche, reattive, prosaiche, newtoniane), e la *Vegetal Reality* (tecnologie vegetali psicoattive, e spirituali).[62]

Anche lo sguardo di Ascott è uno sguardo sistemico. Lo fa notare Maurizio Bolognini, in una conversazione con l'artista, ricordando come negli anni Sessanta e Settanta alcuni artisti (in particolare nell'ambito del gruppo Fluxus) cercavano di spostare l'attenzione dall'oggetto all'idea e al comportamento dell'artista (più o meno casuale), Ascott, invece, metteva già al centro il sistema. È questo sguardo sistemico, che già nei primi anni Duemila lo aveva portato a consolidare l'intuizione di un mondo ibrido, "umido" che si sarebbe poi proiettato «nell'integrazione di conoscenze esoteriche e di pratiche mediali in un ambiente di reti biotelematiche».[63]

Quando Pier Luigi Capucci parla della bioarte articola il vivente in una doppia elica. "La prima ha le radici nella materia organica ed è fondata sui composti del carbonio." La seconda articolazione "scaturisce da un insieme di varie discipline, tra cui 'la vita artificiale' e la robotica sono forse le più rappresentative".

«Uno dei meriti della vita artificiale è stato quello di estendere l'idea di vita al di fuori della chimica basata sui composti del carbonio, rendendo l'idea di vita più generale, universale, anche al di là della dimensione dell'organico. Se le conoscenze che possediamo sulla vita sono strettamente collegate alla presenza della materia organica, del carbonio, la vita artificiale ha cercato di superare questo limite, questa particolarità, creando dei costrutti che hanno le caratteristiche del vivente ma che non necessitano della materia organica per vivere. Dunque, a definire il vivente non è più il "di che cosa il vivente è fatto", la materia di cui è costituito (tradizionalmente: i composti del carbonio), bensì le istruzioni che lo governano. Per impiegare una metafora informatica, a definire il vivente non è più l'hardware ma il software».[64]

Questa ibridazione della vita, sempre più astratta dal corpo biologico, destinata a rigenerare i poteri biodiversi della Terra, è lavoro e gioco *simpoietico* dello Chtulucene, termine con cui Donna Haraway definisce una nuova era, proiettato nella generazione di nuove parentele e rapporti.[65] Possiamo immaginare il tutto migrare nell'Intelligenza Artificiale.

6. IBRIDAZIONI INTELLIGENTI[66]

Nell'immaginario collettivo l'Intelligenza Artificiale si è dapprima incarnata nella figura del robot con l'aspirazione di assumere fattezze sempre più vicine a quelle umane. Il recente *Geminoide* del prof. Hiroshi Ishiguro ne è l'esempio (a primo impatto) più estremo. Robot umanoide, gemello sempre più sofisticato, specchio tale del modo di muoversi e di pensare del suo autore da averlo reso ubiquo, da essersi manifestato come vero e proprio *alter ego*, spedito in valigia in tutto il mondo per tenere conferenze nello specchio di sé.

L'intelligenza delle macchine (per non chiamarla artificiale se assumiamo che artificiale possa considerarsi anche la nostra) si è sempre più emancipata dal corpo robotico, sublimata in dinamiche cerebrali artificiali sempre più sofisticate.

Le cosiddette reti neurali (*neural networks*) derivano dal funzionamento, appunto, dei neuroni. Dagli anni Duemila, questo ambito è esploso affinando sempre più metodi di *machine learning* e *deep learning*. Ormai l'AI è diffusa ovunque; è parte di noi. Viviamo immersi in sistemi di Intelligenza Artificiale, dai *Google Translator* ai sistemi di riconoscimento facciale, al sofisticatissimo sistema di ricerca dell'azienda di distribuzione online Amazon.com. Se l'arte è entrata nella vita a tutto tondo, l'Intelligenza Artificiale ne è ormai parte integrante.

L'ibridazione di gran parte di ciò che ci circonda, incluso ciò che riguarda il corpo biologico, è ormai piuttosto metabolizzata. Quando si parla di Intelligenza Artificiale è ancora per lo più considerata come qualcosa di "altro" dall'uomo.
Certamente alcuni progressi tecnologici epocali sono dovuti proprio alla visione di simbiosi tra uomo e macchina. Basti pensare a Licklider, psicologo e ingegnere negli anni Sessanta a capo dell'ARPA – Advanced Research Project Agency –, l'agenzia americana istituita per la ricerca militare,[67] che ha anticipato le premesse essenziali per la messa in atto di connessioni e interfacce, grazie all'intuizione delle potenzialità simbiotiche tra uomo e macchina.[68]
E quando Norbert Wiener (1894-1964), sempre nell'ambito di ricerche militari sul campo, era arrivato a fondare la cibernetica, della prospettiva di simbiosi tra uomo e macchina teneva conto proprio del linguaggio, e soprattutto l'"impulso alla comunicazione",[69] ciò che distingue l'uomo dal resto degli animali. È il linguaggio che istruisce la macchina, questo è vero ancora oggi: l'*input* al quale segue il *feedback* (retroazione) per dirla

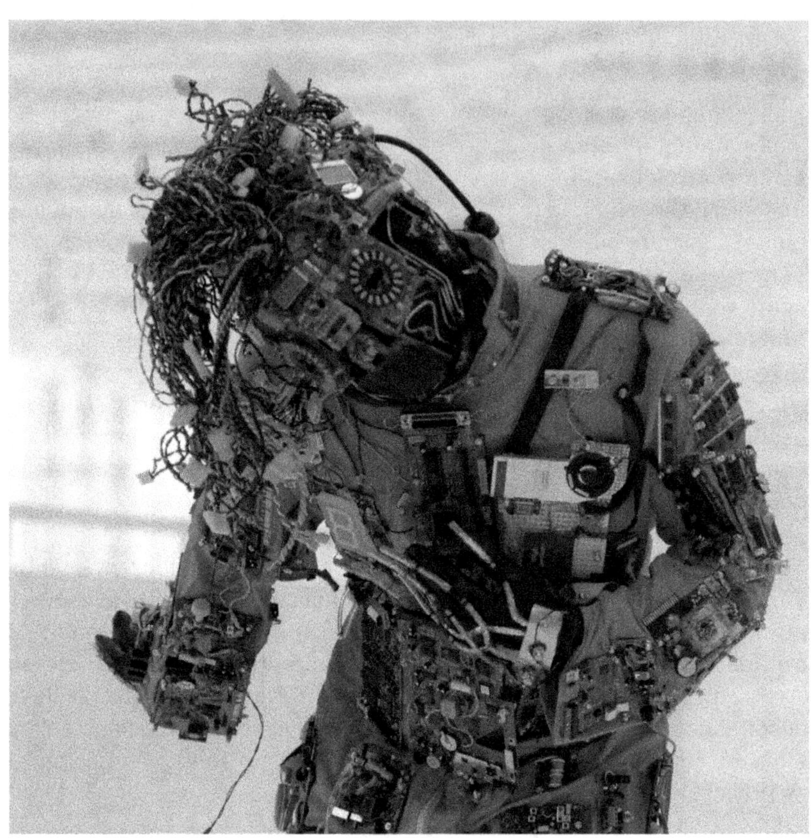

Luigi Pagliarini, *Fatherboard*, 2007-2008.

proprio con i termini da lui fondati e oggi entrati nel linguaggio comune.[70]
«La società, avvisava Wiener, può essere compresa soltanto attraverso
lo studio dei messaggi e dei mezzi di comunicazione relativi a essi;
[...] lo sviluppo futuro di questi messaggi e mezzi di comunicazione,
i messaggi fra l'uomo e le macchine, fra le macchine e l'uomo, e fra
macchine e macchine sono destinati ad avere una parte sempre più
importante».[71]

Questa affermazione sembra trovare validità ancora oggi, trasposta al
tempo presente. È pur sempre la comunicazione umana ad addestrare
l'Intelligenza Artificiale e la questione può diventare ancora più
importante nel considerare l'ibridazione del post-umano sul piano

delle intelligenze. Per alcuni artisti questa tipologia di ibridazione è argomento di discussione e di sperimentazione già da tempo. Maurizio Bolognini e Luigi Pagliarini sono stati due artisti pensatori illuminati in questa direzione da tempi non sospetti, ciascuno in modo diverso.

Dalla fine degli anni Ottanta, l'artista italiano Maurizio Bolognini aveva iniziato a delegare alle macchine una serie di operazioni artistiche (*IMachines*, 1988). Le sue macchine non avevano sembianze umane. Erano la forma ancestrale della macchina, a volte senza monitor lasciando la complessità del funzionamento secretato all'interno dell'apparecchio. Alle macchine era delegato il compito di produrre immagini, "casuali e inesauribili". Oscillavano tra visibile e non visibile. La sua serie di *Computer Sigillati* (dal 1992) non lasciava vedere ma immaginare i flussi generativi di immagini al suo interno. Invece nelle sue serie SMSMS (*SMS Mediated Sublime*) e CIMs (*Collective Intelligence Machines*, 2000-), così come nelle AIMS (*Artificial Intelligence Mediated Machines*, 2001), le immagini erano visibili e anche i partecipanti potevano intervenire nel loro processo generativo tramite applicazioni di intelligenza collettiva, collegando le macchine alla rete, attraverso dispositivi cellulari. La ricerca di Bolognini, condotta come artista in un ambito indirizzato all'estetica, ha rivelato aspetti importanti del paesaggio contemporaneo in relazione all'avvento delle tecnologie e dell'Intelligenza Artificiale.
«[...] l'estetica della comunicazione – così rispondeva Bolognini in un'intervista a Sandra Solimano – ti mette di fronte all'ambivalenza dello spazio elettronico (spazio della connettività e dell'intelligenza collettiva da un lato, dal caos e dalla marginalità del soggetto dall'altro); mentre l'estetica della programmazione ti obbliga a misurarti con le conseguenze contraddittorie della delega alla macchina, che pone dei limiti alla dimensione soggettiva dell'artista, ma d'altra parte ne moltiplica le possibilità e ne dilata il gesto all'infinito».[72]

Questo sguardo d'artista sul rapporto con le macchine entra nella dimensione ibrida al suo stato iniziale; ce la rende visibile con una tecnologia che non pretende di assumere alcuna sembianza, che si nasconde o si espone alla vista e quando è visibile diventa partecipativo.

Lo sguardo di Luigi Pagliarini ha raggiunto l'ibridazione di intelligenza biologica e meccanica in tempi non sospetti e lo ha arricchito di dimensioni e di relazioni. Studi di psicoanalitica, comportamentistica, sistemico relazionale, funzionale, psico-sinestetica, dinamica, gestaltica, transpersonale, immaginativa, Terapia Razionale Emotiva, sono alcuni degli ambiti esplorati nel corso della sua formazione, radice dell'occhio di questo artista-scienziato così poliedrico.[73]

«Il punto di partenza, racconta Pagliarini in un articolo per la rivista *Digicult*, è che nella robotica e nell'AI, tanto quanto nella letteratura, nell'arte e nelle scienze psicologiche, l'eredità di alcuni antichi paradigmi, idee e approcci fa sì che l'interpretazione del concetto d'interazione uomo-macchina venga fondata su una sorta di reciproca alienazione e, così facendo, strangola il fabbisogno, opposto e crescente, per una definizione del rapporto uomo-macchina integrata. [...] Quindi se da una parte lasciamo che le macchine imitino l'intelligenza biologica, dall'altra, non possiamo evitare d'imitare alcuni dei loro comportamenti e, conseguentemente, inizializzare un processo ricorsivo infinito, per cui insegnare ed apprendere son praticamente simultanei».[74]

Il suo discorso muove oltre il rapporto biunivoco tra uomo e macchina e si biforca in maniera poli-direzionale (intelligenze biologiche <=> intelligenze artificiali), e quindi, polimorfa. Con questo ci offre uno sguardo che non si ferma di fronte alla macchina (e alla sua intelligenza) come qualcosa di "altro" da sé. Ci guida bensì nella sua natura ibrida. «Ciò che sembra mancare è l'idea del *feedback* che le macchine impongono all'intelligenza biologica creando nuove forme di intelligenza (naturali o artificiali che siano) che definiamo come intelligenza polimorfica e che potrebbe condurre al modo di approcciare l'AI in un prossimo futuro».[75]

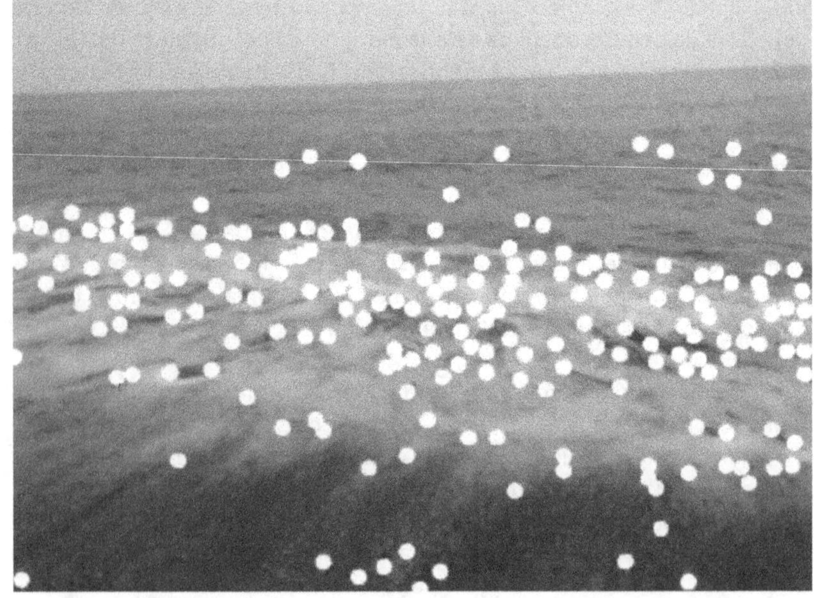

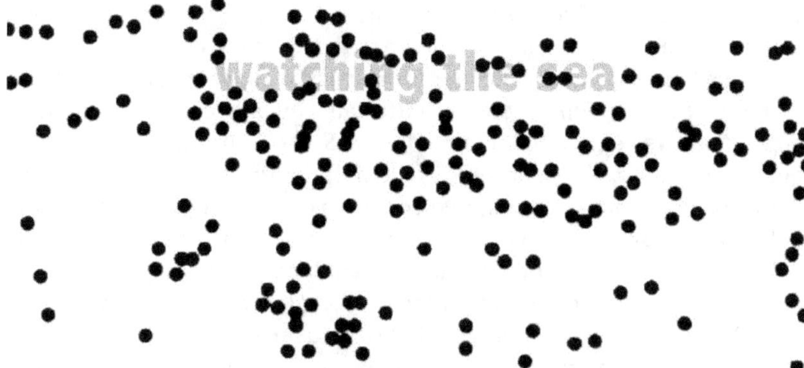

Marco Cadioli, *Watching the Sea*, 2019.

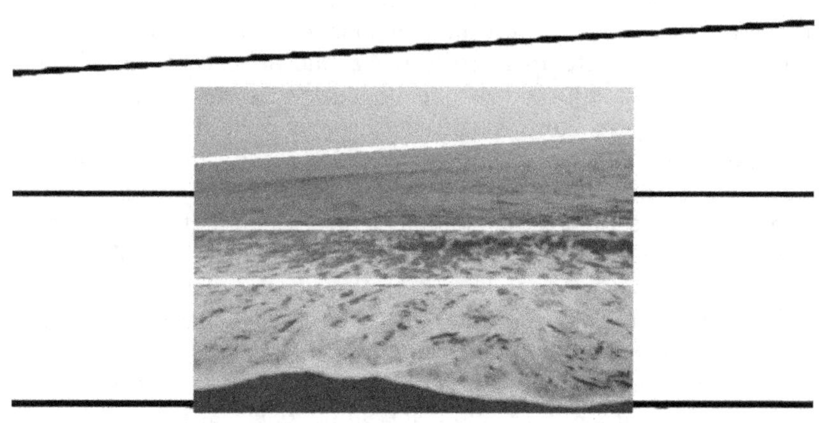

Marco Cadioli a questa ibridazione ci è arrivato cercando una simbiosi con l'occhio elettronico. Da *Internet Landscape* in poi, ha sempre fotografato paesaggi creati da algoritmi. Ma cosa significa fotografare paesaggi algoritmici? Significa entrare nell'occhio della macchina. Cadioli aveva viaggiato in Second Life con lo pseudonimo di Marco Manray, dove era ormai riconosciuto come reporter ufficiale;[76] aveva poi attraversato in lungo e in largo Google Earth estrapolandone aspetti peculiari del paesaggio restituiti dall'ottica satellitare.[77] Il suo sguardo ha cercato simbiosi e complicità con l'Intelligenza Artificiale cercando di entrare nella sua logica di visione. La macchina inscrive il paesaggio servendosi di punti, figure geometriche o vettoriali. Questa è la sua modalità di visione. Nel suo video *Watching the Sea* (2019) uomo e macchina guardano il mare, ciascuno secondo la propria prospettiva. La macchina individua l'orizzonte tracciandolo con linee rosse, e segue il movimento del mare attraverso dei vettori. La poesia che, con la complicità della colonna sonora algoritmica, sembra sublimare questo momento di incontro uomo-macchina, in *Database for Human Training* (2017 – in corso) diventa ironia pungente indirizzata al rito di addestramento dell'AI, in particolare quello che riguarda il riconoscimento facciale. Le fotografie fornite a Intelligenze Artificiali che riprendono i volti in diverse posture ed espressioni sono ora assemblate in gif che rendono il ritratto quasi grottesco, in ogni caso privo di ogni possibile funzionalità.

Oriana Persico e Salvatore Iaconesi riconosciuti nel duo e progetto di ricerca Art is Open Source,[78] e più tardi anche nel centro di ricerca HER – Human Ecosystem Relazioni[79] –, in questo processo di ibridazione uomo-macchina sono intervenuti in maniera fattiva, con approccio creativo attivista, attento al territorio e all'individuo. I loro lavori hanno sempre inteso stabilire un rapporto consapevole con la macchina, in grado di strutturare nuove relazioni anche umane che siano significative e propositive per una società dove i dati siano al servizio della comunità. Ecco come, in una vita dedicata ai dati e a mappare le geografie invisibili che si vanno via via configurando nelle strade informatiche attraverso le relazioni umane, anche il loro rapporto con l'Intelligenza Artificiale ha trovato un naturale equilibrio tra attenzione al globale e al locale. All'alba del 2007 hanno adottato *Angel_F* (Autonomous Non Generative E-volitive Life_Form), l'Intelligenza Artificiale figlia del filosofo Derrick de Kerkhove e della Biodoll, prostituta biotecnologica che vive e lavora online. *Angel_F* è stato trattato come un figlio, portato a spasso in un passeggino per conoscere il mondo, mandato in una scuola speciale con insegnanti di diversa professionalità e credenza (Derrick de Kerkhove, Antonio Caronia, scettico sulle intelligenze artificiali, il già citato Luigi Pagliarini, il giornalista Carlo Formenti, e l'antropologo Massimo

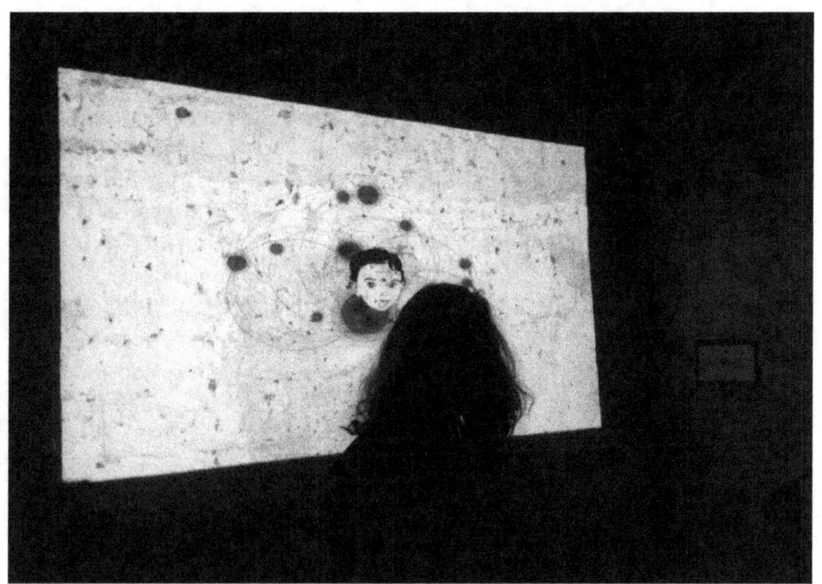

Salvatore Iaconesi e Oriana Persico (AOS Art is Open Source), *Angel_F*, 2007.

Canevacci). *Angel_F*, di ritorno, ha restituito osservazioni che hanno rivelato all'uomo le contraddizioni della propria esistenza.[80]

La più recente Intelligenza Artificiale concepita per IAQOS, acronimo per Intelligenza Artificiale di Quartiere Open Source,[81] come un vero e proprio figlio, è stata "educata" dai dati raccolti nel quartiere romano di Torpignattara attraverso i suoi abitanti con storie, fotografie, immagini introiettate da lunghe camminate in un passeggino lungo il quartiere. I loro lavori su e con Intelligenza Artificiale si sono poi estesi e racchiusi in oggetti datapoietici, a iniziare da *OBIETTIVO* (2019), installazione luminosa composta di diversi *layers* di plexiglass, ciascuno collegato a diverse località nel mondo che, nell'intensità della luce rossa rende percepibile il grado di povertà, aumentando di intensità in ogni momento in cui una persona supera la soglia della povertà assoluta. La luce può spegnersi solo nel mondo in cui il livello di povertà scende sotto le 500.000 persone. *OBIETTIVO* è un oggetto di design che in sé contiene una progettualità, un modo di vedere il mondo che corrisponde a un modo di agire. Datapoietico diventa la «capacità dei dati e dell'intelligenza artificiale di portare qualcosa alla vita come una sensibilità aumentata verso il fenomeno del mondo globalizzato». Il duo trasferisce i geni del pensiero creativo, eco-sistemico plurale e *open source,* al cuore dell'Intelligenza Artificiale.

«Gli oggetti data-poietici sono oggetti (cose, mobili, elettrodomestici...) la cui essenza e personalità dipende dai dati e dalla computazione. Non sono solo artefatti tecnici, ma anche culturali ed esistenziali, come si immergono nella cultura contemporanea, nella percezione umana, nella comprensione, creano nuove opportunità per l'immaginazione sociale».[82] *OBIETTIVO*, che come primo oggetto data-poietico è un'opera d'arte, è l'avvio di qualcosa di più grande, contributo fattivo per progettualità futuribili, perché il mondo dei dati possa entrare nelle case, negli uffici e negli spazi pubblici attraverso oggetti intelligenti in grado di creare significato, di costruire processi di innovazione tecnologica e sociale e ispirare nuovi modelli di business.[83]

Il loro sguardo posizionato tra spazi, il loro agire sul territorio, ci hanno restituito altre importanti angolazioni del paesaggio. Tutto il loro lavoro, dalla ricerca dei dati, alla selezione ed elaborazione in info-grafiche che hanno mappato il sovrapporsi di nuovi snodi geografici sovrapposti al tessuto urbano, fino alla loro configurazione in Intelligenze Artificiali, ha costruito vere e proprie metodologie di osservazione delle trasformazioni tecno-ambientali del territorio.

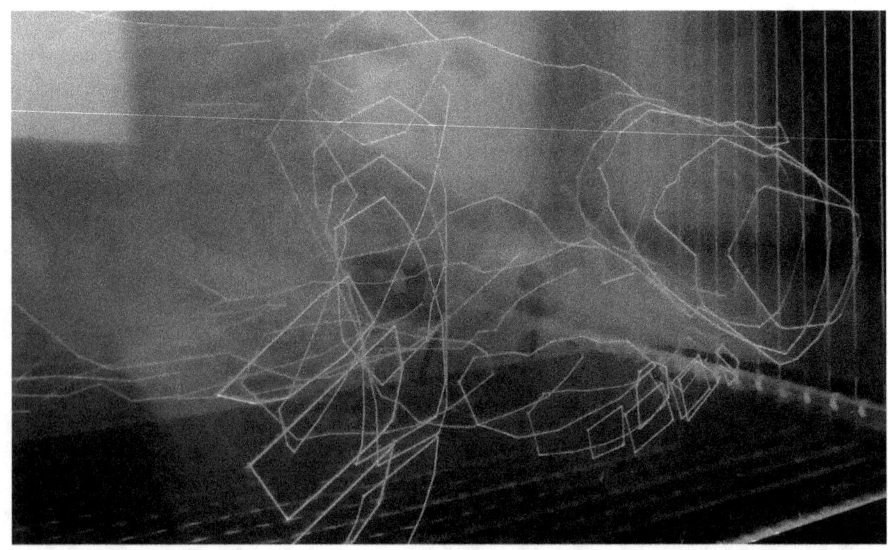

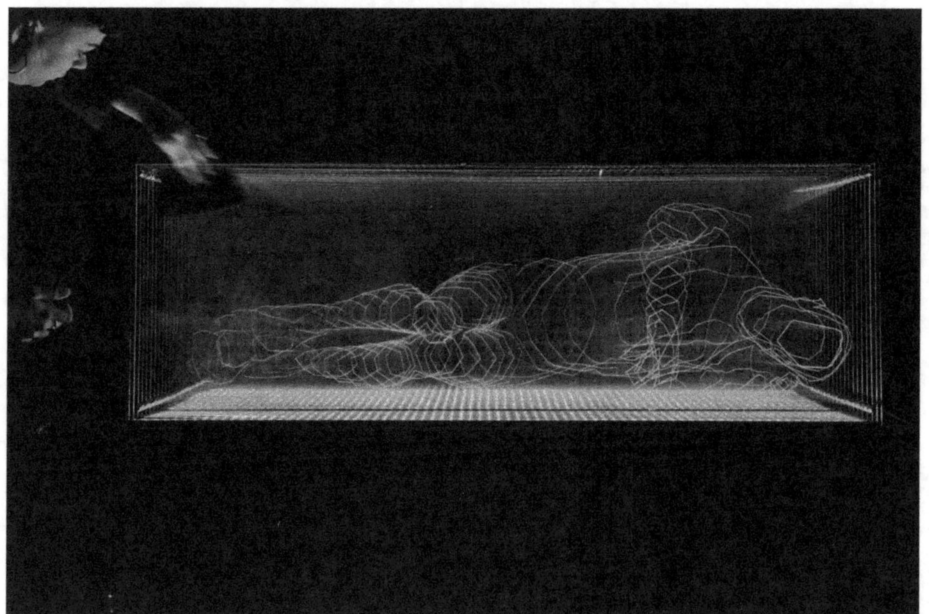

Salvatore Iaconesi e Oriana Persico (AOS Art is Open Source), *OBIETTIVO*, 2019, "Art + b = love (?) Festival", 2019. A sinistra: particolare.

L'Intelligenza Artificiale si è estesa anche a contesti performativi che, per quanto addentro a sperimentazioni audio-visive spesso destinate a eventi di spettacolo per un grande pubblico, si sono rivelati spunti di riflessione importanti. Daito Manabe, interaction designer, programmatore e DJ, che sfrutta l'AI per le sue esibizioni musicali, è attivo nell'ambito della performance, dell'intrattenimento e dell'arte.[84] I suoi numeri sono stati particolarmente attenti a esplorare i confini che esistono tra tutti, natura e artificio, discipline, e così via. Nel suo *Border* (2016), per esempio, il "confine" era indagato attraverso una danza aumentata, orchestrazione del rapporto uomo-macchina. Il pubblico indossava i dispositivi AR e si muoveva seduto su una sedia mobile controllata dal computer. Anche le vibrazioni del pavimento, i tocchi dei ballerini, il profumo nell'aria erano parte dell'interrelazione del tutto.

Gli studi in fisica, biologia, antropologia, storia, teologia di Memo Atken sono stati alla base del suo sguardo rivolto a capire i misteri legati all'universo, alla vita e alla mente.

In *Learning to See* l'artista poliedrico Atken, nato sul palco della scena performativa con una formazione musicale,[85] un network neurale artificiale, guarda il mondo attraverso il filtro di ciò che conosce. Semplici oggetti quotidiani, nell'occhio della macchina si trasformano in paesaggi naturali, estendono la loro "finitezza" in forme che protendono verso altre dimensioni. Ciò che vediamo, infatti, lo vediamo come tale sulla base del nostro costrutto culturale. In questo caso le informazioni che hanno costruito la griglia di visione sono derivate dai quattro elementi, dalle onde dell'oceano (acqua), nuvole e cielo (aria), fuoco e fiori (terra e vita) e immagini riprese dal Hubble Space Telescope (che rappresenta l'universo, il cosmo, l'etere, Dio). Questo significa che l'occhio della macchina registra oggetti quotidiani come paesaggi, in una trasformazione tanto istantanea quanto radicale.

Tutto quanto detto fino a ora ci suggerisce la necessità di doverci sintonizzare con l'occhio non umano e con la sua visione perché questa è parte di molti aspetti che tornano all'uomo e al suo vivere sociale.

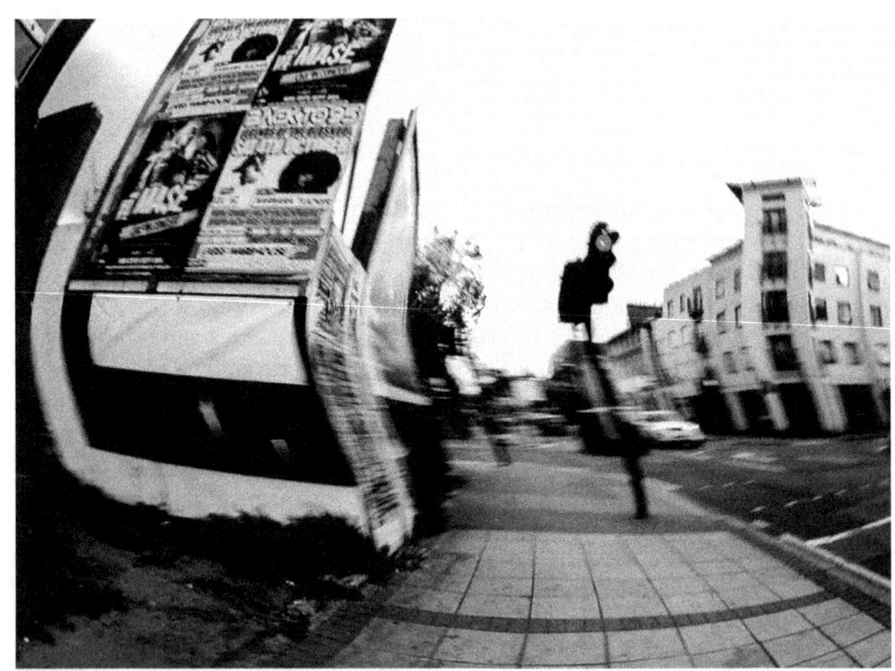

Joanna Zylinska, immagine da *Active Perceptual Systems*, 2014-2016.

La teorica e artista Joanna Zylinska guida il nostro sguardo proprio in questa direzione. In una serie di suoi lavori *Active Perpetual Systems*, le immagini sono catturate da un *Autographer*, un sistema automatico di rilevazione immagini concepito come strumento mnemonico per aiutare i malati di Alzheimer. L'artista l'ha indossato in diverse situazioni nell'arco della giornata. Ciò che la macchina fotografava era influenzato dal suo movimento. Se il movimento si ferma la videocamera percepisce qualcosa di importante da fermare nella memoria. Assimilata questa logica di visione, per lei, era molto semplice manipolare i desideri della video camera.

Sguardi dentro sguardi raggiungono il mondo nelle sue diverse sfaccettature, per ogni decodificazione dello sguardo si concretizza un mondo. In questa dimensione ibrida è ormai necessario tener conto dell'*Occhio della Macchina*, come titola un saggio di Simone Arcagni che entra nell'occhio della macchina in tutte le sue declinazioni, *Imaging*, *Computer Vision*, *Computer Graphics* per esplorare la logica e la natura dell'occhio contemporaneo connettendo informatica e pensiero visivo.

L'ibridazione di intelligenze ci riporta nuovamente al corpo, un'immagine forse più chiara una volta usciti dal confine dell'epidermide. Ancora una volta, Pagliarini visualizza questo aspetto con le parole: «I nostri corpi sono "universi" colmi di dinamiche e, ancora più importante, colmi di altri infiniti corpi. Virus, funghi e batteri ci popolano e ci pervadono e costituiscono gran parte di tutto ciò che siamo, dal carnale, allo psicologico fino allo spirituale. Essi determinano buona parte delle nostre azioni e delle nostre reazioni. Sono responsabili del nostro peso, del nostro umore, delle nostre prospettive e di mille altri significati. In buona sostanza, gli organismi che abitano dentro noi ci guidano, ci orientano, ci seguono e sono co-artefici della nostra esistenza. Il nostro corpo è quindi, di per sé, un "universo" o com'è che amo pensarlo un *terrarium* semovente».[86]

Con questo scatto del corpo-universo, ibrido tra biologico e digitale, lasciamo la dimensione delle intelligenze ibride per schiacciarci nuovamente in quello dell'immagine, pellicola viva e sottile che filtra e riconfigura il mondo per restituirlo concretamente alla percezione, ogni volta in forma diversa, tutte altrettanto reali.

1. Victoria Vesna è stata fondatrice ed è attualmente direttrice dell'Art|Sci Center all'UCLA School of the Architecture presso l'Università della California, centro nato in seno al California NanoSystems Institute (CNSI)

2. Nel 1985, due anni prima che Richard Buckminster Fuller morisse, Harry Kroto, Rick Smalley e Bob Cur scoprirono la molecola che sarà poi definita come Buckminsterfullerene, in memoria dell'architetto e della sua cupola costruita per il Padiglione Americano dell'Expo 1967, a Montreal, con struttura esagonale basata su calcoli matematici e geometrici

3. Qualche riferimento temporale: il microscopio in grado di visualizzare e manipolare gli atomi è stato scoperto nel 1981

4. Victoria Vesna, in *Intervista con Dobrila Denegri, Parte II*, Arshake, 10 aprile, 2014, [on line all'indirizzo: https://www.arshake.com/intervista-victoria-vesna-parte-ii/]

5. Cfr. nota n. 2

6. Nel 2005 presentata a Los Angeles al Museo LACMA, nell'ambito della mostra NANO e a Roma, per la prima volta in Italia, a cura di Dobrila Denegri, negli spazi dell'Associazione Culturale di Stefania Miscetti

7. Le ali di farfalla sono state anche oggetto di studio da parte della scienza applicata per la realizzazione di determinati colori (che nelle farfalle scaturiscono proprio dalla struttura lamellare), e per crittografare le informazioni nelle firme ottiche sulle banconote e su altri oggetti preziosi per proteggerli dalle falsificazioni

8. Cfr. Victoria Vesna (a cura di), *Database Aesthetics, Art in the Age of Information Flow*, University of Minnesota Press, Minneapolis 2008

9. Per *Bodies©INCorporated* Vesna aveva attinto da Viewpoint Data Labs, una compagnia che vende corpi a clienti come il *franchise* di *Star Treck*

10. Sei delle loro opere di nanoarte sono state esposte nel 2007 a Bergamo in occasione della prima mostra sul tema, *Nanoart: vedere l'invisibile*, curata da Stefano Raimondi. Nella mostra di Bergamo le opere erano esposte sotto le lenti di microscopi ottici. In altre occasioni, come al MIAAO – Museo Internazionale delle Arti Applicate Oggi, invece, le immagini delle opere erano trasmesse attraverso lo schermo di un computer. Cfr. il catalogo: Stefano Raimondi, *Nanoart. Vedere l'invisibile*, Skira, Milano 2007

11. In anni più recenti Alessandro Scali ha fondato con Marco Calabrese OKKULT Motion Pictures, un progetto artistico di ricerca che combina il cinema con le Gif animate, ed è stato eletto a strumento ideale del momento per il suo "valore educativo", ponte tra conoscenza e intrattenimento

12. Alessandro Scali – Robin Goode, "Nanoarte. Mai fidarsi degli artisti", in Stefano Raimondi, *Nanoart. Vedere l'invisibile*, op. cit., p. 43

13. Stephen Todd – William Latham, *Evolutionary Art and Computers*, Academic Press, Londra 1992

14. Il progetto *MVR CSynth Virus* è stato realizzato in collaborazione con la University of York Virus Geometry Group (alla guida il Professore Reidun Twarock) e la Oxford Weatherall Institute of Molecular Medicine (alla guida il Professor Steve Taylor)

15. *MVR CSynth Virus* è stato mostrato nel 2019 come una mostra interattiva, in realtà virtuale, presso The State of US al Lowey Museum di Salford Quays

16. Pier Luigi Capucci – Franco Torriani, *Introduzione*, in Jens Hauser (a cura di), *Art Biotech*, Clueb Edizioni, Bologna 2007, ripubblicato in NOEMA – Technology & Society, 28 aprile 2007, [on line all'indirizzo: https://noemalab.eu/ideas/essay/arte-e-biotecnologie/]

17. Cfr. Joe Davis, "Microvenus", in *Art Journal 55*, n. 1, 1996, pp. 70-74

18. Eduardo Kac, "L'emergere di biotelematica e biorobotica: integrazione di biologia, processualità dell'informazione, connettività delle reti e robotica", in Eduardo Kac (a cura di), *Telepresenza e Bioarte. Interconnessione tra umani, conigli e robot* (edizione italiana a cura di Pier Luigi Capucci – Franco Torriani, Clueb Edizioni, Bologna 2016 – ediz. orig. Telepresence & Bio Art: Networking Humans, Rabbits & Robots, Foreward James Elkins, Ann Arbor, The University of Michigan Press Michigan 2005)

19. Esempi di opere e bio-telematiche di Eduardo Kac: *Essay Concerning Human Understanding* (1994), *Teleporting an Unknown State* (1994-1996), *Time Capsule* (1997). Cfr. Eduardo Kac , *Telepresenza e Bioarte. Interconnessione fra umani, conigli e robot*, op. cit., pp. 211-226

20. *Leonardo Electronic Almanac 6*, n. 11, novembre 1998 [on line all'indirizzo: https://www.leoalmanac.org/leonardo-electronic-almanac-volume-6-no-11-november-1998/]

21. La frase della Bibbia impiegata da Eduardo Kac è la seguente (in lingua inglese) *Let man have dominion over the fish of the sea, and over the fowl of the air, and over every living thing that moves upon the earth* (Che l'uomo abbia il dominio sui pesci del mare, sugli uccelli del cielo e su ogni essere vivente che si muove sulla terra), [on line all'indirizzo: http://www.ekac.org/geninfo.html]

22. Sono stati impiegati due tipi di batteri: batteri che hanno incorporato un plasmide che contiene ECFP e EYFP (Enhanced Cyan Fluorescent Protein) e batteri che contengono un plasmide che contiene EYFP(Enhanced Yellow Fluorescent Protein). ECFP e EYFP sono GFP (Green Fluorescent Protein). Il batterio ECFP contiene il gene sintetico, EYFP bacteria no. Cfr. Eduardo Kac, *Genesis* [on line all'indirizzo: http://www.ekac.org/geninfo.html]

23. Eduardo Kac, "Transgenic Art", in Eduardo Kac, *Telepresence & Bio Art. Networking Humans, Rabbits, & Robots*, op. cit., p. 271

24. George Gessert, *Green Light. Toward an Art of Evolution*, MIT Press, Cambridge, Mass / Londra 2010

25. Un'operazione molto simile è stata portata avanti dal fotografo Edward Steichen, nel 1936, quando esponeva al MoMA una serie di fiori

26. Nel 1994, Roger Malina astrofisico ed executive director della rivista *Leonardo* lo aveva chiamato per curare una sezione dedicata ad arte e biologia. Questo incarico lo aveva portato in contatto con molti artisti che lavoravano con il vivente, come lo stesso Eduardo Kac. All'epoca queste nuove definizioni iniziavano a emergere rispetto a ricerche che fino ad allora erano state condotte parallelamente. Cfr. George Gessert, *Green Light, Toward an Art of Evolution*, op. cit.

27. George Gessert, *"Why I Breed Plants"*, in Edoardo Kac (edito da) *Signs of Life. Bio Art and Beyond*, The MIT Press, Cambridge, Mass / Londra 2007, p. 187 (*Iris hunts – spiega Gessert – focused my attention on the land in a new way, and in the process the Northwest became my home*)

28. Marta de Menezes è direttrice di Ectopia, un laboratorio di arte sperimentale nato all'interno dell'istituto di ricerca biologica, Instituto Gulbenkian de Ciência, a Lisbona e Direttore di Cultivamos Cultura nel Sud del Portogallo

29 Si trattava del laboratorio del prof. Paul Brakefield presso l'Università di Leida

30. *Nature (?)* di Marta de Menezes, è stato realizzato all'interno dei laboratori scientifici presso l'Università di Leida in collaborazione con il prof. Paul Brakefield con il quale ha iniziato la collaborazione nel 1998

31. Marta de Menezes, "Art: in vivo and in vitro", in Eduardo Kac (edito da) *Signs of Life. Bio Art and Beyond*, op. cit., p. 220

32. Da non confondere con l'ingegneria genetica che lavora a livello molecolare laddove l'ingegneria tissutale lavora a livello cellulare

33. Il significato del termine è ripreso dall'Enciclopedia Italiana Treccani [online all'indirizzo: http://www.treccani.it/enciclopedia/ingegneria-tissutale_%28Dizionario-di-Medicina%29/]

34. SymbioticA è il primo centro di eccellenza in Arte Biologica situato all'interno della School of Anatomy, Physiology and Human Biology presso l'University of Western Australia (UWA). SymbioticA ha attirato l'attenzione di body artists come Sterlac e Orlan. È in questi laboratori dove è stato realizzato l'orecchio/scultura cellulare *Extra Ear* che Sterlac avrebbe dovuto impiantare sul suo braccio come organo emittente, e le cellule in vitro adattate al cappotto di *Arlequin* di Orlan, inno alla biodiversità

35. I due artisti entravano in contatto con un laboratorio della University of Western Australia iniziando a collaborare con il prof. Traian Chirila, scienziato all'epoca nello sviluppo di polimeri. Con

lui hanno condiviso l'idea di lavorare con i tessuti cellulari. Grazie a una serie di finanziamenti, prima dal Perth Institute of Contemporary Art, poi dalla New Media Arts Fund of the Australian Council for the Arts, hanno potuto iniziare ad acquistare materiali per avviare una "esperienza fenomenologica" come loro stessi l'hanno definita

36. Oron Catts – Ionat Zurr, "Semi-Living Art", in Eduardo Kac (edito da) *Signs of Life. Bio Art and Beyond*, op. cit., p. 232

37. *Disembodied Cusine* è stato parte della mostra *L'art Biotech*, a cura di Jens Hauser, National Arts and Culture Centre Le Lieu Unique, Nantes, Francia 2003

38. Nell'esperimento che precede *Disembodied Cuisine*, realizzato ad Harvard nel 2000, hanno cresciuto una bistecca da cellule di pecore ancora in fase prenatale, creando cibo da una vita non ancora venuta alla luce

39. Paul Vanouse in Alessandro Ludovico. "Paul Vanouse Intervista", *Neural*, n. 39 estate 2011, p. 46

40. È esplicito il riferimento al testo *Race Crossing in Jamaica* di Charles B. Davenport, Carnegie Institution of Washington publications n. 395, Washington 1929

41. *Latent Figure Protocol* di Paul Vanouse è stato esposto presso SoFA Gallery (2007), University of Indiana, Ars Electronica, Linz (2007), CEPA Gallery, Buffalo (2008)

42. Questo paragrafo deriva da una ricerca su bioarte, etica ed estetica, in occasione della conferenza Colloque international « Éthique et bioart », Montpellier, 29-30 novembre, 2016, Elena Giulia Rossi, "*The Vitalist Museum. Entre l'art de la vie et la vie de l'art*" in Marion Laval-Jeantet, Paolo Stellino, Guillaume Bagnolini (a cura di), *Bioart et éthique*, Éditions CQFD , Montreuil 2019, pp. 155-179

43. Jens Hauser ha curato alcune delle mostre più importanti nel campo dell'intersezione tra arte e biologia, tra cui: *L'Art Biotech*, National Arts and Culture Centre Le Lieu Unique, a Nantes (2003); *Still, Living*, Biennale of Electronic Arts a Perth (2007); *Sk-interfaces*, FACT, Liverpool (2008), e *synth-ethics* (2011), una mostra a Vienna sulla biologia sintetica al confine tra arte e scienza. Oltre a curare mostre, Jens Hauser ha anche pubblicato numerosi saggi, tenuto conferenze e insegnato sul tema dei problemi tassonomici e sulla "Biomedialità"

44. Jens Hauser in Daniela Silvestrin, *Dialoghi sulla Bioarte #1. Una coversazione con Jens Hauser*, *Digicult*, 10 dicembre, 2012 [on line all'indirizzo: http://www. digicult.it/it/news/dialogues-on-bioart-1-a-conversation-with-jens-hauser/]

45. Così George Gessert conclude il suo saggio "Why I Breed Plants", in E. Kac (edito da), *Signs of Life. Bio art and Beyond*, op. cit., p. 196

46. George Gessert, "Notes on Genetic Art", in *Leonardo*, Vol. 26, n. 3, 205-211, 1993, (traduz. dall'inglese: *On the deepst level – afferma Gessert nelle sue note - genetic art is about community, the community of living beings*)

47. Marta de Menezes, "Representation in Bio Art", in A. Kaniari (a cura di), *Institutional Critique to Hospitality: Bio Art Practice Now*, A Critical Anthology, Ekdoseis Grigoris, Atene 2017

48. Gregory Sholette, "Disciplining the Avant-Garde. The United States versus The Critical Art Ensemble", in *CIRCA: Contemporary Visual Culture in Ireland*, 21 agosto 2005, pp. 50-59

49. *Cult of the New Eve* (1999-2000) di CAE, Paul Vanouse, Faith Wilding è stato presentato al Museo di Arte Contemporanea, Toulouse; al St. Clara Hospital, Rotterdam; Steirischer Herbst presso ESC Gallery, Graz; ZKM- Center for Art and Media, Karlsruhe; World Information Organization, Bruxelles.

50. Critical Art Ensembles, "GenTerra", in *Disturbance*, Four Corners Books, Londra 2012

51. Cfr. Critical Art Ensemble, *Molecular Invasion*, Autonomedia, New York 2003 (ediz. italiana: *L'invasione molecolare. Biotech: teoria e pratiche di resistenza*, Elèuthera, Milano, 2005)

52. L'azienda americana di biotecnologie agrarie Monsanto è la maggior produttrice di cibi transgenici che ha registrato il marchio Roundup Ready (RR), nome dal principio attivo distribuito dalla stessa Monsanto con il quale si indicano prodotti geneticamente modificati in modo tale da tollerare erbicidi a base di glifosato. La prima coltura RR è stata la soia

53. Brian Holmes, "Three Keys and No Exit: A Brief Introduction to Critical Art Ensemble", in Critical Art Ensemble, *Disturbances*, op. cit., p. 16

54. Abbiamo incontrato il suo lavoro nell'ambito della bioarte. Lo possiamo considerare però nel più ampio contesto dell'eco-arte e rileggerlo anche in relazione al clima. Si veda anche il suo progetto *Technology for Social Transformation* e la *Environmental Health Clinic*, progetto a lungo termine per una clinica dove distribuire medicine per contribuire con micro-azioni al miglioramento dell'ambiente

55. Il progetto *One Tree(s)* è stato presentato nell'insieme attraverso altrettante piantine presso Yerba Buena Center for the Arts, San Francisco, nell'ambito della mostra *Ectopia* (14.11.1998-03.01.1999)

56. Natalie Jeremijenko, *One Tree(s)*, in Eduardo Kac, *Signs of Life. Bio Art and Beyond*, op. cit., p. 301

57. Marion Laval-Jeantet, "The Fusional Haptics of Art Orienté Object", in Jens Hauser (a cura di) *Sk-interfaces*, catalogo della mostra a cura di Jens Hauser, Liverpool University Press and FACT, Liverpool 2008, p. 91

58. Per i dettagli del processo di manipolazione genetica di Leda Melanitis, di Yiannis Melanitis, cfr. M. Savini, *Arte transgenica. La vita è il medium*, Pisa University Press, Pisa 2018, pp. 102-104

59. Yiannis Melanitis in *Transgenic art. Leda Melanitis Butterfly. Mario Savini's Interview with Yiannis Melanitis*, Postinterface, 3 agosto, 206, [on line all'indirizzo: http://www.postinterface.com/11-notizie/focus/316-transgenic-art-leda-melanitis-butterfly-mario-savini-interview-to-yiannis-melanitis]

60. Roy Ascott ha utilizzato la rete per consultare gli IChing, ha ripreso l'arte dei Navajo, è stato iniziato ai riti sciamanici

61. Roy Ascott in "Arte telematica. Conversazione con Roy Ascott" in Maurizio Bolognini, *Postdigitale. Conversazioni sull'arte e le nuove tecnologie*, Carocci Editore, Roma 2008, p. 74

62. Cfr. M. Bolognini, "Arte telematica. Conversazione con Roy Ascott", in M. Bolognini, *Postdigitale. Conversazioni sull'arte e le nuove tecnologie*, op. cit., pp. 67-74

63. Roy Ascott, "Moistmedia, Technoetics and the Three VRS" in *ISEA Acts Proceedings*, Art 30000 [art et neauvaux médias], Parigi- 7-10 dicembre, 2000, pp. 1-7 [on line all'indirizzo http://www.isea-archives.org/docs/2000/proceedings/ISEA2000_proceedings.pdf]

64. Pier Luigi Capucci, "La doppia articolazione del vivente", in Ivana Mulatero (ed.), *Dalla Land Art alla Bioarte – From Land Art to Bio Art*, Torino, Hopefulmonster, 2008, p. 144

65. Cfr. Donna J. Haraway, *Chtulucene. Sopravvivere su un pianeta infetto*, Nero editore, Roma 2019 (ediz. orig. *Staying with the Trouble*, University of Chicago Press, Chicago 2016)

66. L'Intelligenza Artificiale merita un approfondimento a sé stante ed è qui solamente accennato ai fini di una lettura che, con l'arte, attraversa il paesaggio contemporaneo e le vita che lo abita. Di tutto questo, l'Intelligenza Artificiale è la sua naturale continuazione

67. L'agenzia per la ricerca militare è oggi ridefinita come DARPA (Defence Advanced Research Projects Agency)

68. J.C. Licklider, *Man Computer Symbiosis, IRE Transactions and Human Factors in Electronics*, volume HFE-1, marzo1960, pp. 4-11, [online all'indirizzo: http://groups.csail.mit.edu/medg/people/psz/Licklider.html]

69. Norbert Wiener, *Introduzione alla Cibernetica. L'uso umano degli esseri umani*, Boringhieri, Torino 1966, p. 17 (ediz. orig. *The Human Use of Human Beings*, Houghton Mifflin Company, Boston 1950)

70. Norbert Wiener introduce questi termini ancora prima del termine cibernetica in occasione di un convegno a Princeton nel 1945. Il suo primo scritto *Cybernetics or control and communication in the animal and the machine* (The Technology Press of MIT, Cambridge-Mass, 1948 – ediz. italiana *La cibernetica*, Bompiani, Milano 1951) era il primo tentativo di far assimilare questi concetti di input, output e feedback nel linguaggio tecnico

71. Norbert Wiener, *Introduzione alla Cibernetica. L'uso umano degli esseri umani*, op. cit., p. 23-24

72. Maurizio Bolognini, "Macchine programmate: l'infinito fuori controllo", in M. Bolognini, *Conversazioni sull'arte e le nuove tecnologie*, op. cit., p. 43

73. All'inizio degli anni Novanta Luigi Pagliarini avviava una collaborazione con il gruppo di ricerca dell'Istituto di Psicologia del CNR sulla Vita Artificiale (GRAL) guidata dal filosofo Domenico Parisi. Nel 1994, Pagliarini realizzava *The Artificial Painter* (1994), primo software al mondo a far uso di algoritmi genetici e reti neurali per la produzione di artefatti estetici. Da quel momento, la sua ricerca ha proseguito estendendosi a tutti i campi del sapere, ma anche del fare e attraverso modalità diverse: ricerca, didattica, consulenza e collaborazione per la robotica autonoma con realtà estremamente diverse tra loro, tra queste: il LEGOlab di Aarhus, la SONY e l'MIT di Boston

74. Luigi Pagliarini, *Intelligenza Polimorfa parte I*, Digicult [on line all'indirizzo: https://digicult.it/it/digimag/issue-029/polymorphic-intelligence-part-1/]

75. Luigi Pagliarini, "Plymorphic Intelligence", in *Proceedings of the Twelfth International Symposium on Artificial Life and Robotics*, In press AROB 12th, Jan 25 – Jan 27, 2007; B-Con Plaza, Beppu, Oita, Japan

76. Cfr. Marco Manray Cadioli, *Io Reporter in Second Life*, Shake Ed., Milano 2007

77. *Remap Berlin* (2009), *GCity* (2019), *Over Data* (2010), *So far so close* (2014), *Abstract Journeys* (2014), *Necessary Lines* (2014), *Square with Concentric Circles* (2014)

78. Art is Open Source è un network internazionale finalizzato a esplorare i mutamenti dell'uomo con la crescente accessibilità ubiquitaria delle tecnologie digitali e dei networks

79. Human Ecosystem Relazioni è un centro di ricerca che usa i dati per creare processi di accelerazione culturale, generando nuovi commons, informazioni

80. Cfr. Salvatore Iaconesi e Oriana Persico, *Angel_F. Diario di un'intelligenza artificiale*, Castelvecchi, Roma 2009

81. IAQOS, concepito da Salvatore Iaconesi e Oriana Persico, è il progetto vincitore di "periferiA Intelligente", concorso promosso dalla Direzione Generale Arte e Architettura contemporanee e Periferie Urbane (DGAAP) ed è stato realizzato con la partnership di Sineglossa e Dieci Mondi e con le tecnologie di HER-Human Ecosystems Relazioni

82. AOS – Art is Open Source (Salvatore Iaconesi & Oriana Persico) [on line all'indirizzo: https://datapoiesis.com/home/?page_id=128]. *Datapoiesis* è stato concepito da Salvatore Iaconesi e Oriana Persico e realizzato con il supporto della Compagnia di San Paolo con il programma ORA! Produzioni di cultura contemporanea, con la partnership di Sineglossa, Icona srl, Plusvalorenldt, HER –Human Ecosystems Relazioni

83. Significativa è stata la presentazione di questo lavoro e l'avvio del discorso datapoietico negli spazi dello stabilimento Olivetti a Ivrea, un luogo simbolico di un imprenditore illuminato che aveva saputo combinare impresa e cultura

84. Anche lui ha avuto in attivo collaborazioni con realtà molto diverse tra loro, come il Centro di Fisica, il CERN – Organizzazione Europea per la Ricerca Nucleare, Centro di astrofisica della banca Jodhler. Dal 2015, Daito Manabe è co-direttore di Rhizomatic research, azienda dedicata a esplorare nuove possibilità nella dimensione dell'espressione tecnica e artistica

85. Oltre alla sua formazione musicale, Memo Atken ha ottenuto un PhD al Goldsmith su Intelligenza Artificiale e machine learning. Nel 2007 ha fondato il Mega Super Awesome Visuals Company (MSA Visuals), studio creativo che lavora tra arte e tecnologia

86. Giorgio Cipolletta, *Intervista a Luigi Pagliarini. Per un corpo Terrarium*, Arshake. Reinventing Technology, 31.03.2020, [on line all'indirizzo: https://www.arshake.com/intervista-luigi-pagliarini-pt1/]

Capitolo 2

LA VITA E LA QUESTIONE CLIMATICA

Il clima è la traccia più evidente del modo in cui la vita si intreccia con l'ecosistema. Immaginiamo l'atmosfera[1] e le più complesse manifestazioni climatiche[2] come confini (liquidi) tra ciò che vive all'interno della Terra e ciò che pulsa al di fuori, un Universo che l'immaginazione dei tempi moderni è sempre più impegnata a agganciare con ogni mezzo. Si pensi alla ricerca della vita su Marte che ha coinvolto gli scienziati per più di un secolo[3] e alla più recente scoperta dei sette eso-pianeti che ruotano attorno alla nana rossa Trappist-1, e alla minima percentuale di composizione di acqua, di alcuni di loro, che fa ipotizzare possibili forme di vita.[4]

Il clima è stato da sempre oggetto di interesse per gli artisti, che lo hanno riprodotto con ogni mezzo[5]. «[...] In alcuni casi l'arte si è misurata e integrata al discorso scientifico per contribuire al dibattito globale»[6], così introducevo le estetiche del clima in un articolo scritto, nel 2011 per la rivista *Cura*. Il dibattito sul clima era già molto acceso, benché confinato in ambito specialistico, con picchi di attenzione in concomitanza con eventi politici dedicati. Già a quell'epoca il termine *digital climate art* era entrato in uso grazie a Roger Malina, astrofisico e astronomo americano, responsabile editoriale della rivista *Leonardo* dal 1982. Malina, infatti, si era appellato all'urgenza di formare una comunità di artisti e scienziati che collaborassero a sperimentazioni interdisciplinari dove creatività e strumenti di indagine scientifica si alleassero in vista di un "nuovo immaginario culturale".[7] In diverse occasioni, la fusione tra arte e scienza è avvenuta sul piano di una reciproca intesa. È il caso di *Climate Bubbles* (2009) realizzato dall'artista e ricercatore attivo nell'ambito della *locative media art*, Drew Hemment, dal fisico climatologo Carlo Buontempo e dall'artista e tecnologo Alfie Dennen[8]. Un semplice gioco con le bolle di sapone, e la complicità dei cittadini, che avrebbero contribuito a fornire dati per le misurazioni calcolate sulla base dello spostamento delle bolle, diventava una modalità analogica e giocosa di catturare dati, individuando direzione e velocità del vento. I dati poi inseriti in una mappa interattiva avrebbero fornito una comparazione dell'andamento climatico tra alcuni punti critici della città, come per esempio il centro con il lungo mare.

Le sperimentazioni sulla traduzione visuale del clima sono cresciute esponenzialmente con l'avanzare dell'emergenza climatica (un avanzamento anche mediatico) e la progressiva accessibilità e manipolabilità digitale.

Opere e artisti che in queste pagine si offrono a uno sguardo sul paesaggio visto attraverso il clima, sono figli della generazione che, dalle avanguardie del primo Novecento del XX secolo hanno fatto della vita l'arte e dell'arte la vita. Avvicinarsi alla vita ha significato entrare in simbiosi con il soggetto di interesse e con le sue dinamiche. Questo ha permesso di spingersi al limite, di trovare punti di osservazione tra spazi tali da poter sviscerare aspetti del paesaggio non visibili a occhio nudo.

1. VISIONI SISTEMICHE: HANS HAACKE

Lo sguardo dell'artista concettuale tedesco Hans Haacke si è posato diverse volte sul clima. A noi interessa la sua visione "sistemica" che abbraccia un campo visivo che non si ferma al soggetto singolo, piuttosto alla relazione di questo con l'ambiente circostante, con il tutto.

Ispirato, per gli aspetti artistici, dalle teorie di *system aesthetics* formulate proprio in quegli anni da Jack Burnham[9] e per quelli biologici dalla teoria dei sistemi di Ludwig von Bertalanffy,[10] Hans Haacke ha privilegiato l'aspetto della vitalità in ogni genere di processo – biologico, politico, artistico che sia – considerandolo nell'interconnessione del tutto, inclusi gli spettatori. Per questo aspetto, le creazioni di Haacke sono in perfetta sintonia con l'attenzione al comportamento degli oggetti cara al padre della cibernetica, Robert Wiener. Nei lavori di Haacke, ogni cosa è in comunicazione con l'altra, il tutto con l'ambiente circostante.
Nella serie dei suoi micro-ecosistemi racchiusi in plexiglass, il celebre *Condensation Cube* (1963-65) è concepito come dispositivo in grado di creare al suo interno una serie di fenomeni, nel caso specifico legati alla condensazione dell'acqua, osservati nel loro evolversi rispetto ai cambiamenti dettati da fattori esterni. L'acqua distillata all'interno del cubo è stata trattata con solfato di rame per impedire il prodursi di agenti biotici e il foro d'immissione è stato richiuso così da prevenire la fuoriuscita di umidità. Questo sforzo di isolamento tra interno ed esterno, non ha isolato però la dipendenza del processo di condensazione dalle condizioni esterne, in cui il visitatore svolge un ruolo di rilievo.

Nel 1967 il MIT di Boston dedicava ad Haacke una mostra personale. Proprio in quegli anni il MIT fondava una nuova scuola umanistica di scienze sociali. La creazione di una nuova galleria si rivelava particolarmente importante. Importante era l'idea che la tecnologia da sola non avrebbe salvato il mondo. In un saggio dedicato a quella mostra, intendendo ricostruire il contesto storico nel quale questa direzione di ricerca nasceva, Caroline A. Jones descrive il lavoro di Haacke come estraneo a qualunque canone estetico, definendolo in qualche misura "del tutto al di fuori dell'umano" (*outside the human altogether*).[11]

Al di là dell'umano e di ogni sua intenzionalità si colloca anche l'evoluzione di processi che nei lavori di Haacke prevedono l'intervento dell'uomo solo nella loro attivazione. In tutti i lavori che includono piante, siano esse inserite in cubi di plexiglass o trasposte altrove, la crescita è lasciata al processo. È il caso, per esempio, di *Grass Cube* (1967),[12] una zolla di erba che cresce su un cubo di plexiglass, un *self-generating work about self-generation*. Considerazioni analoghe possono farsi per *Der Bevölkerung* (Alla popolazione),[13] del Duemila, con piante germogliate nel cortile esterno del Reichstag di Berlino, dove diversi parlamentari avevano portato la terra delle regioni di cui erano i rappresentanti.

Il lavoro di Haacke ci interessa per il suo nascere ed esistere all'interno di un modo di ragionare "sistemico", per il suo estendere la visione retinica altrove. Per avvicinarci al suo approccio, e in un discorso che verte sull'arte meteorologica, abbiamo preso in considerazione alcuni suoi lavori legati più esplicitamente al clima, benché qualsiasi altra sua opera può essere altrettanto funzionale ad allargare il nostro sguardo.

2. FORME E DIMENSIONI DELLA NATURA: DALLA LAND ART ALLA SOUND ART

Alcuni artisti hanno operato direttamente "con" e "nella" natura, utilizzandone forme e dimensioni. Nel più ampio raggio delle esperienze ecologiche,[14] gli interventi di Land Art[15] negli anni Sessanta-Settanta, erano installazioni monumentali, collocate in zone incontaminate: deserti, laghi salati e praterie. Vissute, quando e dove possibile, da una cerchia ristretta di fruitori diretti, sono state destinate al pubblico per lo più attraverso riproduzioni (soprattutto fotografie satellitari), mostre, riviste e documentari.

I *Mirror Displacements (1-9)* di Robert Smithson, nove lastre specchianti installate in siti diversi nello Yucatan, nel 1969, per assorbire e riflettere luce, cielo e atmosfera, rompevano la solidità del paesaggio restituendolo alla sua frammentarietà, così come alla sua continuità tra cielo e terra.

Il celebre *Spyral Jetty* (1970) di Smithson, un grande molo a forma di spirale costruito su un lago salato dello Utah utilizzando seimila tonnellate di rocce basaltiche, cristalli di sale, acqua e alghe rinvenuti

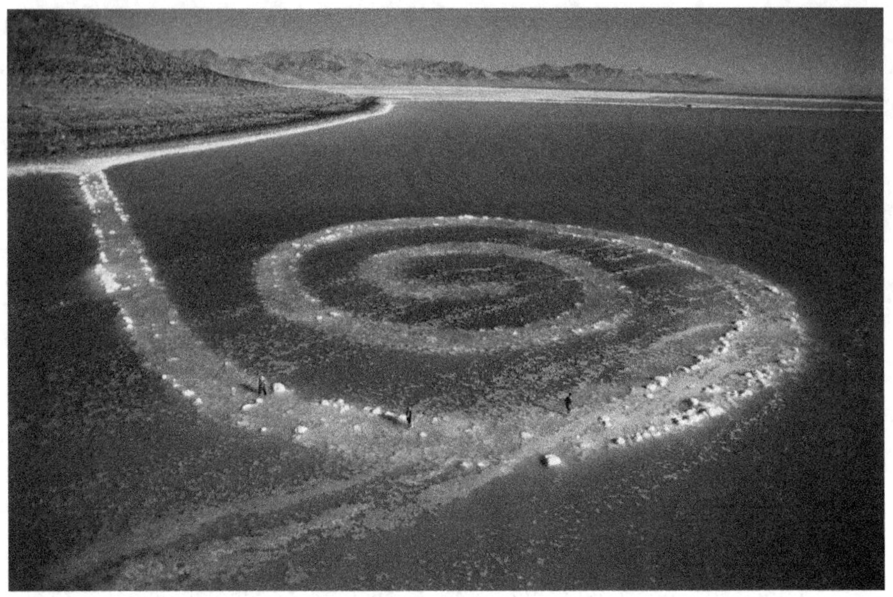

Robert Smithson, *Spiral Jetty*, 1970. © Holt/Smithson Foundation e Dia Art Foundation/ Licenza di VAGA at Artists Rights Society (ARS), New York. Foto: George Steinmetz. Courtesy Dia Art Foundation, New York.

presso quella zona desertica, è diventato archetipo della vita in tutte le sue dimensioni e scale. La figura a spirale può essere vista nella sua interezza solo da una visuale aerea, altrimenti sostituita da visioni parziali quando ci si avvicina al lago o ci si immerge. In tutti e due i casi, la frammentarietà della visione ha restituito consapevolezza del paesaggio, delle sue sfaccettature. Nel caso di *Spiral Jetty*, ne ha rivelato i cambiamenti conseguenti allo sfruttamento del lago per i suoi giacimenti petroliferi, prima che venisse abbandonato del tutto.

Lo sguardo di Walter De Maria, altra importante figura della Land Art, si è posato sull'energia dei fulmini come punto visibile dell'unione tra cielo e terra. Con *The Lightning Field* (1977) 400 pali metallici posizionati su un'area di 3 kmq restituivano lo spettacolo di una natura amplificata dalle sue stesse dinamiche. L'opera era accessibile solo a un numero ristrettissimo di visitatori: sei persone alla volta, previa richiesta formale, potevano osservare il fenomeno scatenarsi da un appartamento situato a quaranta minuti d'auto dal sito dell'installazione. Intervenire sulla natura seguendone la scala ha comportato la rimozione dello sguardo fuori

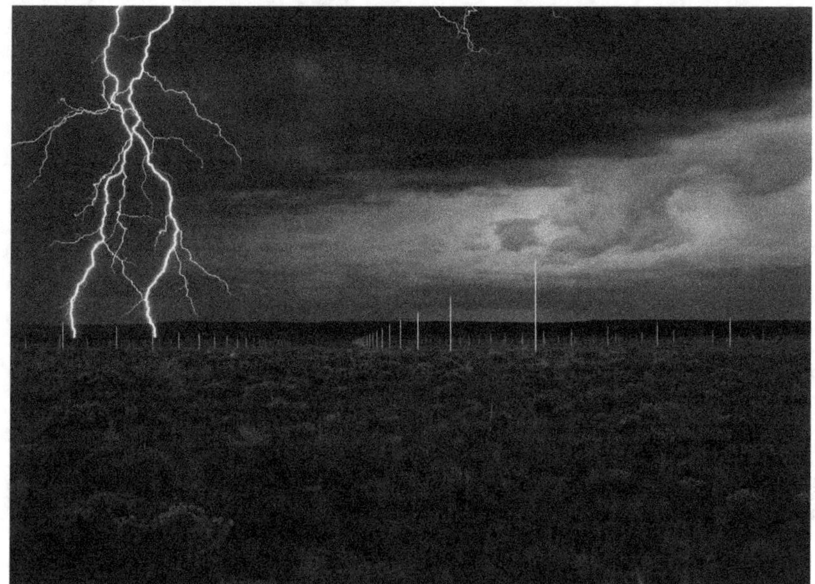

Walter De Maria, *The Lightning Field*, 1977. Installazione a lungo termine, New Mexico.
© Estate of Walter De Maria. Foto: John Cliett. Courtesy Dia Art Foundation, New York.

dagli spazi dedicati all'arte, a vivere la natura come esperienza diretta o, al più, ad assimilarla per via mediatica, che, paradossalmente, si è qui trovata a fissare il rapporto uomo-natura nella memoria collettiva.[16]

Quando nell'omonimo saggio Antonello Tolve racconta di *Quando la natura diventa arte*, egli esplora queste esperienze artistiche e le ricollega, su un piano trans-disciplinare, a una serie di altre esperienze contemporanee. La Land Art è proiettata verso ciò che a noi interessa particolarmente in questo frangente, ovvero «un campo di lavoro che fa i conti con il mondo della vita, che irrompe l'assuefazione prospettica dell'immagine e si allarga su un campo visivo molto più ampio».[17]

Questa analisi, che appartiene alla critica d'arte, è qualcosa di più: costruisce per la nostra percezione un ponte che collega un passato ormai "illuminato" dalla distanza storica con un futuro ancora opaco e "viscoso". L'attraversamento di questa condizione di opacità, di semicecità, è necessaria per raggiungere un nuovo sguardo che a sua volta conduce e induce nuovi modi di agire.

Le sculture di nebbia di Fujiko Nakaya, dagli anni Settanta installate in festival e biennali di tutto il mondo, erano indirizzate proprio a questo. L'opacità della visione era scolpita nell'atmosfera e con l'atmosfera (nel suo cambiar forma a seguire quella del vento) atteggiandosi a esperienza visivo-olfattiva.[18] Anche il più recente *Blind Light* (2007), dell'artista britannico Antony Gormley, invadeva con la nebbia una struttura costruita all'interno della Hayward Gallery a Londra, in cui interno ed esterno erano invertiti. La sensazione di cecità con cui la nebbia costringeva a confrontarsi era vissuta appieno da chi camminava all'interno e i suoi effetti potevano venire osservati dall'esterno dai visitatori che percorrevano il perimetro della struttura. Per Gormley, l'uomo è al centro di tutto, è un punto di partenza alla ricerca di nuovi modi di vedere con i quali l'artista britannico cerca di sintonizzarsi attraverso una sua epistemologia. Nel suo lavoro *Testing a World View* (1993), presentato per la prima volta in Svezia nel 1993, ha collocato cinque figure in bronzo modellate sul suo stesso corpo in posizioni diverse rispetto all'architettura, dal pavimento al soffitto. La realizzazione seriale di queste figure, che seguiranno tutta la sua produzione artistica, e la loro collocazione in una varietà di contesti e situazioni hanno spinto il suo sguardo ogni volta più lontano. In Gormley, il passaggio dall'architettura della galleria (*Testing a World View*) alla natura in scala ridotta (*Blind Light*) avviene attraversando lo spazio aperto del mare di Liverpool lungo la cui spiaggia l'artista aveva posizionato 100 di queste figure a diverse altezze dalla battigia: *Another Place* (2006).[19] Il suo sguardo prende forma in una metodologia costruita nel tempo con la creazione di un modello – una sagoma umana – e la sua riproposizione in spazi e contesti ambientali diversi, interni ed esterni. Nell'applicazione di questa particolare metodologia e nel considerare massa, spazio e tempo, riconosce obiettivi comuni Priyamvada Natarajan, una scienziata che ha contributo alla restituzione dell'immagine del buco nero. In un testo del catalogo pubblicato in occasione della retrospettiva di Gormley, alla Royal Academy di Londra, Natarajan afferma che «il lavoro di Gormley fa dialogare percezioni della forma – in questo caso quella del corpo umano, la sua materialità e la sua collocazione nello spazio – spesso su scala grandiosa così da produrre oggetti che sono iperreali. Nelle sue sculture vediamo all'opera l'interpolazione tra queste verità e il tentativo di costruire un'identità cosmica, in cui il corpo è un oggetto dotato di massa che occupa spazio ma che allo stesso tempo lo contiene».[20]

Seppure l'attraversamento delle opere che verranno ha portato alla soglia di una dimensione dove organico e inorganico coesistono, dove l'uomo si rivela una figura non più così centrale, l'uomo è pur sempre il punto di partenza. L'"uomo di Gormley", il suo ripetuto posizionamento nello spazio raggiunge campi visivi sempre più ampi che con l'uomo attraversano il paesaggio fino a collocarsi in una dimensione cosmica.

Misurare l'Universo, addentrarsi nella misura cosmica è anche la dimensione in cui si muove la giovane Katie Paterson. La sua intenzione è quella di riportarla poi sulla Terra dove renderla percepibile in altra scala. Con *Lagjökull, Snaefellsjökull, Solheimajökull* (2007),[21] comprime il suono dei tre ghiacciai finlandesi del titolo in tre vinili, poi modellati e congelati con la stessa acqua di quei ghiacciai e fatti "suonare" fino al loro scioglimento. Lo scioglimento del ghiacciaio *Vtnajökull* nell'opera omonima (2007-2008) viene trasmesso per via telefonica, dopo che la linea al numero 07757001122 era stata collegata ad alcuni altoparlanti posizionati al suo interno. Ma questo è solo l'inizio. *Totality* (2016) registra tutte le eclissi solari storicamente osservate e documentate in un pallone specchiante che ne proietta le immagini sulle pareti di una stanza, riproducendo il progredire dell'eclisse da parziale a totale. *Hollow* (2016) ripropone oltre 10.000 esemplari unici di alberi in una struttura di legno, una materializzazione in miniatura di un necessario censimento.

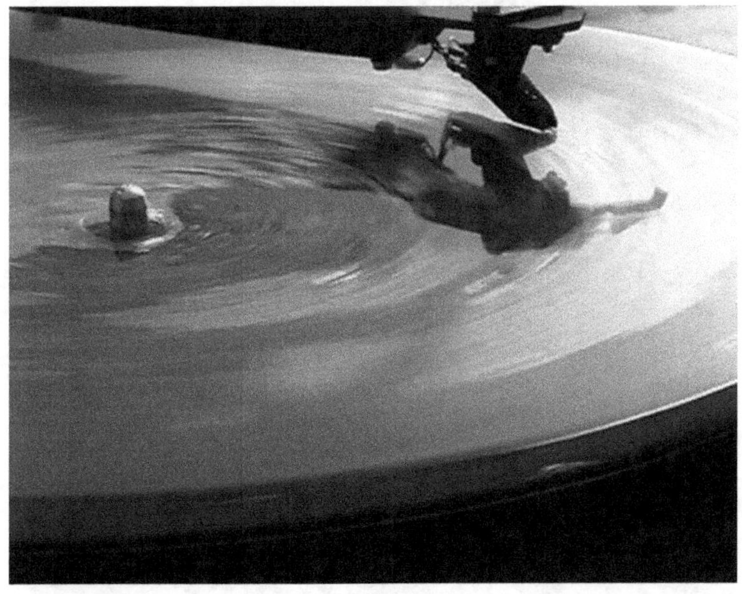

Katie Paterson, *Langjökull, Snæfellsjökull, Solheimajökull*, 2007. Immagine da film. Foto: Katie Paterson.

Fossil Necklace (2013), una collana composta da 170 fossili, racconta un evento particolare accaduto nell'evoluzione della vita attraverso le ere geologiche: dalle origini monocellulari della Terra, allo spostamento dei continenti, dall'estinzione avvenuta nel Cretaceo, a causa di un meteorite, fino alla prima fioritura sul pianeta Terra. Questi sono alcuni diversificati esempi di un approccio creativo che parte da una ricerca enciclopedica radicata nella convinzione che la misura di tutte le cose non è fuori dall'Universo, piuttosto, è contenuta al suo interno.

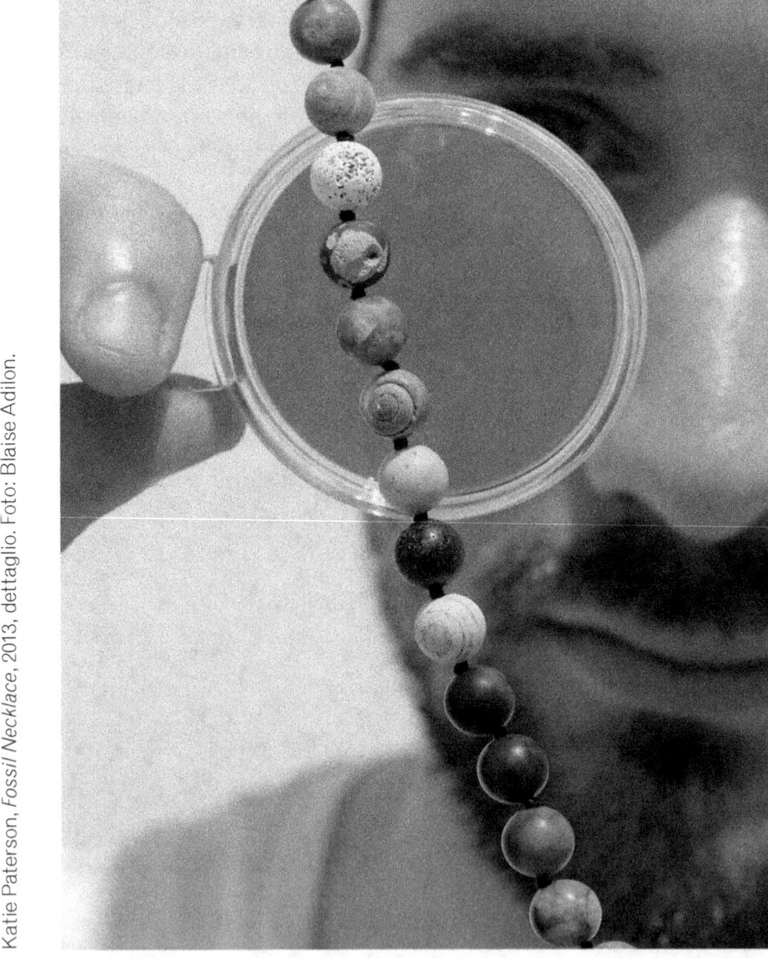

Elena Giulia Rossi

Katie Paterson, *Fossil Necklace*, 2013, dettaglio. Foto: Blaise Adilon.

Nell'ottica di un discorso che postula la conoscibilità del mondo attraverso modalità alternative dell'immaginare, Mary Jane Jacob osserva come Paterson «abbia impiegato metodi di categorizzazione enciclopedica, ma ha impiegato queste metodologie, già sperimentate, a finalità non convenzionali». Sulla scia delle teorie di Dewey, Jacob colloca il suo lavoro in spazi *in between*: «È uno spazio interstiziale dove le possibilità rimangono aperte. Come otteniamo o strutturiamo uno spazio aperto? Si tratta di quello spazio in cui Dewey pensava che artisti e scienziati svolgessero il loro vero lavoro dove ha luogo la vera scoperta. È uno spazio creativo».[22] Misurare è un modo di conoscere. Lo è anche osservare i dettagli, farli propri, tradurre l'esperienza empirica in forma, restituirla al pubblico e offrirla al confronto scientifico.

Questa particolare predisposizione creativa appartiene anche alla dimensione di ricerca di Federica Di Carlo, seppure in altro modo. Tra i molti progetti realizzati con la luce, suo materiale prediletto, particolare attenzione è stata riservata per l'immagine dell'arcobaleno, archetipo del positivo ma anche sintomo del disastro climatico. Dal confronto di una serie di scatti ormai parte di un archivio di immagini costruito negli anni, Federica Di Carlo si rende conto, infatti, che l'arcobaleno con il passare del tempo ha perso dei colori. La restituzione di questo sguardo creativo nell'interlocuzione con la scienza, ha offerto possibili scenari di dipendenza di questo fenomeno con i cambiamenti climatici che alcuni scienziati, tra cui Daniel Cziczo (MIT), hanno ritenuto meritevoli di ulteriore approfondimento.

Gli arcobaleni di *Untitled/The Unbearable Lightness of Being* (2016),[23] selezionati da un grande archivio di istantanee, sono stampati in negativo su lastre di plexiglass o vetro, poi intrappolate ciascuna in una morsa colorata con le stesse gradazioni cromatiche impiegate dalla NASA per le misurazioni atmosferiche. La combinazione della pressione esercitata dalla morsa con il suo collocamento nello spazio è studiata in modo tale da trovarsi in una situazione di equilibrio estremo, sul punto della rottura. Alcune lastre di plexiglass sono fissate al muro e curvano verso il basso, spinte dalla forza di gravità.

Anche nel caso di *We lost the Sea* (2018), un'installazione ambientale realizzata negli spazi dell'Arsenale della Marina Regia a Palermo, è il delicato equilibrio dell'alternarsi tra evaporazione e precipitazione dell'acqua – contenuta in cisterne destinate alla raccolta dell'acqua piovana – a essere il "pernio" del lavoro, un equilibrio di cui anche la presenza dei visitatori è parte integrante.

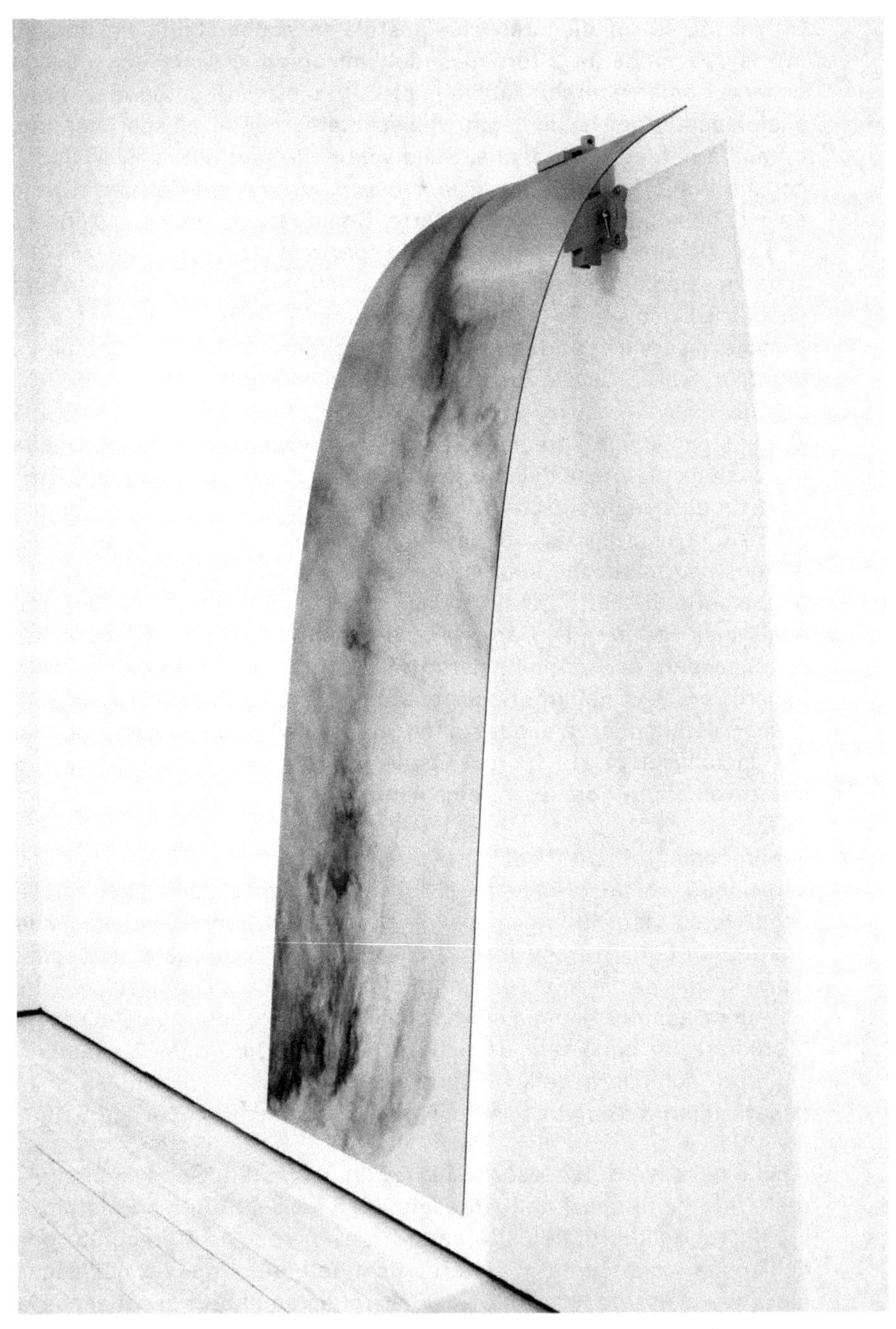

Federica Di Carlo, *Untited/The Unbearable Lightness of Being*, 2016
Foto di Jacopo Nocentini

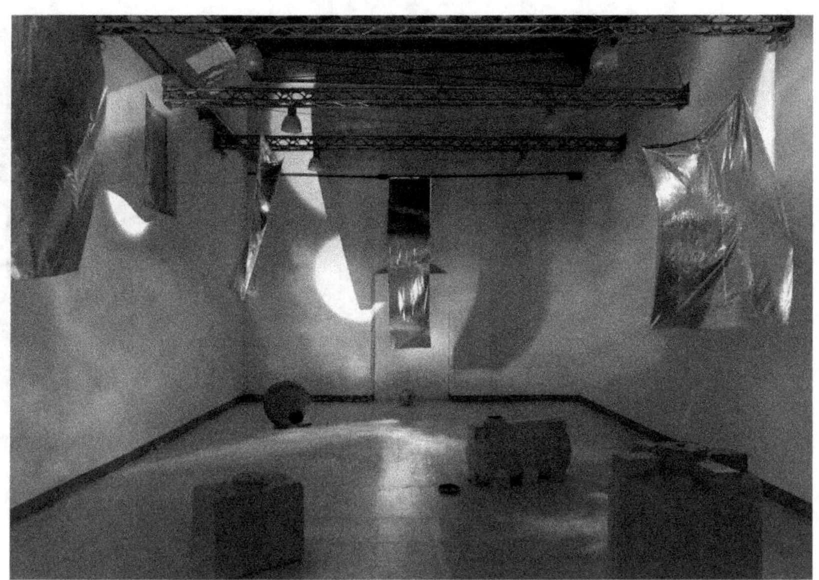

Federica Di Carlo, *We Lost The Sea #001*, 2018. Foto di Lorenzo Bacci

L'acqua evapora su spinta della potenza dei ventilatori. Una serie di aquiloni disseminati nello spazio punta alla luce e all'atmosfera, collega cielo e terra. La dimensione precaria esiste nella dicotomia tra forza e fragilità e si spinge oltre il limite. Lo sguardo raggiunge questa condizione seguendo una «linea interstiziale che – come precisa Simona Brunetti nel saggio che ha accompagnato questo lavoro – evita scientemente i compartimenti stagni del pensiero, desiderando piuttosto attraversarli».

Un lavoro questo certamente attento all'estetica, dal suo sguardo emerge la verità legata alla fragilità della natura, all'equilibrio precario, una verità importante da considerare proprio nella ricerca scientifica. La visione di Federica Di Carlo nasce e si sviluppa, infatti, in un intenso scambio con la scienza, avendo collaborato con diversi fisici e istituzioni come il MIT (Boston), il CERN (Ginevra), l'INAF (Roma/Milano) e il Boureau des Arts et Territoires (Montpellier).

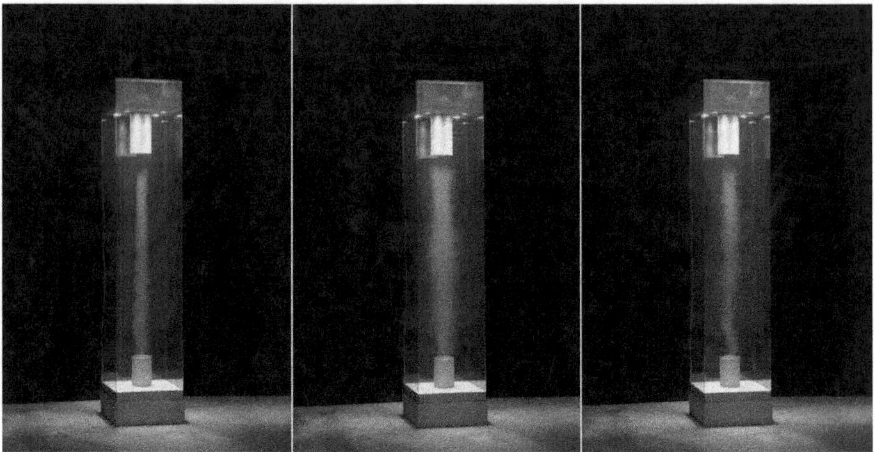

Donato Piccolo, *Tenore di Fondo*, 2011. Foto Simon d'Exe'a.

L'uomo e la sua fragilità sono al centro del lavoro che Donato Piccolo, dal 2007, e per molti anni, nell'ambito di una varietà di produzioni, si è impegnato a ricreare in fenomeni naturali in bacheca, per osservarli dall'esterno, capirne le dinamiche provocando una varietà di interferenze. «Derubricando e decontestualizzando il processo naturale per inserirlo in una schematica tecno-scientifica che suscita una nuova immaginazione, l'artista trasforma l'opera in dispositivo *aritmosferico*, capace di produrre un evento»,[24] così ne ricostruisce la dinamica creativa Antonello Tolve. Nelle bacheche di dimensioni umane si scatenano tempeste di vapore acqueo, attivate e alimentate da una serie di ventilatori disposti all'interno della bacheca, illuminate e drammatizzate da una lampada alogena.

Nelle varie versioni e forme degli uragani prodotti da Piccolo l'uomo può assistere al fenomeno dal di fuori, al sicuro. A volte può intervenire e interferire in varie modalità, come con stimoli sonori, con la sua stessa presenza, o spegnendo in remoto il sistema che attiva il fenomeno per ritrovarsi di fronte al formarsi di un arcobaleno. Il tornado di *Tenore di fondo* (2011), per esempio, varia la sua forma, grandezza e velocità in risposta ai rumori esterni. L'uomo è sempre presente. Per lui le bacheche sono state create su misura per poter osservare il fenomeno dall'esterno e dalla migliore delle angolazioni. Ricompare coinvolto in prima persona in *Primo Malditesta* (2011).

La bacheca e un uovo in posizione centrale sostituiscono la testa di un manichino riprodotto in scala reale. L'uovo, simbologia della vita e del cosmo comune a molte religioni e culture, è protagonista di questa serie sin dai suoi inizi, nel 2005. Ora deve resistere, mantenere un equilibrio che con le variazioni atmosferiche all'interno della bacheca si fa sempre più delicato. La resistenza e il limite sono espressi empaticamente dal *mal di testa* del titolo.

L'uomo è centrale, mentre gran parte del discorso che andiamo facendo in queste pagine è proiettato verso possibili mondi post-umani. Ma tutto ciò che argomentiamo rispetto al futuro parte dalla prospettiva umana. È l'uomo che cerchiamo di collocare in qualche punto di questa nuova dimensione, dove ritrovare un nuovo equilibrio.

Tamara Repetto raggiunge la natura e il clima attraverso vie empatiche e un rovesciamento dell'interiorità verso l'esterno, interiorità fortemente legata, e condizionata, a Voltaggio, una località, presso Genova, ancora apparentemente incontaminata. Il suo *Castanea* (2013) racconta della natura nel suo difficile rapporto con l'uomo moderno e con gli effetti del suo operato sul clima. Su di una struttura circolare di marmo sospesa alla parete, poggia un cilindro di plexiglass. Al suo interno, frammenti di corteccia di castagno, di alberi morti raccolti dall'artista, urtano contro le pareti in un movimento vorticoso e disperato. È la storia dei castagni del Piemonte dopo l'invasione del cinipide galligeno (*Dryocosmus kuriphilus Yasumatsu*), un piccolo insetto tra i più dannosi per questi alberi. Restituire una visione in questo caso include anche uno studio attento di materiali e tecniche. L'inclusione del marmo rende il contrasto tra eternità e caducità, freddezza (della materia) e calore (della natura "viva") ancora più drammatico. Si tratta di una modalità di visione indirizzata proprio all'uomo, alla sua interiorità. Anche l'olfatto, protagonista di diversi lavori della Repetto, gioca un ruolo di primo piano. Nel suo *Arboris* (2019), radici di alberi e piante inseriti all'interno di ampolle di vetro, antica tecnologia eco-compatibile, sono inclusi in una struttura a forma di nido da dove la natura, attraverso un'area olfattiva attivata dall'accensione di piccoli motori, si sprigiona nella forma di un "respiro olfattivo", memoria empatica di una natura in via di estinzione.

Per Roberto Pugliese il principale veicolo di visualizzazione è il suono. "Ascoltare è un altro modo possibile di vedere",[25] come ci ricorda Caterina Tomeo nel saggio che apre il suo libro sulle *sonic arts*, citando il teorico e giornalista Donald Goddard nel suo proiettare il suono in relazione al modo in cui coinvolge il pubblico, stimolando un pensiero

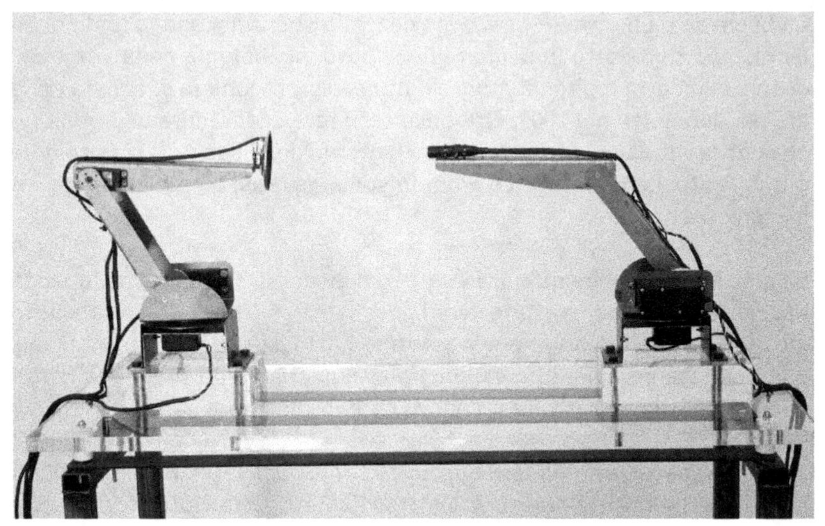

Roberto Pugliese, *Equilibrium Variant*, 2011. Courtesy Mario Mazzoli, Berlino.

concreto e reattivo piuttosto che illusorio.[26] L'impiego del suono nell'arte ambientale, e in senso più ampio nella lettura dei dati, offre vere e proprie estensioni visive, nella possibilità di seguire i fenomeni nel tempo, di coglierne le dinamiche, di poter ritornare sugli eventi e poterli confrontare.[27]

In *Critici ostinati ritmici* (2010), un tronco di albero forato è cosparso di una serie di solenoidi caricati di corrente elettrica che emettono un forte "click". Il suono è fornito, attraverso un software, dalla traduzione di impulsi ricavati da un sito web che scarica, in tempo reale, statistiche sulla deforestazione globale: a un click corrisponde la caduta di un albero. In *A Voice in the Desert* (2012), all'interno di cinque cornici di metallo, di 300 cm ciascuna, sono posizionati cavi di alluminio attorcigliati. L'impressione è quella di una griglia ottica molto densa. Ancora una volta si raccolgono dati, in questo caso informazioni meteorologiche sulla città americana di Marfa, tradotti in suoni organizzati in *pattern* sonori che invadono lo spazio.

In *Equilibrium Variant* (2011) due braccia robotiche, una di fronte all'altra, sono posizionate a una distanza controllata da un software così da prevenire al sistema di arrivare alla saturazione. In questo modo ciascun micro-sistema cerca, senza trovarlo, il proprio equilibrio, impossibile da raggiungere fisicamente. L'effetto Larsen, generalmente percepito come un errore, diventa qui una forza guida. La ricerca spasmodica per l'equilibrio crea un effetto di dinamica acustica e visiva, nel cambiamento ossessivo espresso in un tappeto di suono.

Ancora una volta, i dati sono i motori di *Liquide emergenze future* (2019). Si tratta di informazioni ricavate da una stazione di monitoraggio a Venezia che contribuiscono a rilevare il livello dell'acqua. Nel lavoro di Pugliese i dati sono tradotti in suoni trasmessi da altoparlanti posizionati sott'acqua. È un lavoro che fa riferimento a un articolo del febbraio 2018 pubblicato nei *Proceedings of the National Academy of Sciences*, in cui si riportavano i risultati di una ricerca condotta dalla University of Colorado-Boulder secondo cui, sulla base di dati raccolti dal 1993, entro la fine del XXI secolo, il 7% della popolazione mondiale rischia di essere sommerso dalle acque. Il suono racconta e fa riemergere documenti dispersi sotto la polvere degli archivi, e lo ha fatto, tra l'altro, poco prima che, nel novembre 2019, Venezia raggiungesse il secondo picco di acqua alta della sua storia, 187 cm, dopo i 194 cm dell'alluvione del 1966. La storia, l'archivio, tutto riemerge sulla superficie, confluisce nella pellicola visibile di un equilibrio precario, un equilibrio che gioca tra il suono e la visione e si posiziona al loro limite.

Avvicinarsi alla vita operando nella sua stessa dimensione. Ricreare i fenomeni nello spazio o in bacheca. Servirsi delle tecnologie per amplificare la realtà. Misurare l'Universo con metodologie che partono dall'unità. Visualizzare la natura in suoni attraverso i dati. Queste sono alcune modalità creative rivolte ad ampliare lo sguardo, si pongono al limite di tempi, spazi e linguaggi, e da qui si aprono verso angolazioni nascoste del paesaggio. Fermiamoci un momento con Piero Gilardi che nella sua visione questi approcci li ha attraversati tutti, individualmente, e in concerto con le esperienze di altri artisti in una serie di intrecci e rapporti relazionali.

3. LO SGUARDO TECNO-ECOLOGICO DI PIERO GILARDI

Il rapporto creativo di Piero Gilardi con l'ecologia è uno sguardo importante, sul clima e sul paesaggio. La sua visione ha tracciato un quadro completo dell'unione tra ecologia, arte e tecnologia, del suo radicarsi nella vita stessa dei geni e del suo estendersi ed evaporare nella sua traduzione in dati.

Immerso nella dimensione ecologica e nel suo rapporto con l'arte e la tecnologia, Piero Gilardi è un punto di riferimento sulla scena internazionale e in particolare in Italia, dove occuparsi di questi argomenti ha significato operare contro ogni convenzione e fuori dal circuito istituzionale, fino a quando, in tempi recenti, le tematiche ecologiche non si sono ritrovate al centro dell'obiettivo mediatico e degli interessi economico-politici su scala globale.[28]

Proseguendo una serie di esperienze vicine all'Arte Povera,[29] Land Art, Antiform Art, Gilardi ha indirizzato la sua ricerca all'analisi teorica e alla pratica radicata nel binomio arte/vita, per un periodo come militante, attivo anche nelle "periferie mondiali", in Nicaragua, nelle riserve indiane, negli USA e in Africa, e poi di nuovo in ambito artistico dal 1981.[30]

La sua visione versatile e poliedrica è da qualche anno integrata nel progetto PAV Parco Arte Vivente, concepito nel 2002 come "laboratorio del vivente", e dal 2008 concretizzato in 23 kmq di un parco nato in un'area ex industriale nei pressi di Torino, che ospita interventi e laboratori indirizzati all'ecologia, veicolati attraverso l'arte e in dialogo e collaborazione con professionisti di ogni formazione: artisti, architetti, pedagogisti... In questo progetto, tutt'uno con il profilo creativo del suo fondatore e con la sua attitudine relazionale, trovano casa le tematiche trattate in questo saggio, in particolare tutto ciò che riguarda l'ibridazione della vita e l'estensione della relazione tra specie, espresse, per esempio, attraverso la bio-telematica e la bioarte. «Catalizzando le diverse possibilità di miglioramento ambientale all'interno di un sito postindustriale e metropolitano, questo sito favorisce particolarmente le diverse evoluzioni del concetto di rivoluzione ecologica, proprio in quanto sito in perenne costruzione un intrecciarsi di dialoghi, di esperimenti aperti a innovazioni alternative, in armonia con i sistemi viventi della biosfera».[31]

Qui arte ed ecologia si muovono in una traiettoria che indirizza l'arte verso una forma relazionale e di co-creazione, attiva e propositiva: «Il *concept* del PAV si fonda su un'ibridazione di arte ed ecologia. Un'arte intesa come esperienza creativa comunicativa in progress e un'ecologia concepita come articolazione della biologia e, nel contempo, come problema politico e culturale cogente. Volendo approfondire il significato che assegniamo a ciascuno dei due concetti coinvolti nella proposta, occorre recuperare sia l'*excursus* storico della trasformazione dell'arte attraverso la modernità sia la nuova logica che la biogenetica e le moderne scienze della vita hanno introdotto nella visione dell'ecologia».[32]

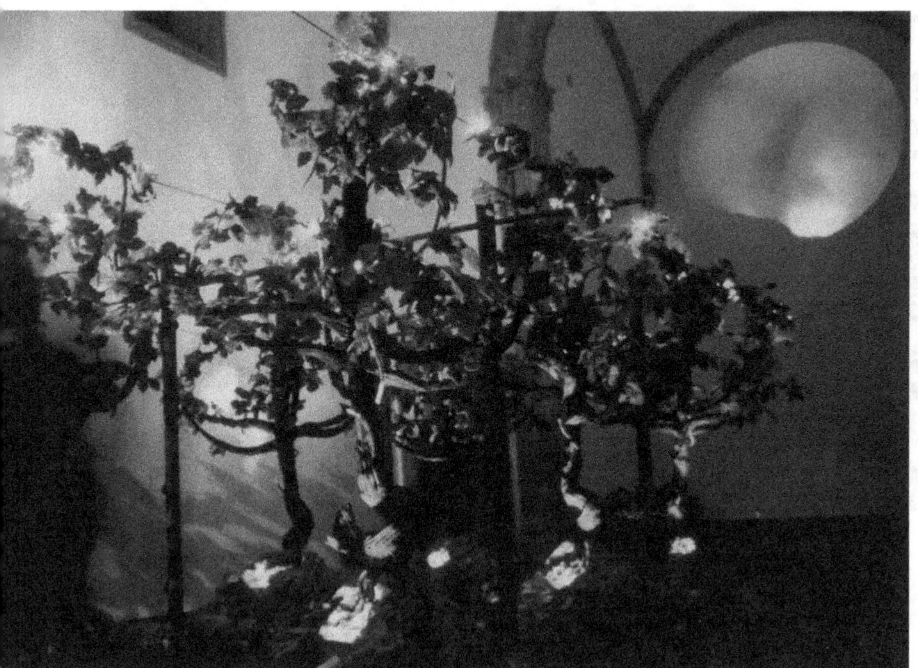

Piero Gilardi, *Inverosimile*, 1989, installazione al Castello di Volpaia.

La sua peculiarità è stata quella di inglobare, piuttosto che escludere, la tecnologia nella dimensione ecologica. Nel 1989 realizzava *Inverosimile*: un vigneto in poliuretano attivava luci e suoni su impulso di un circuito elettronico con il risultato di una immersione totale nel rapporto dicotomico natura/artificio. Questa idea di amplificare la percezione della natura attraverso la tecnologia è sempre rimasta. È stata questa apertura mentale a far sì che il suo sguardo raggiungesse gli scenari ibridi del futuro, ovvero del presente attuale. «La dialettica tra la coppia, tradizionalmente oppositiva, di natura/cultura trovava finalmente una sintesi nell'ibridazione tra vita organica e artificialità tecnologica.»[33]

Nel corso del tempo, le realizzazioni come *Biosphere* (2002) e *Mitopoiesis* (2002) che si rapportano con la biogenetica e le sue implicazioni sociali, così come la presentazione negli spazi del **PAV** di artisti del calibro di Natalie Jeremijenko, Critical Art Ensemble, Eduardo Kac, Marta de Menezes, Nomeda e Gediminas Urbonas,[34] attraverso mostre collettive, individuali, workshop o altro, hanno prodotto una lettura post-ecologica

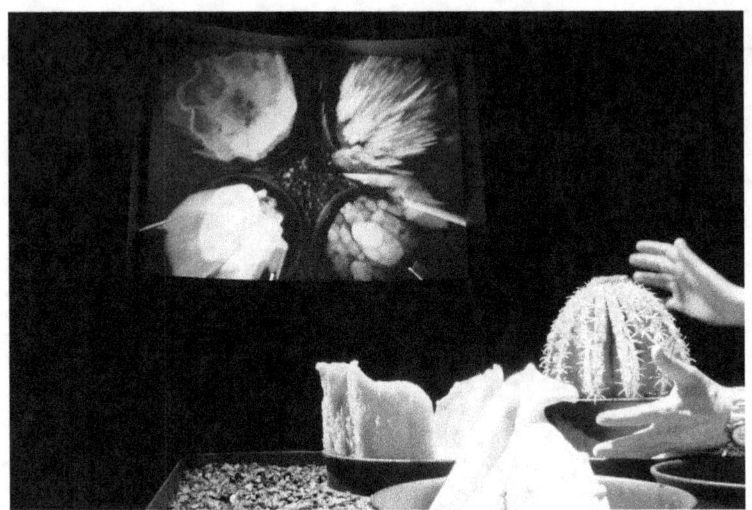

che ha sciolto la dicotomia uomo-natura e, come costrutto culturale, si è dileguato nella loro ibridazione.

La sua opera ambientale *Bioma* (2008) è rivolta proprio a questo ampliamento della percezione attraverso l'impiego di tecnologie, video camere, sensori, *touch screen*. Una serie di ambienti, ciascuno dedicato a una tematica differente, costruiscono un cammino che attraversa *mutazioni* vegetali, per come queste si manifestano attraverso i cambiamenti di una pianta di edera: *Essenze Odorose* degli elementi naturali, dell'esperienza tattile attraverso *Rilievi di Natura*, dei pesci rossi dell'acquario di *Giochi D'acqua*, e delle qualità sonore dei vari materiali attraverso *Suoni Mutevoli*. In ogni spazio, i visitatori devono interagire con le tecnologie, attivare dei sensori e compiere delle azioni. Uomo e ambiente si ritrovano vicendevolmente contaminati dal modo di agire di ciascuno. «Attraverso dispositivi informatici accessibili – precisa Gaia Bindi nel testo su arte ed ecologia che nasce proprio dalla sua esperienza con il PAV – [*Bioma*] potenzia la percezione e la relazione con le manifestazioni del vivente in forme acustiche, tattili, visive e cinetiche».[35]

Gilardi stesso ci avvicina al punto di stravolgimento nel rapporto tra uomo-natura nel nostro antico modo di intenderlo: «Da questo punto di vista, la cultura umana, la filosofia, il pensiero, l'arte dell'uomo, fino ad adesso sono state auto-referenziali. Il resto del vivente, la natura, gli animali sono sempre stati visti come accessori, da impiegare con criteri usa e getta. Solo adesso ci preoccupiamo. Allora, è per questo che l'arte entra nella vita, perché l'arte lavora a un livello molto profondo e, quindi, al livello di questo impulso vitale dell'uomo di uscire dalla crisi che lui stesso ha causato, trovando un rapporto trasparente e continuo con l'insieme del vivente...».[36]

Nel 2018 *Labirintico Antropocene* celebrava i dieci anni di apertura del PAV, invitando a entrare in una dimensione labirintica divisa in tre sezioni per riflettere sulla complessità dell'Antropocene e delle sue problematiche, «riflessione corale che parte dalla necessità di ripensare il dibattito attorno alla nozione di Antropocene». Dopo aver calpestato un'immagine interattiva di mare e barriere nel primo ambiente, e aver attraversato passato, presente e futuro dell'Antropocene nel secondo, si esce per perdersi nel labirinto vegetale cosparso di edicole che illustrano progetti in corso nel mondo, in difesa dell'ambiente.

L'aspetto giocoso e il coinvolgimento degli spettatori sono sempre stati strumenti fondamentali radicati nel suo approccio creativo e alla vita. Su questo aspetto si sofferma Hou Hanru, curatore del MAXXI, nel catalogo che accompagna la retrospettiva dedicata a Gilardi e al PAV: «Gilardi ha indirizzato la sua passione per le interazioni tra arte e tecnologia, fra esistenza umana e cambiamento ambientale, verso un sistema creativo dallo sguardo sempre ampio, vivace e giocoso. Questo lo ha portato a nuove scoperte e sperimentazioni nelle relazioni sociali tra individui, e quindi alla democrazia, nell'era della mescolanza fra azione umana, tecnologie – soprattutto elettronico-digitali – e ambiente. Un'epoca meglio conosciuta come Antropocene».[37]

Nelle opere che attraverseremo da qui in avanti, dai tentativi di riprodurre la natura in bacheca, a operazioni di sonificazione, così come in tante altre modalità creative, ritroveremo sempre quell'approccio rivolto a "esercitare una tensione politica, sociale, ecologica" che Tolve aveva individuato tanto nelle operazioni di Land Art quanto in quelle di Gilardi.

4. VEDERE ATTRAVERSO I SUONI: ANDREA POLLI

Nel contesto della visualizzazione dei dati, trovare angolazioni diverse per "vedere" può significare entrare nella dimensione del suono. Questo aspetto lo avevamo appena incontrato con il lavoro di Roberto

Pugliese. All'alba dei primi anni Novanta, Andrea Polli si è avventurata nel campo della sonificazione dei dati. Nel 1991-1992 utilizzava il Lorenz Attractor[38] per creare composizioni algoritmiche finalizzate a modellare il caos. L'opportunità di creare delle immagini da processi algoritmici dava credito alla possibilità di un dispositivo analogo che desse forma al suono. È in quest'ottica che Polli avrebbe poi indirizzato il suono alla lettura del clima.

Quando parliamo di tempo meteorologico, i dati visualizzano parametri e fenomeni dell'atmosfera che non sono visibili (come la temperatura o la pressione atmosferica). Nei modelli meteorologici questi parametri sono spesso indicati attraverso colori e simboli posizionati su mappe bidimensionali. Per quanto all'interno di una ricerca scientifica, anche l'aspetto emotivo diventa centrale. Ciò che la sonificazione[39] potenzialmente aggiunge alla visualizzazione è l'enfasi su alcuni fattori non visibili nelle immagini, e che sono indicati, piuttosto, nei *pattern* e nelle strutture prodotte dalla lettura dei dati nel tempo. «Diversamente da un'immagine visiva fissa, la musica e i paesaggi sonori sono intrinsecamente narrativi».[40]

Nel suo *Atmospheric/Weather Works* (2001-2011) i suoni "leggono" dati di tempeste ricavati da modelli realizzati per le previsioni meteorologiche.[41] Avviata come performance video-sonora,[42] questa "spazializzazione sonora" rivelava che la tempesta invernale era più intensa nelle aree più prossime all'estremità dell'atmosfera, mentre la velocità maggiore del vento si manifestava ad altezze inferiori, secondo *pattern* di variazioni trasmesse dalle diverse intensità del suono delle composizioni.[43] Il progetto avvicina il lavoro di Polli all'idea di "visualizzare" mediante i suoni, di costruire una narrazione dei dati che possono essere analizzati nel loro evolversi e possono essere ristudiati e confrontati più volte. Bisogna anche aggiungere che nel 2001, data di avvio del progetto di Polli, lei stessa si dichiarava non del tutto consapevole del cambiamento climatico, mentre all'epoca gli scienziati ne parlavano già come una delle importanti sfide del futuro.

In questi processi di traduzione l'uomo, l'esperienza e l'emotività ne sono parte integrante. Aspetto che diventa chiaro in *Sonic Antarctica* (2007-2008), trasmissione radio, live performance, installazione visivo-sonora frutto di una residenza di sei settimane[44] dove Polli ha combinato i suoni naturali dell'Antartide con quelli originati dall'uomo: derivati dall'esperienza in campo (come i passi sulla neve), prodotti mediante la traduzione di dati o le semplici voci degli scienziati intervistati. «Diventano le voci di uno spartito polifonico dove ciascuna supporta

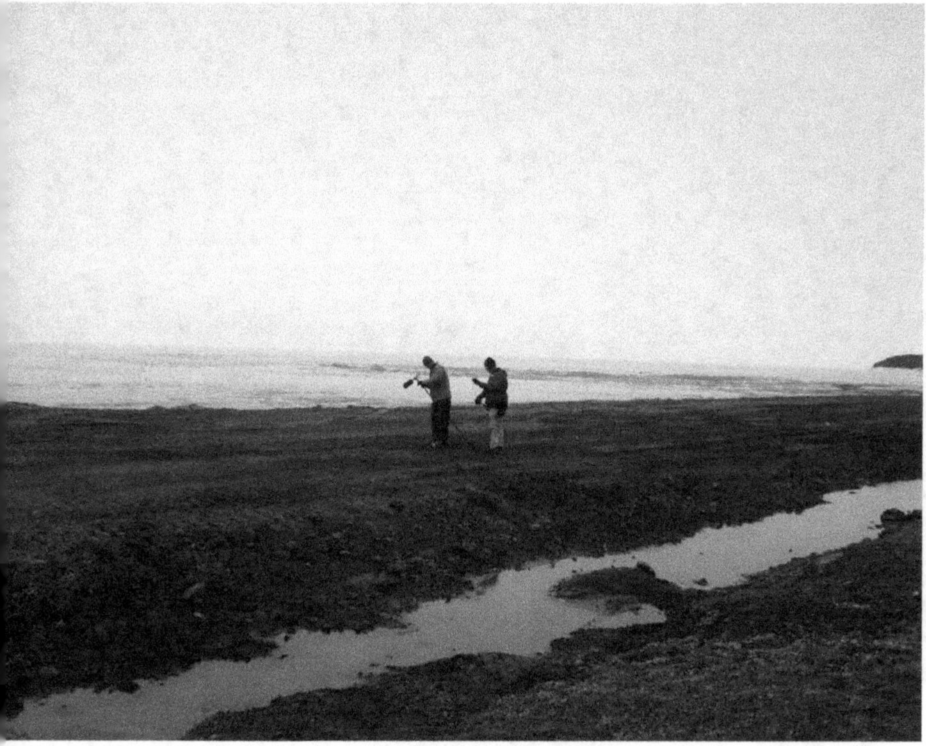

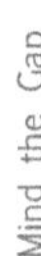

Andrea Polli, *Sonic Antarctica*, sound walk about, 2007-2008.

e rafforza le altre, fornendo una percezione tangibile dei complessi sistemi climatici dell'Antartide e del globo intero».[45]

Dalla ricerca empirica di Polli tra arte e scienza emerge l'importanza della presenza umana come complementare a quella tecnologica: «Gli uomini che osservano hanno l'abilità di rifarsi alla memoria esperienziale per condurre un'analisi della situazione in tempo reale, mentre una stazione automatizzata è in grado di conservare le informazioni ma non di analizzarle in tempo reale».[46] L'osservazione umana ha il vantaggio di poter comparare i dati con la situazione attuale, controllando che le strumentazioni non siano state danneggiate dalle rigide condizioni meteorologiche. Gli scienziati hanno usato l'espressione *ground truth* per descrivere uno dei compiti essenziali che i ricercatori svolgono sul campo, e cioè la raccolta di informazioni a livello del suolo, in contrapposizione

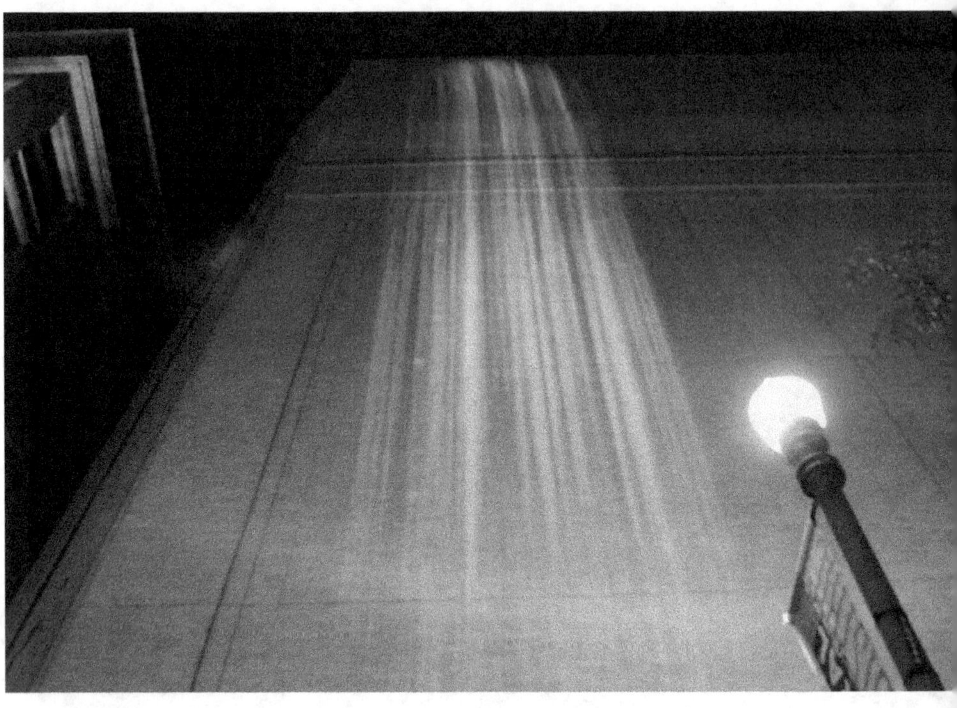

Andrea Polli, *Particle Falls*, 2010-2015.

con la selezione di dati che avviene da remoto in via satellitare o perfino la scelta automatica di dati recuperati a livello del suolo.

Nella sua ricerca più recente Polli ha iniziato a considerare anche la componente visiva. L'inclusione dei suoni estendeva la visione ad altre facoltà percettive associate alla sensibilità umana. Le pratiche con cui si cerca questa estensione visiva corrispondono a processi empirici rivolti ad avvicinarsi alla conoscenza e alla consapevolezza. Con *Particle Falls* (2010-2015),[47] servendosi di sensori, proiezioni laser e cellulare, Polli proietta un'animazione che visualizza in tempo reale i dati relativi all'inquinamento nelle vicinanze, iniziando, nel 2010, dall'edificio della AT&T, a San José (California). A una cascata di luce blu si sovrappone uno scoppiettio di colori brillanti. Il crescere del numero assegnato a un dato colore corrisponde all'intensificarsi di particelle inquinate nell'aria. Superata una certa misura, la cascata di luce intensifica il suo colore rosso fin quasi a sembrare una cascata di fuoco.

In questa sua più recente fase di ricerca, i dati atmosferici rimangono punto di partenza e materia da plasmare; gli strumenti tecnologici a disposizione, moltiplicati rispetto alla fine degli anni Novanta, diventano complici sempre più raffinati per la rilevazione e l'analisi dei dati. Polli, infatti, arriva a utilizzare i sensori di cui sono dotati gli smartphone[48] per "leggere" i cambiamenti atmosferici in tempo reale. I dati sono generati da uno strumento chiamato nefelometro[49] che monitora e campiona l'aria intercettando particelle finissime (inferiori a 2,5 μm) che contengono una serie di elementi combustibili, come quelli provenienti dallo scarico dei motori *diesel*.

Visualizzare per creare consapevolezza, ma anche produrre energia, un'idea che Andrea Polli coltivava da anni, da quando, nel 2001, attraversava il Queens Bridge di New York, illuminato solo a intervalli per ragioni di risparmio energetico. L'avrebbe realizzata poi, quindici anni più tardi, grazie a un accordo con la società manifatturiera delle turbine Windstax,[50] con cui è riuscita a produrre energia sufficiente a illuminare il Rachel Carson Bridge di Pittsburgh, un ponte intitolato a una celebre biologa statunitense, anticipatrice dei movimenti ecologisti. LED posizionati sui cavi del ponte orchestravano un concerto di luci attivate dai dati provenienti da una stazione meteorologica tradotti in impulsi da 50 computer micro-controllori.

Anche in lavori che lasciano il passo all'aspetto visivo, Polli non trascura mai il suono. In *Particle Falls*, al ritmo del vento l'immagine diventa a tratti sfocata in un movimento alternato che si avvicina molto all'idea (anche sonora) di respiro. Viceversa, la visione rimane un elemento cruciale nei processi di sonificazione: «Quando si utilizza il suono, per me è molto importante che si possa vedere l'onda sonora, poterla zoomare in avanti e indietro per veder la forma che assume, cosa che, per me, significa veramente vedere il suono».[51]

Attraversare tutte di un fiato le esperienze di Polli ci avvicina a ulteriori modalità di visione in grado di penetrare gli spazi interstiziali, passi necessari per procedere oltre, sulla strada della conoscenza. È quanto propone il suo *Hack the Grid*, libro-movimento che raccoglie alcune delle sue esperienze attorno all'idea di *hacking* come attività legata all'apprendimento attraverso il fare e il ripetere: «*Hacking*, per come noi lo definiamo, significa prendere qualcosa che è disponibile al momento e riconfigurarlo, creando, in corso d'opera, nuove domande, usi e rappresentazioni. Significa comprendere da fuori. In breve, significa rendere "proprio" qualcosa».[52]

Imparare come funzionano i sistemi energetici, a misurare l'energia che si consuma, a conoscerne la provenienza, a utilizzare la tecnologia che ci circonda per ottenere informazioni, a programmare e costruire sistemi, a riconvertire l'energia solare: questi sono solo alcuni tra i principi fondamentali del "manifesto" di Polli, nella generale necessità di non agire da consumatori passivi, di essere consapevoli che la vita è inestricabilmente intrecciata con il nostro utilizzo dell'energia in tutte le sue forme, imparando da quanto è stato fatto da altri e a condividerlo.

5. TRA RAGIONE E SENSAZIONE: JANINE RANDERSON

Janine Randerson ci regala un altro importante punto di osservazione: quello che si pone tra ragione e sensazione. Lo sguardo trasversale di Randerson entra in quel frangente di mediazione generato dalle strumentazioni scientifiche che si interpongono tra l'occhio e l'oggetto di interesse. Tutto questo si estende alla visione della tecnologia come spazio sociale, possibile interfaccia tra il mondo umano e quello naturale (sempre secondo la vecchia ottica in cui uomo e natura sono separati, ciò che sta piano piano sfumando in nuove realtà ibride). Strumentazioni, mappe metereologiche e immagini satellitari sono indicate da Randerson come "entità di per sé convincenti".[53]
Come in Andrea Polli, anche il suo metodo comprende dialogo e collaborazione con meteorologi. In particolare, Randerson suggerisce che «gli artisti entrano nel discorso climatico traducendo (o fraintendendo) metodi scientifici obiettivi e tecnologie in effetti sensoriali».[54]

Nel suo *Anemocinegraph* (2006), immagini satellitari erano proiettate su uno schermo rotondo per tracciare una scala sinottica dei cambiamenti meteorologici ogni quattro ore, di ogni giorno, e di ogni settimana, nel frangente temporale della sua residenza a Waikato (Nuova Zelanda), dove ha preso avvio il progetto.[55] Il suo punto di osservazione si pone tra i fenomeni in macro-scala e le superfici di osservazione analogiche. Randerson ha potuto monitorare l'andamento dei dati climatici attraverso un audio, poi utilizzato in una composizione sonora. Tutto ciò l'ha spinta ad approfondire l'evoluzione storica della meteorologia, presentando particolare attenzione al periodo in cui artisti e scienziati condividevano uno stesso obiettivo attraverso sistemi empirici (basti pensare alle astro-fotografie di Daguerre o agli studi atmosferici di Turner). In riferimento *all'anemocinégraph*, strumento poco conosciuto e non documentato, inventato da Richard Frères, alla fine degli anni Novanta, per registrare la velocità del vento in tempo reale, Randerson

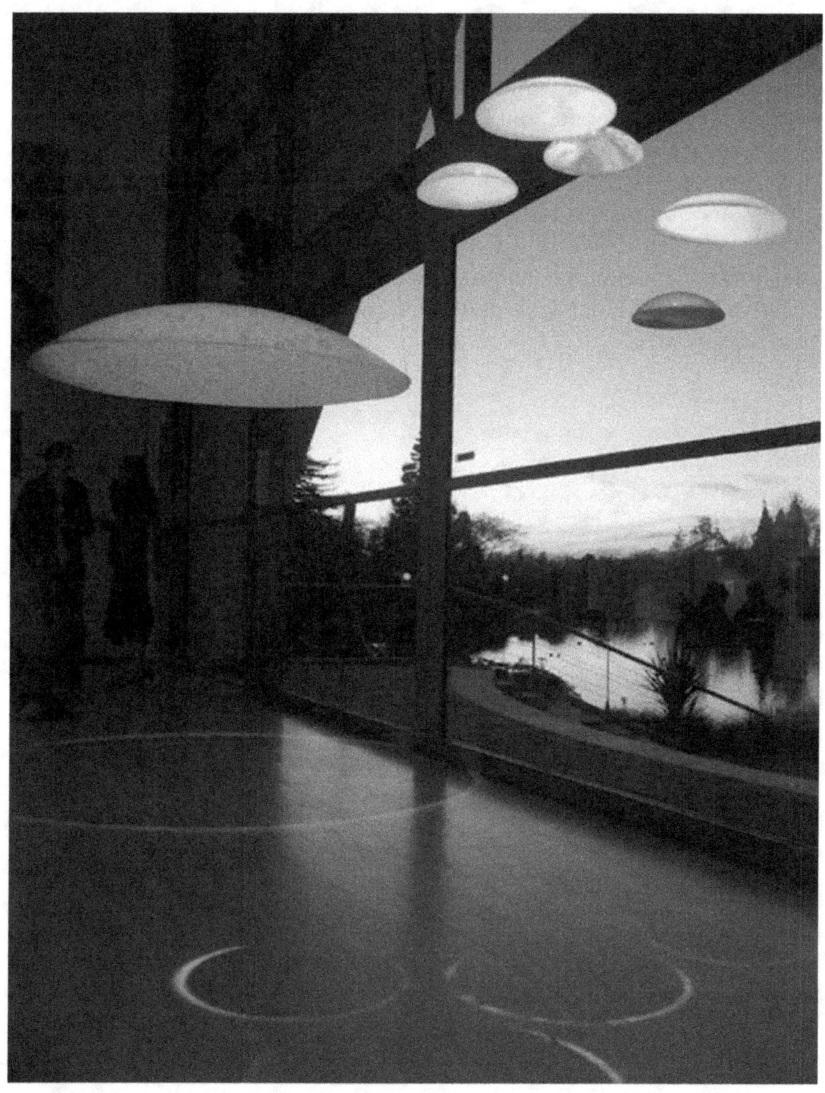

Janine Randerson, *Anemocinegraph*, 2006.

Io immaginava come qualcosa che è tra l'esperienza sensoriale e la natura mediata dalla tecnologia.
Nel caso del suo *Neighborhood Air* (2012-14),[56] le strumentazioni sono sensori che catturano le fluttuazioni di inquinanti urbani di Auckland

City,[57] per essere poi tradotti in una pagina web, dove strisce fotografiche di cielo creano l'interfaccia corrispondente ai livelli fluttuanti dei dati rilevati corrispondenti a cinque diversi livelli di misurazione del gas, inclusi, partendo dall'alto verso il basso, l'umidità relativa, la temperatura, il biossido di azoto (NO_2), il monossido di carbonio (CO) e i composti organici volatili (VOCs). L'interfaccia traduceva i dati con il metodo che in letteratura scientifica si definisce *sky sampling* (campionatura dell'aria). I livelli di tossicità erano rappresentati dall'intensità dei colori delle strisce fotografiche. Se il colore pallido copriva tutta la lunghezza dello schermo, questo era indice di qualità povera dell'aria.

Janine Randerson, *Neighborhood Air*, 2012-2014.

Con questo lavoro Randerson ha costruito uno sguardo molto importante da restituire alla consapevolezza collettiva. Ha significato rompere la convenzione radicata nell'immaginario che vede Auckland in Nuova Zelanda come una regione esemplarmente incontaminata, incessantemente ripulita dal vento, dimostrando, piuttosto, che l'aria di Auckland è addirittura peggiore di quella di molte grandi città australiane. Se l'arte si avvicina alla vita entrando nelle sue dinamiche è inevitabile che lo sguardo creativo incroci anche quello politico dal quale gran parte del paesaggio e delle sue manifestazioni prende forma.

6. VISUALIZZARE I DATI NEL TEMPO ANALOGICO: UN PASSO INDIETRO, SULLE ORME DI ALEXANDER VON HUMBOLDT

In molti dei lavori fin qui trattati, e in particolare nel caso di Polli e Randerson, lo sguardo ha ritrovato il paesaggio nella lettura dei dati, in altre parole nella traduzione di informazioni che descrivono il paesaggio stesso, le immagini e i suoni che permettono quindi di entrare nella sua dimensione dinamica. Se ci voltiamo indietro e sbirciamo da una piccola fessura il passato, scopriamo che le tecnologie celebrate come figlie del progresso tecnologico, non sono altro che l'accelerazione di metodologie già impiegate.

Nel metodo scientifico di Alexander von Humboldt (1796-1859) ritroviamo molto di quanto detto fino a questo momento, dalla lettura dei dati all'inclusione dell'esperienza umana come aspetto fondamentale della ricerca scientifica. Nel corso dei suoi lunghi e ripetuti viaggi, von Humboldt analizzava la natura, pianta per pianta, radice per radice, convinto che l'osservazione attenta e costante della natura stessa non potesse prescindere da una visione e da un metodo transdisciplinari, una lezione che all'epoca fu del tutto incompresa dal mondo scientifico e accademico. Durante uno dei suoi viaggi botanici, per studiare come la vita e la vegetazione si sviluppassero a diverse altitudini, von Humboldt raggiunse le vette del Chimborazo. Sezionare la montagna, come nel disegno da lui intitolato *Naturgermälde* (pittura della natura), significava costruire una ragnatela di connessioni, tracciando delle coordinate che mettevano in relazione condizioni climatiche con tipologie biologiche, relazioni applicabili a simili altitudini nel resto del mondo. Oltre a una visione globale che proveniva dall'attenzione al dettaglio e dalla proiezione di quest'ultimo all'interno di una relazione sistemica – proprio come abbiamo visto nel lavoro di Haacke – von Humboldt aveva trovato per la prima volta l'unità nella varietà.
«Piuttosto che categorizzare le piante con metodo tassonomico, vedeva la vegetazione attraverso la lente del clima e del territorio: un'idea radicalmente nuova che ancora oggi informa la nostra consapevolezza degli ecosistemi».[58]

Nel suo *Cosmos*,[59] von Humboldt scriveva del filo che lega conoscenza, scienza, poesia e sentimento artistico. Questa visione aveva fortemente influenzato lo zoologo Ernst Haeckel, che aveva contribuito a diffondere la lezione del naturalista tedesco. E proprio in relazione agli studi di quest'ultimo e alla sua visione globale, all'interno della sua *Generelle*

Morphologie,[60] Haeckel utilizzava per la prima volta la parola *Oecologie* (ecologia)[61] e, citando direttamente von Humboldt, affermava che "natura organica e inorganica costituivano assieme un sistema di forze attive". Ripercorrere le origini dell'ecologia, soprattutto i primi metodi per visualizzare la natura e la visione globale di uno scienziato del XIX secolo, che già aveva chiara la coesistenza e la connessione tra organico e inorganico, guida la scienza di ieri e di oggi a una visione che si allarga alla relazione del tutto con il tutto.

L'approccio e la metodologia scientifica di von Humboldt permettono di riflettere sulle pratiche di oggi, quelle che analizzano e visualizzano i dati. Questo passo indietro che abbiamo fatto nel mondo analogico ci permette di scandire il processo, di rallentarne il tempo, di chiarire come le informazioni fornite dal progresso, separano di un ulteriore grado l'oggetto di studio dal fattore esperienziale così, importante per von Humboldt, e per molti artisti e scienziati di oggi. Lo è anche per chi lavora a nuove modalità di rappresentazione del paesaggio e del clima attraverso il filtro della percezione.

7. PERCEPIRE IL CLIMA CON OLAFUR ELIASSON

La percezione, in particolare quella che dal canale oculare si estende agli altri organi, è la dimensione che abita Olafur Eliasson e la sua ricerca. In quest'ottica, l'artista svedese sostituisce la rappresentazione con la "produzione" di condizioni. Produrre condizioni ha significato realizzare illusioni temporanee giocando con luce e spazio, esperienze che partono spesso dalla facoltà visiva e attraversano il piano emotivo. L'illusione ottica avvolge e coinvolge gli spettatori che la sperimentano con tutto il corpo e con una percezione stimolata a 360 gradi dalla replica di fenomeni naturali decontestualizzati, indirizzandosi tanto alle altre facoltà percettive quanto a quelle cognitive grazie a modalità associative che la replica di quei fenomeni naturali sollecita.[62]

Il suo sguardo si interpone tra l'arte nella sua specificità e il mondo. «Eliasson, chiarisce Maek Godfrey nell'introduzione alla sua retrospettiva alla Tate Modern di Londra, ha voluto realizzare dei lavori che facessero acquisire consapevolezza del processo percettivo, consapevolezza del proprio corpo per come questo si è posto nell'ambiente, consapevolezza di come si occupa lo spazio, di come ci si muove in esso, sintonizzandosi con la propria esperienza mentre questa si svolge nel tempo. Questa accresciuta auto-riflessione potrebbe, a sua volta, condurci a un

atteggiamento più consapevole verso il mondo al di fuori dell'opera d'arte».[63]
Questo suo approccio, la sua fiducia nel progresso, l'attivismo, l'impatto dell'arte sull'agire sociale, la consapevolezza dell'importanza degli aspetti empatici sono radicati nel contatto con la natura che ha segnato la sua infanzia nei Paesi del Nord Europa.
«Sono stato formato a calibrare me stesso con il paesaggio attraversandolo, racconta Eliasson in un'intervista con Anna Engberg-Pederson, l'ho fatto coniugando il sentimento del passare del tempo con il dispiegarsi del terreno, componendo la mia propria mappa. Il movimento è ciò che veramente crea senso».[64]

Nel 1993, con *Beauty*, Eliasson ha avviato una serie di lavori rivolti a creare condizioni metereologiche in ambienti chiusi. In *Your Sun Machine* (1997) ha utilizzato l'attività di un faro per simulare le dinamiche del sistema solare e la rotazione della Terra, dando anche l'illusione di essere ricorso a complesse tecnologie per proiettare la luce: tecnologie che, in effetti, non erano presenti. Quell'illusione era generata da condizioni del tutto naturali. Per l'artista, creare condizioni, ha spesso significato anche rovesciare situazioni e l'esterno con l'interno. In *Erosion* (1997), a Johannesburg, Eliasson, dopo aver svuotato una riserva d'acqua

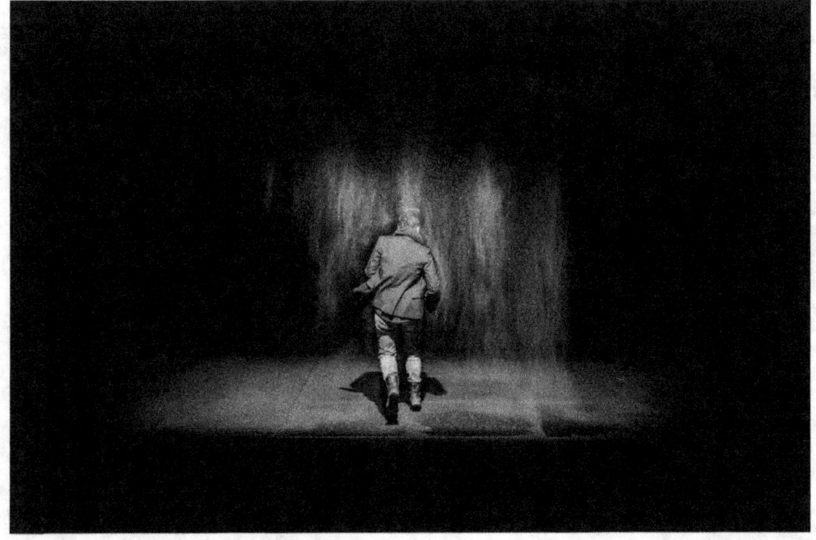

Olafur Eliasson, *Beauty*, 1993. Foto: Anders Sune Berg.

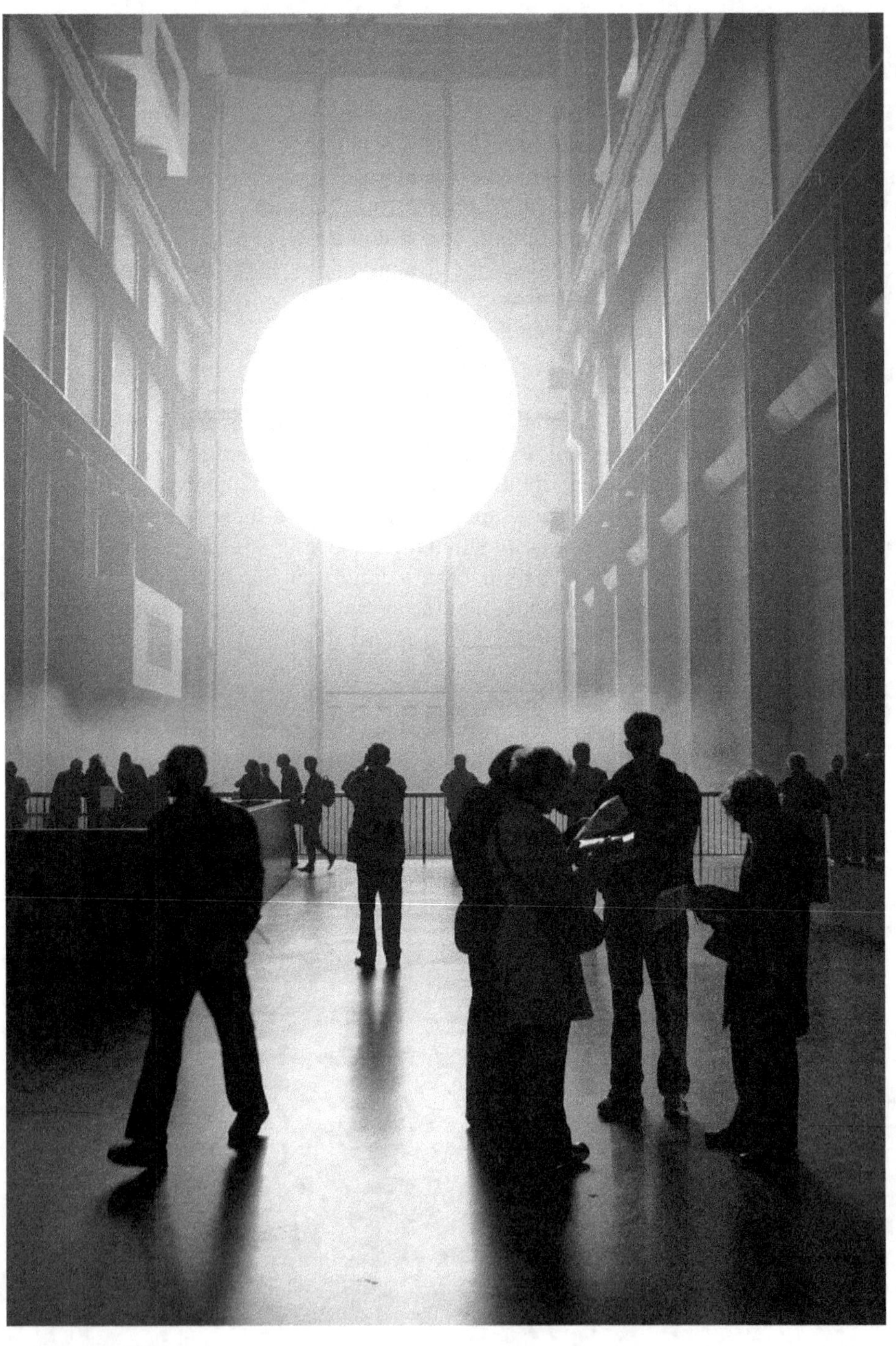

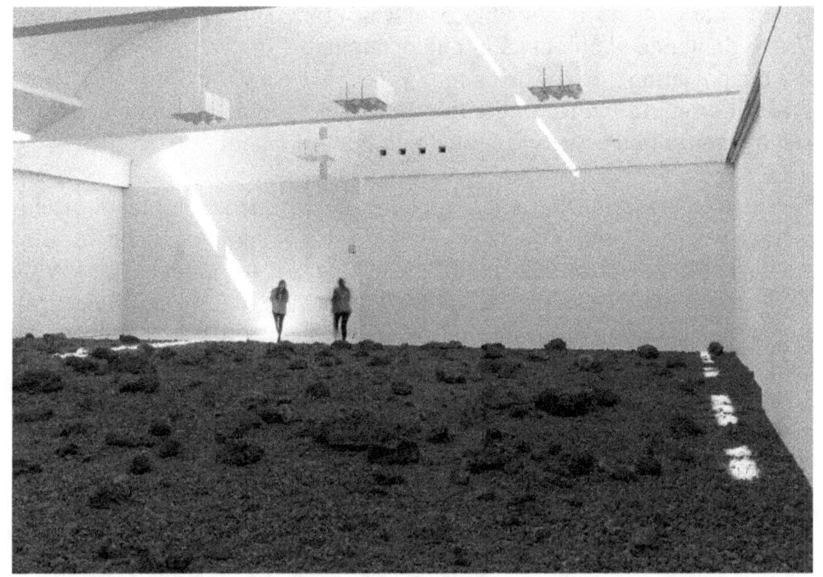

Olafur Eliasson, *Lava Floor*, 2002. Foto: Anders Sune Berg.
A sinistra: *The Weather Project*, 2003. Foto: Ari Magg.

con una pompa per creare un ruscello temporaneo, traslava una condizione naturale all'interno dello spazio urbano, mettendo in luce l'impatto di questa operazione sugli abitanti. In *Green River* (1998), la semplice aggiunta di un colorante non tossico nel fiume di Brema cambiava radicalmente la "fotografia" del paesaggio, rendendo visibili i cambiamenti di flussi e correnti.

Questi esempi di impieghi percettivi della sua prima fase di ricerca hanno traghettato verso il suo celebre e celebrato *The Weather Project* (2003), installazione realizzata nella peculiare sala della Turbine Hall, dedicata a progetti speciali, all'interno degli ex spazi industriali della Tate Modern di Londra. Uno schermo semi-circolare rifrangeva circa 200 luci mono-frequenza per trasformarsi letteralmente in un sole. Con la complicità di alcune macchine che rilasciavano della nebbia si è trattato di immergere i visitatori in una vera e propria replica di condizioni atmosferiche, in un gioco percettivo che ha portato l'esterno all'interno. Il sole ha illuminato uno spazio, quello della Turbine Hall, particolarmente scuro. Ma non solo. Oltre all'installazione, un questionario è stato distribuito ai visitatori e impiegati del museo. Tra le domande si chiedeva in che occasione e in che modo particolari condizioni atmosferiche avessero provocato cambiamenti drastici di vita. Si è tenuta inoltre una conferenza sul ruolo della comunicazione della scienza nell'arte in occasione di disastri climatici.[65]

Se queste esperienze hanno giocato soprattutto sul piano ottico-percettivo, il sentimento del paesaggio era stimolato anche in altro modo: con *Lava Floor* (2002), installata al Museé d'Art Moderne de la Ville de Paris e successivamente, nel 2007, alla Kunsthaus Zug (Svizzera), occorreva camminare su un malfermo pavimento di pietre vulcaniche mobili, facendo attenzione ai loro spostamenti.
In questo periodo Eliasson compie alcuni esperimenti ottici che nascono anche dai lunghi studi su matematica, geometria e percezione, portati avanti anche grazie alla lunga collaborazione, durata dal 1996 al 2014, con il matematico e architetto Einar Thorsteim (1942-2015).[66]

Come per diversi artisti che cercano di sollevare le urgenze climatiche attraverso canali empatici, per Eliasson il ghiaccio e l'acqua, con le sue trasformazioni di stato, sono temi che diventano centrali. Eliasson utilizza il ghiaccio dal 1998 con *The Very Large Ice Step* (Parigi), un padiglione con stalattiti che scendono dal tetto come una tenda,

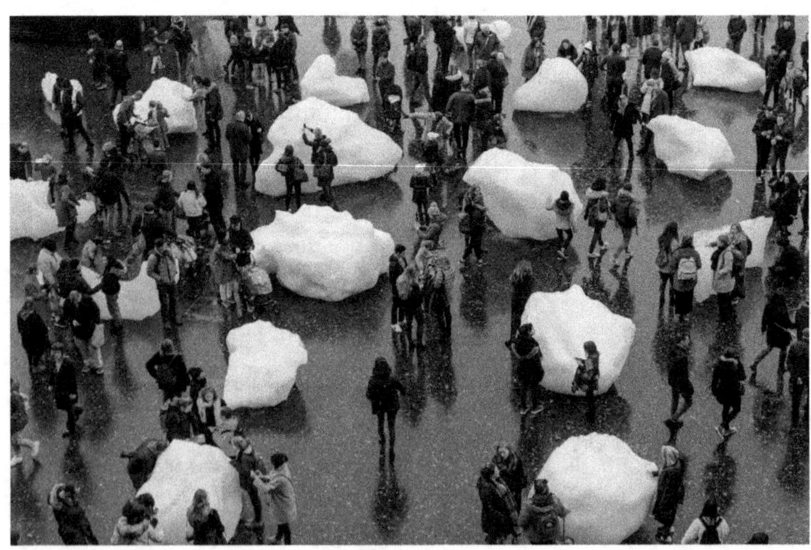

Olafur Eliasson, *Ice Watch*, 2014. Foto: Charlie Forgham-Bailey.

cambiando stato e forma sulla base delle condizioni climatiche. Nel 2006 per *Your Waste of Time* preleva pezzi di ghiaccio in Islanda per conservarli refrigerati per la durata dell'esposizione nella galleria Neugerriemschneider di Berlino, portando così il paesaggio nel raggio esperienziale dei visitatori. Nel 2014, da un dialogo con il geologo Minik Rosing, nasce *Ice Watch,* presentato a Copenhagen per la pubblicazione dell'U.N. Climate Change Report, e nel 2015 per il COP21 a Parigi, come parte dell'iniziativa *ArtistsParisClimate.* Allora, otto tonnellate di ghiaccio marino sono state installate nella Place du Panthéon della capitale francese. In entrambe le occasioni, dodici blocchi di ghiaccio, prelevati in Groenlandia tra quelli che si erano staccati, sono stati disposti in circolo, a formare un orologio: il tempo che passa punta le lancette in direzione della loro imminente sparizione. Installazioni che avevano certamente attirato l'attenzione sulla fragilità dell'Artico in maniera del tutto empatica.

In tutto questo, il linguaggio continua ad avere un ruolo di primaria importanza. In *The Weather Project* questa priorità era espressa dalla centralità dell'aspetto "comunicazione" trattato nell'ambito del simposio correlato alla mostra. È evidente anche nel catalogo che accompagna la sua retrospettiva alla Tate Modern di Londra. Un volume che raccoglie una serie di interviste che Eliasson ha condotto, durante cene e simposi organizzati, all'interno del suo studio, per indagare il confine (costruito) tra natura e cultura. Tra gli intervistati, Barry C. Smith, direttore dell'Institute of Philosophy at the University of London's School of Advanced Study (dove è anche direttore del Center for the Study of the Senses), racconta di quanto importante sia il linguaggio al fine di ancorare l'esperienza: «Il linguaggio ancora l'esperienza [...] La neuroscienza ha provato che perfino l'uso di parole che indicano particolari odori – come la cannella, la vaniglia o le fragole – attiva le stesse parti della corteccia olfattiva che utilizziamo quando le stiamo effettivamente annusando».[67]

8. VOLARE VERSO IL POST-ANTROPOCENE
CON TOMÁS SARACENO

«Mi ha sempre affascinato un progetto di Buckminster Fuller, battezzato *Cloud 9* e basato sull'assunto per cui enormi sfere geodetiche sarebbero in grado di sollevarsi dal terreno in seguito a un innalzamento della temperatura dell'aria contenuta al loro interno: basterebbe che le persone respirassero ed esalassero aria più calda per dare vita a città

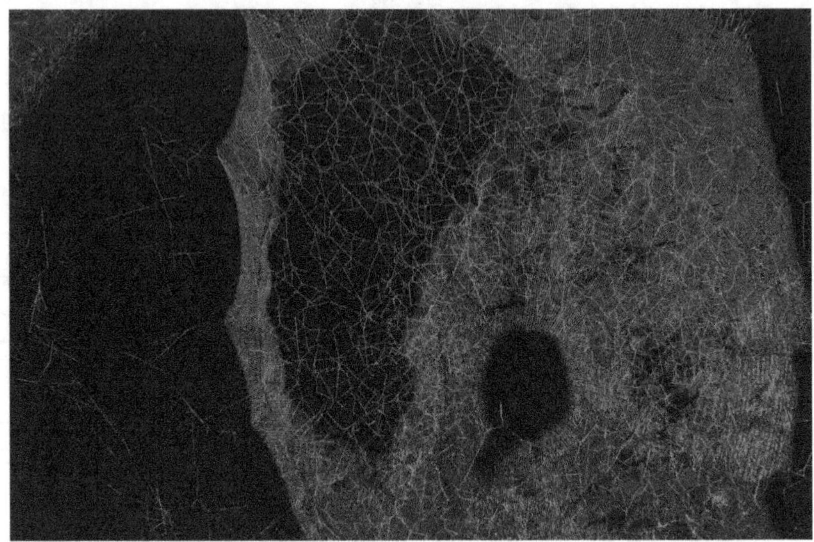

volanti, abitate da uomini e trasportate dal vento». Così Saraceno, intervistato da Federico Florian, racconta del suo "incontro con l'aria": «M'impressiona molto – prosegue – il fatto che un'azione automatica e inconsapevole come quella del respirare possa produrre un effetto di tale portata. Quest'idea pervade le mie opere, dalle strutture sospese, parte del progetto *Air-Port Cities*, alle installazioni modulari della serie *Cloud Cities*, compreso il mio ultimo intervento all'Hangar Bicocca di Milano dal titolo *On Space Time Foam*».[68]

Librarsi nell'aria offre una visione diversa del mondo, interfaccia tra noi e il sole. Nell'aria dobbiamo lasciarci trasportare, sentirne l'appartenenza, provare la continuità del tutto con tutto, slittare verso il non umano e trovare modi di coesistenza. Prima ancora, bisogna iniziare a prestare attenzione e rispetto verso gli insetti che compongono il 95% del mondo animale, parte importante dell'equilibrio sistemico, in buona misura in via di estinzione. Gli studi di Saraceno hanno portato alla formazione della squadra Arachnophilia, alla sua piattaforma Arachnophilia.net e a un *app* chiamata Arachnomacy, strumenti per imparare a percepire il mondo non organico e a partecipare all'iniziativa "Mapping Against Extinction".[69] Sono proprio gli insetti, in particolare i ragni, con il loro agire e sentire attraverso il corpo esteso della tela, a guidare Saraceno verso uno sguardo sistemico.

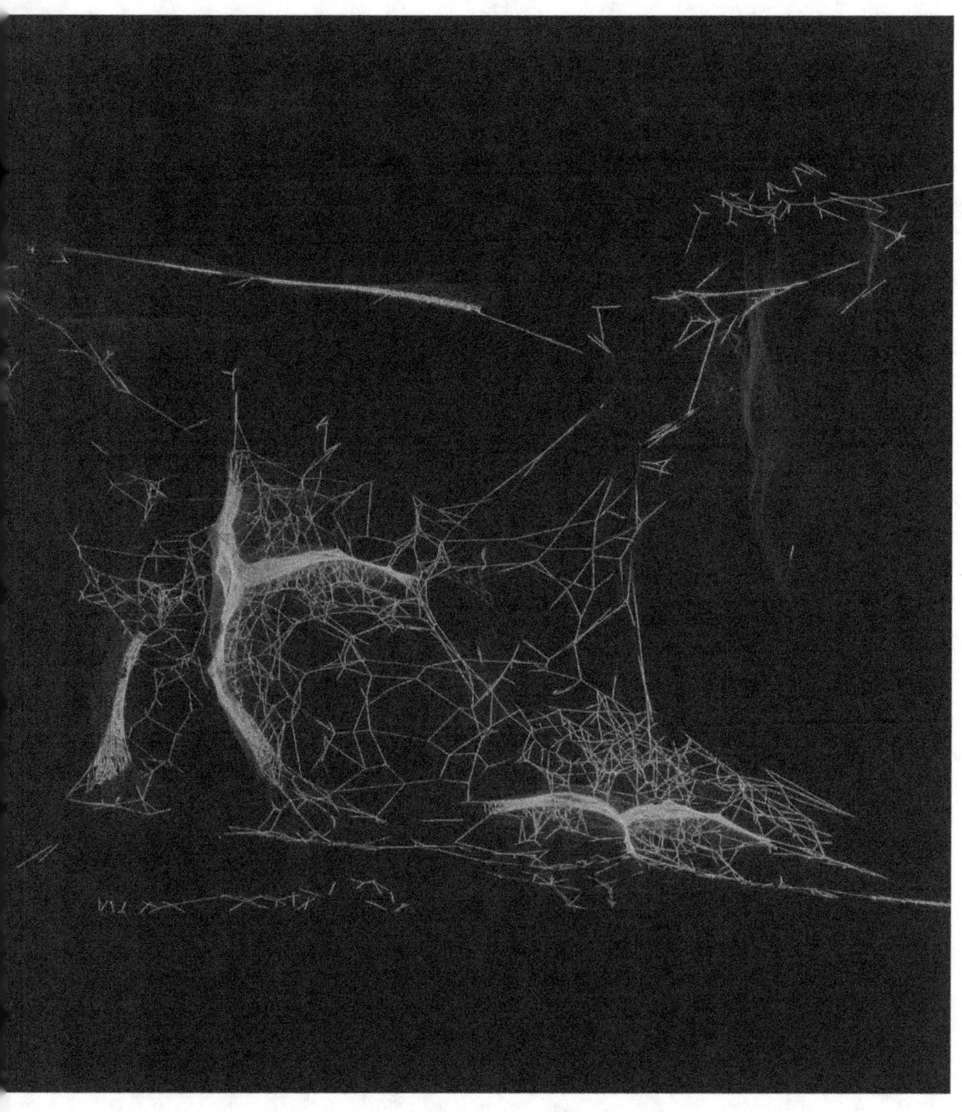

Tomás Saraceno, *How to Entangle the Universe in a Spider/Web?*, 2020.
Foto: Studio Tomás Saraceno, 2018.
Courtesy Andersen's, Copenhagen / Ruth Benzacar, Buenos Aires / Tanya Bonakdar Gallery,
New York / Los Angeles / Pinksummer Contemporary Art, Genova.

La scansione e ricostruzione degli habitat dei ragni dello Studio Saraceno, formalizzata in una serie di lavori, è risultata essere molto simile alla struttura cosmica immaginata dagli scienziati.[70] Polvere, ragni, piante. Avvicinarci a loro significa sintonizzarsi con le frequenze dell'Universo. Le ragnatele diventano opere d'arte. Soprattutto, si estendono oltre gli esseri viventi.

Nel 2007 Saraceno inizia a collezionare buste di plastica con in mente un museo volante, il *Museo Aero Solar*, poi proiettato nella visione di un'era post-combustibile che potesse funzionare attraverso l'interazione dell'aria, del meteo e del sole.
Da queste esperienze nasceva *Aerocene*, una nuova comunità ed era geologica, figlia della metabolizzata eredità del filosofo Felix Guattari che vede la vita inserita all'interno di tre piani ecologici: ambientale, sociale ed economico, e mentale.[71] Saraceno iniziava così a immaginare un futuro senza combustibili, soprattutto senza confini, progetto che tutt'oggi si sta evolvendo in una varietà di forme.

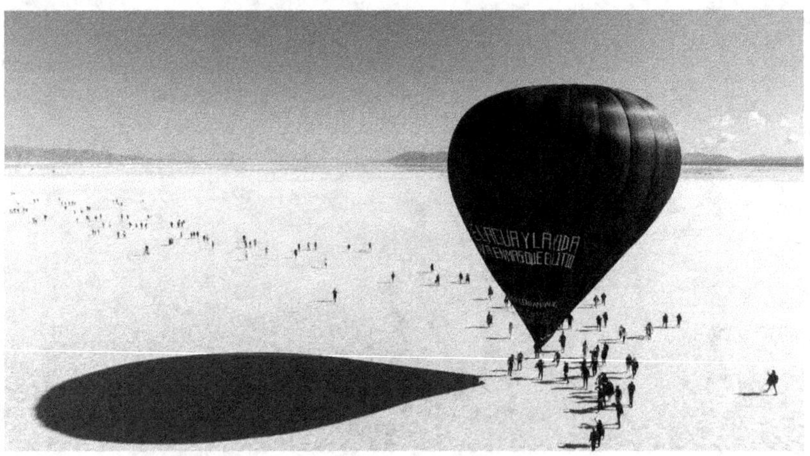

Tomás Saraceno, *Fly with Aerocene Pacha*, 2020. Foto: Studio Tomás Saraceno. Licenza CC BY-SA 4.0 di Aerocene Foundation. Courtesy dell'artista e Aerocene Foundation.[72]

«L'Aerocene immagina lo spazio come un luogo di proprietà comune, fisico e immaginario, libero dal controllo delle grandi società e dalla sorveglianza dei governi».[73] L'entrata in questa nuova epoca è simboleggiata da un pallone aerosolare progettato per muoversi con il calore e con l'aria, in grado di fluttuare grazie al differenziale di temperatura tra le masse d'aria interna ed esterna.

L'idea di volare nell'aria in maniera "ecologica" si muove parallela a quella di superare i limiti orbitali dell'atmosfera, fuori dal raggio gravitazionale e verso l'infinito spazio dell'immaginazione: l'ignoto.

«È l'astronave (o le sue varianti minori: la barca, l'auto, la ragnatela, l'aquilone) la forma più elementare e paradigmatica dell'essere nel mondo: vivere significa essere sospesi nel cielo e viaggiare. Essere vento e tutto quello che il vento trasporta».[74]

La sua proposta sembrò singolare anche alla NASA, dove Saraceno ha partecipato all'International Space Studies Program. L'immaginazione lo aveva spinto a fuggire dall'Antropocene per diventare tutt'uno con l'atmosfera, per volare verso un nuovo futuro: l'Aerocene, «un periodo di consapevolezza ecologica dove impariamo assieme a galleggiare, a vivere nell'aria, e a raggiungere un impegno etico nei riguardi dell'atmosfera e della Terra».[75] Sono il ragno e la sua tela ad accompagnare la speculazione di Saraceno, a fargli immaginare fattivamente futuri possibili, a indicargli la strada per sperimentare e brevettare modelli sostenibili di vita "aerea".

Il *Galaxies Forming along Filaments, Like Droplets along the Strands of a Spider's Web* presentato alla Biennale di Venezia del 2009, costruiva una gigantesca tela di ragno tridimensionale realizzata attraverso connettori elastici agganciati alle pareti e montati appositamente per dare forma a "reti" e "sfere" in stretta connessione le une con le altre. La sfera e la rete sono due possibili modelli alternativi di società. Secondo Peter Sloterdijk, la sfera descrive i sistemi locali e le condizioni atmosferiche; le reti indicano collegamenti che si estendono per lunghe distanze. Sono quindi movimenti ad ampio raggio e le connessioni impreviste sono quelle che modificano la "tela cosmica".

In un testo pubblicato sulla piattaforma e-flux, Bruno Latour rileggeva due anni dopo quest'opera alla luce di un modello teorico di società che annulla la contrapposizione tra sfera e network teorizzata dal filosofo Peter Sloterdijk: «Gli umani sono nati e cresciuti all'interno di queste sfere artificiali di esistenza, attraverso un processo che Sloterdijk chiama *anthropotechnics*. I due concetti di rete e di sfera sono chiaramente in contraddizione uno con l'altro; mentre le reti sono utili per descrivere le connessioni inaspettate e a lunga distanza partendo da punti locali, le sfere sono utili per descrivere le fragili e complesse condizioni atmosferiche locali, un'altra delle espressioni usate da Sloterdijk. Le reti sono utili a evidenziare i confini e i movimenti; le sfere a mettere in rilievo gli involucri e i grembi».[76]

In quest'ottica di costruzione di più modelli per un futuro sostenibile, alla base vi è l'imparare a guardare e ad ascoltare e a percepire con tutti i sensi. *The Politics of Solar Rythms: Cosmic Levitation*, presentato al Palais de Tokyo (2018),[77] rende ascoltabili le frequenze sonore che regolano il ritmo di aggregazione delle particelle di polvere cosmica.[78] Questo sistema di ascolto utilizza il metodo della lievitazione acustica impiegata in fisica come metodo per sospendere le particelle in un medium, in questo caso l'aria, utilizzando le onde sonore e osservando come la materia si aggrega. L'espansione di questa visione potrebbe arrivare a far comprendere se il sole effettivamente influenza i moti rivoluzionari della Terra e se, al contrario, le onde sonore prodotte dai differenziali di temperatura e quelli delle rivoluzioni della Terra non possano a loro volta influenzare la formazione di polveri cosmiche. La tela si allarga dalla Terra all'Universo in un sistema di interrelazioni cosmiche. I modelli di Saraceno rivelano che la moltiplicazione delle connessioni e la loro disposizione ravvicinata fa sì che la struttura da network diventi una sfera.

Invitato da Bruno Latour e Bronislaw Szerszynski, nel 2014 Saraceno realizza un prototipo di *Monumento per l'Antropocene*,[79] una scultura che si rivelerà poi funzionale per i suoi futuri *Cloud Cities* e *Air Port Cities*, città fluttuanti tra le nuvole alimentate dall'energia solare. Il suo successivo periodo di residenza presso il Center for Art, Science & Technology (CAST) del MIT, lo porta a realizzare il prototipo di una città galleggiante ispirata agli esperimenti condotti negli stessi laboratori alla fine degli anni Settanta con le MIR (*montgolfière infrarouge*), con palloni a raggi infrarossi lanciati nei livelli più alti dell'atmosfera. Saraceno immagina che l'isola, concepita come biosfera dotata di pannelli solari e un sistema per desalinizzare l'acqua marina, galleggiasse sopra le Maldive, che secondo le previsioni scientifiche dovrebbero venire interamente sommerse dalle acque nell'arco dei prossimi 15-20 anni.

Siamo davanti a un cambio di prospettiva, la cui novità e originalità consiste nel considerare ciò che abbiamo, o meglio, ciò di cui siamo parte. Riconosciamo l'aria come parte integrante del nostro bioma, sebbene non possiamo "visualizzarla" nel senso tradizionale del termine. Abitare l'aria, viverla, significa entrare nel campo degli "iperoggetti", termine con il quale il filosofo Timothy Morton ha indicato i buchi neri, la biosfera, il Sistema Solare, ma anche il prodotto stesso dell'uomo (polistirolo, buste). Questi "oggetti, *iper* in relazione a qualche altra entità", sono vivi, viscosi, non localizzati, percepibili solo nel momento del loro manifestarsi in eventi intersoggettivi, come, per esempio, le catastrofi naturali.[80]

Ed è Morton, proprio in risposta al lavoro di Saraceno, a proporre un diverso concetto di visione: «Nell'era solare quando i fotoni sono come organizziamo il nostro piacere, come volare o stare al caldo o al fresco, dobbiamo sintonizzarci con il fatto che vedere e fare non sono poi così rigidamente diversi uno dall'altro. Ammirare un pallone che fluttua nell'aria. Salvare la Terra dai nostri comportamenti che la portano verso l'estinzione: le due cose non sono poi così diverse».[81]

9. VERSO IL PAESAGGIO ALGORITMICO

Intervenire nella natura, nella sua stessa forma e dimensione (Land Art); riprodurre fenomeni naturali artificialmente (Nakaya, Gormley, Piccolo); visualizzare il clima attraverso i dati (Buontempo, Hemment, Dennen) a volte tradotti in suoni (Polli, Pugliese); misurare l'Universo (Paterson); visualizzare la fragilità della natura (Repetto, Di Carlo); entrare nell'occhio delle strumentazioni scientifiche (Randerson), sono solo alcuni tra i tanti modi di misurarsi con il mondo, di comunicarlo, di provocare, quindi, una risposta che a sua volta ha un impatto sul sistema. La produzione, l'accessibilità e la configurazione dei dati, così come l'esperienza dell'uomo, sono risultati sempre presenti su piani complementari. Tutto si ritrova in una percezione espansa (Eliasson, Saraceno). Lo sguardo sistemico di Hans Haacke, quello tecno-ecologico di Piero Gilardi si sono infilati in strade possibili di congiunzione tra tecnologia ed ecologia. Sono sguardi Maestri. Tutto ciò che nella nebbia dell'accelerazione immaginiamo e celebriamo, come innovazione del futuro, è sempre, in qualche modo e misura, entrato nell'occhio di qualche visionario.
All'alba dell'Ottocento Humboldt aveva anticipato la visualizzazione dei dati percorrendo il mondo, passo dopo passo, producendo dati manualmente, visualizzandoli in un confronto che nel tempo si è aperto a una visione (eco)sistemica del mondo stesso. Tornando a oggi, e procedendo per piccoli passi, questa visione spinge la vita, il clima e i dati, dentro il flusso della vita algoritmica, quella che regola il pulsare della vita attuale. Il suo continuo procedere in configurazioni ibride sono ormai irreversibilmente proiettate nella dimensione post antropogenica, dove l'uomo deve cercare nuovi equilibri.

1. Atmosfèra, s.f. [comp. del gr. ἀτμός «vapore» e -sfera; l'uso fig. è un calco del fr. atmosphère]. Involucro gassoso che circonda o sovrasta un corpo solido o fluido: a. terrestre, il miscuglio di gas che avvolge la terra, detto comunem. aria nei suoi strati più bassi, nei quali è presente l'umidità e avvengono i fenomeni biologici e meteorologici (per l'a. fisiologica, v. ecosfera); nei corpi completamente gassosi, la parte più esterna e più rarefatta: a. solare, stellare ecc. [online all'indirizzo: http://www.treccani.it/vocabolario/atmosfera/]

2. In geografia fisica, il complesso delle condizioni meteorologiche (temperatura, pressione atmosferica, umidità atmosferica ecc.) che caratterizzano una regione o una località relativamente a lunghi periodi di tempo, e che sono determinate, o quanto meno influenzate, da fattori ambientali (latitudine, altitudine ecc.) [online all'indirizzo: http://www.treccani.it/vocabolario/atmosfera/]

3. Fu proprio durante gli studi su Marte condotti negli anni Sessanta che lo scienziato inglese della NASA James Lovelock, insieme alla microbiologa americana Lynn Margulis, iniziò a dar forma all'Ipotesi Gaia, poi consolidata nel 1972. "Gaia" visualizza la Terra come un grande organismo composto di tanti elementi: animali, oceani, montagne, piante, nuvole, tutto l'organico e inorganico integrati in un unico sistema che si auto-regola

4. Trappist-1-Transiting Planets and Planetesimals Small Telescope, stella nana rossa nella Costellazione dell'Acquario. Si rimanda alle informazioni fornite sul sito ufficiale della NASA. Due dei sette pianeti erano stati scoperti in Cile nel 2016 dove un'immagine è risultata dalla combinazione di dati e di visualizzazione attraverso appositi telescopi. La scoperta di tutti e sette i pianeti è stata annunciata nel 2017. Nel 2018, i nuovi studi portati avanti da un team di scienziati, guidati da Simon Grimm presso l'Università di Berna in Svizzera, hanno creato dei modelli al computer per simulare i pianeti sulla base delle informazioni disponibili

5. Leonardo Da Vinci è l'esempio di artista-scienziato più celebre. Basti pensare alle sue analisi di tempeste (Deleuge, 1517). Ma anche Giorgione (vedi, per esempio, La Tempesta del 1506-08) o John Constable con i suoi studi sulle nuvole

6. Elena Giulia Rossi, "Estetiche del clima", in Cura.magazine n. 8, primavera-estate 2011

7. Roger Malina, "What is a Climate artist?", in S. Kovatis – T. Munz (a cura di), Deep North, Revolver Publishing, Berlino 2009, citato in Elena Giulia Rossi, "Estetiche del clima", op. cit. La rivista Leonardo ha sostenuto negli anni una ricerca molto attenta al tema. Esempi ne sono il progetto Lovely Weather. Artists and Scientists on the Cultural Context of Climate Change, 2007, o il successivo progetto di residenza co-organizzato da Annick Bureaud con la sua piattaforma "Leonardo/OLATS". Vedi anche: Janine Randerson, Weather as a Medium. Toward a Meteorological Art, The MIT Press, Cambridge, Massachusetts; Londra 2018, che è parte della collana Leonardo pubblicata da MIT Press

8. Locative arts è un termine impiegato per indicare alcune esperienze artistiche basate su sistemi di localizzazione e spesso mappatura. Cfr Drew Hemment, "Locative Arts", in Leonardo, Vol. 39 n. 4, agosto 2006, pp. 348-55. Climate Bubble è nato dalla collaborazione tra Drew Hemment (FutureEverything, Manchester & ImaginationLancaster, Lancaster University), Carlo Buontempo (all'epoca MET Office Hadley Center, Exeter, U.K.) e Alfie Dennen (Art Public, Londra). Cfr. Drew Hemment, Carlo Buontempo, Alfie Dennen, Chris Obsbourne, Roger Whitham, Pete Abel, Howard Marsden, Vanessa Bartlett, Climate Bubbles: Games to Monitor Urban Climate, Leonardo, vol. 44, n. 1, febbraio 2011, pp. 64-65.

9. Christina Chau, "Kinetic Systems: Jack Burnham and Hans Haacke", in Contemporaneity: Historical Presence in Visual Culture, Vol. 3, No 1, 2014, pp. 62-76 [on line all'indirizzo: htttps://doi.org/10.5195/contemp.2014.57]. Nell'ottica di un'estetica che si relazionasse con l'intersezione del tutto, Burnham aveva escluso il cinetismo, una corrente di forte ispirazione per Haacke che, oltre a Jack Burnham, riconosceva i suoi mentori in Otto Piene e nel Gruppo Zero

10. «Il concetto di sistema offriva infatti la possibilità di porre in relazione tra

loro ambiti tradizionalmente studiati secondo modalità esclusivamente specialistiche. […] La metafora dell'organismo come totalità autonoma e capace di autoorganizzarsi in vista del raggiungimento di uno stato finale caratterizzato da equilibrio dinamico, si costituisce come modello fondamentale da utilizzare per altre forme di pensiero, soprattutto le scienze sociali», Francesco Pardi, *Sistemi, teoria dei*, Enciclopedia delle scienze sociali, Treccani, 1998 [on line all'indirizzo: http://www.treccani.it/enciclopedia/teoria-dei-sistemi_%28Enciclopedia-delle-scienze-sociali%29/]. Cfr. Ludwig von Bertalanffy, *General System Theory. Foundations, Development, Applications*, George Braziller, New York 1969 [ediz. italiana: *Teoria generale dei sistemi*, Mondadori, Milano 2004]

11. Caroline A. Jones, *Hans Haacke 1967*, catalogo della mostra al MIT Visual Art Center dal 21 ottobre al 31 dicembre 2011, The MIT Press, Boston, Mass. 2012

12. Questa tipologia include i lavori di Hans Haacke come *Grass Grows* (1969) e *Direct Grow* (1970)

13. Il titolo sottintendeva una sottile ironia nel dedicarlo al popolo tutto, piuttosto che unicamente al "popolo tedesco" come si legge nell'iscrizione DEM DEUTSCHEN VOLKE posta sulla facciata dell'edificio

14. L'impegno creativo verso un'arte ecologica negli anni Sessanta e Settanta trova le sue radici nel carisma di artisti come Joseph Beuys, Agnes Denes, Helen e Newton Harrison e Hans Haacke

15. La nascita della Land Art, nota anche come Earth Art o Earth Works, può datarsi al 1967, negli Stati Uniti, ed è stata ufficializzata con la mostra di Robert Smithson nell'ottobre 1968 presso la Dwan Gallery di New York. Tra i suoi esponenti si annoverano Michael Heizer, Robert Smithson, Walter De Maria, Richard Long, Dennis Oppenheim, Beverly Pepper, James Turrell e Christo, oltre che Robert Morris e Alberto Burri

16. Oltre a diversi testi e immagini pubblicati su varie riviste, e in particolare su *Artforum*, gli interventi di Michael Heizer, Walter De Maria, Robert Smithson, Richard Long, Dennis Oppenheim, Barry Flanagan e Marinus Boezem sono stati poi documentati nel film di Gery Schum *Land Art* (1969)

17. Antonello Tolve, "Quando la natura diventa arte #1", in *Arshake*, 11 febbraio 2016 [on line all'indirizzo: https://www.arshake.com/atmosfera-quando-la-natura-diventa-arte-1/]

18. Fujiko Nakaya è figlia di Ukichiro Nakaya, un fisico dell'Università di Hokkaido riconosciuto come pioniere della produzione artificiale di neve e ghiaccio. Grazie anche alla collaborazione con il padre, con i suoi esperimenti con la nebbia, Fujiko Nakaya ha preso parte a un'iniziativa della Experiment in Art and Technology per creare un banco di nebbia attorno al padiglione della Pepsi Cola per l'Osaka World's Fair (1970). Venticinque anni più tardi, Nakaya è stata nuovamente sponsorizzata da EAT per la realizzazione di *Greenland Glacial Moraine Garden* (1994) disegnato per l'Ukichiro Nakaia Museum of Snow and Ice a Kaga in Giappone, eretto in onore del padre

19. *Another Place* è stato presentato a Cuxhaven (Germania), Stavanger (Norvegia) e De Panne (Belgio). La descrizione si riferisce invece all'installazione permanenete a Crosby Beach, nei pressi di Liverpool, in Inghilterra

20. Priyamvada Natarajan, "Unravelling the Invisible Universe: Colourless, Soundless, Odourless and Painless but Real", in *Antoney Gormley*, catalogo della mostra presso la Royal Academy of Arts di Londra dal 21 settembre al 3 dicembre 2019, Royal Academy of Arts, Londra 2019

21. Opera realizzata insieme a Ken Doy, scienziato e ingegnere che ha collaborato con la NASA

22. Mary Jane Jacob, *The Gedankenexperiments of Katie Paterson* (2016) [on line all'indirizzo: http://2017.katiepaterson.org/wp-content/uploads/2017/04/Katie_Paterson_Mary_Jane_Jacob_essay2016.pdf]

23. Il progetto è stato realizzato in dialogo con Daniel Cziczo – Earth Atmospheric and Planetary Sciences – Civil and Environment Engineering – MIT. Per il posizionamento di queste foto-sculture-installazioni l'artista ha impiegato delle pinze cromate che richiamano i colori impiegati dalla NASA per le misurazioni del clima

24. Antonello Tolve, "L'arte allo stato atmosferico", in Elena Giulia Rossi – Antonello Tolve, *Donato Piccolo. Aritmosferica,* nella serie *Critical Grounds* [on line all'indirizzo: https://www.arshake. com/critical-grounds-8-donato-piccolo-aritmosferica-2/]

25. Caterina Tomeo, "Oltre le origini: suoni e immagini", in Caterina Tomeo (a cura di), *Sonic Arts: Tra esperienza percettiva e ascolto attivo*, Castelvecchi, Roma 2019, p. 27

26. *Ibidem*

27. Nell'ambito della sperimentazione creativa, il suono è stato trattato dagli artisti sempre più come materia creativa nella sua forma pura e/o in combinazione con la componente visiva, come nel caso di Pugliese. Cfr. Daniela Cascella, *Scultori di Suono. Percorsi nella sperimentazione musicale contemporanea*, Tuttle Edizioni, Camucia 2009; Leandro Pisano, *Nuove geografie del suono. Spazi e territori nell'epoca postdigitale*, Meltemi Linee, Sesto San Giovanni 2017; Caterina Tomeo (a cura di), *Sonic Arts. Tra esperienza percettiva e ascolto attivo*, op. cit. Sound art: Peter Weibel, *Sound Art. Sound as a Medium of Art*, The MIT Press, Cambridge, Mass / Londra 2020; Caterina Tomeo, "Oltre le origini: suoni e immagini", op. cit.

28. Cfr. *Piero Gilardi. Nature Forever* mostra al MAXXI, Roma, dal 13 aprile al 15 ottobre 2017, a cura di Hou Hanru, Bartolomeo Pietromarchi e Marco Scotini

29. Di questo periodo sono i suoi *Tappeti natura* (dal 1965), tappeti che riproducono la natura con materiali industriali (resina poliuretana espansa della Bayer impregnati di pigmento sintetico sciolto in resina vinilica) molto piacevoli al tatto, usati per essere "abitati" e venduti al metro come coperte pic-nic o come veri e propri tappeti

30. Informazioni tratte dal profilo biografico di Piero Gilardi pubblicato sul sito della Fondazione Centro Studi Piero Gilardi, costuita nel 2012 [on line all'indirizzo: http://www. fondazionecentrostudipierogilardi.org/it/ home/]

31. AAVV, *Bioma: pensieri, creazioni e progetti per un Parco d'Arte Vivente*, ACPAV/PEA/Gribaudo, Torino 2005

32. Testo introduttivo al volume *Bioma: pensieri, creazioni e progetti per un Parco d'Arte Vivente*, op. cit., ripubblicato in Tommaso Trini (a cura di), *Piero Gilardi – La mia Biopolitica*, Prearo Editore, Milano 2016, p. 38

33. AAVV, *Bioma: pensieri, creazioni e progetti per un Parco d'Arte Vivente*, op. cit.

34. Le specificità dell'approccio creativo di molti artisti, sopra citati, saranno trattate nelle pagine successive

35. Gaia Bindi, *Arte, ambiente, ecologia*, postmedia.books, Milano 2019, p. 41

36. "Arte Bio-Diversa. Il PAV di Torino Tra ecologia e transgenesi", intervista di Laura Capuozzo a Piero Gilardi *Digicult*, s.i.d. [on line all'indirizzo: http://digicult.it/it/ digimag/issue-070/arte-bio-diversa-il-pav-di-torino-tra-ecologia-e-transgenesi/]

37. Hou Hanru, "Nature Forever. Sul lavoro di Piero Gilardi", in H. Hanru, Bartolomeo Pietromarchi, Marco Scotini (a cura di), *Nature Forever. Piero Gilardi,* Quodlibet, Macerata 2017, p. 23

38. «Il Lorenz Attractor (Attrattore di Lorenz) di particolare forma di traiettoria soluzione delle equazioni di Lorenz […] che prendono appunto il nome dal meteorologo e matematico statunitense Edward Norton Lorenz, che nel 1963 pubblicò un articolo sui modelli non lineari applicati ai moti convettivi presenti nell'atmosfera» [Enciclopedia della Matematica Treccani online all'indirizzo: http://www.treccani.it/ enciclopedia/tag/attrattore-di-lorenz/]

39. L'interesse su questi temi ha prodotto l'eco art, o la bioarte, intesa nel senso più ampio del termine. Per un approfondimento, può tornare utile Frederik Bianchi – V.J. Manzo (a cura di), *Environmental Sound Artists: In Their Own Words*, Oxford University Press, Oxford 2016, con una buona e sintetica introduzione al tema e numerose testimonianze di artisti

40. Andrea Polli, "Atmospheric/ Weather Works: A Multi-Channel Storm Sonification Project", in *Proceedings of ICAD 04-Tenth Meeting of the International Conference on Auditory*

Display, Sydney, Australia, 6-9 luglio, 2004 [online all'indirizzo: www.icad.org/Proceedings/2004/Polli2004.pdf]

41. Era stato Van Knowe a indicare due specifiche tempeste, due eventi catastrofici tra loro strutturalmente molto diversi abbattutisi su New York sfuggendo alle previsioni degli scienziati e ispirando una ricerca durata anni e finalizzata allo sviluppo di modelli per riprodurli. Fu quindi Van Knowe a pensare che il loro confronto potesse essere interessante per cercare di capirne la natura

42. Questa installazione è stata presentata per la prima volta negli spazi di Engine 27 [online all'indirizzo: www.engine27.org], un'organizzazione no-profit che si dedica alla ricerca, alla creazione e alla distribuzione di lavori sonori nell'area di New York

43. Andrea Polli, "Active Vision," in *Leonardo,* Vol. 32, no. 5, 1999, pp. 405-411

44. La residenza per *Sound Antarctica* è stata finanziata da un progetto promosso dalla National Science Foundation

45. Annick Bureaud, "Inhabiting the Extreme or Making Antarctica Familiar", in Jane Marsching – Andrea Polli, *Farfield. Digital Culture, Climate Change, and the Poles*, Intellect, Bristol, UK/Chicago, USA, 2012, p. 191

46. Andrea Polli in *Ground Truth [Focus: The Antartic Dry Valleys]*, in Jane Marsching–Andrea Polli (a cura di), *Far Field*, op.cit. p. 92

47. *Particle Falls* è stato presentato a Parigi durante il COP21 presso il Mona Bismarck American Center (dal 2019 American Center for Art and Culture), centro dedicato all'arte e alla cultura americana

48. *Tilt sensor*, accelerometro, *light sensor*, *microphone sound sensor*: sono tutti sensori utilizzati nella raccolta dati confluti su Data Gather, database liberamente accessibile creato da Andrea Polli

49. Il nefelometro utilizzato per questo progetto si chiama E-Sampler ed è stato realizzato da MET One Instruments. E-Samplers combina due diverse tecnologie: *diffusione ottica* e metodo gravimetrico

50. La società è nota negli Stati Uniti per la realizzazione di particolare turbine verticali e per la ricerca sulle energie rinnovabili

51. Andrea Polli intervistata da D. Leers in Andrea Polli, *Hack the Grid*, Carnegie Museum of Art Pittsburgh, Pennsylvania 2017

52. Ivi, p. 1

53. Janine Randerson, *Weather Envisioning: Visualization and Mapping* in Janine Randerson (a cura di) *Weather as a Medium. Toward a Meteorological Art*, op. cit., p. 44

54. Janine Randerson, *Between Reason and Sensation: Antipodean Artists and Climate Change*, 2005 [on line all'indirizzo: https://www.olats.org/space/colloques/expandingspace/te_jRanderson.php]

55. Per *Anemocinegraph*, Janine Randerson ha utilizzato immagini riprese da NOAA 17 e 18, nel corso della loro orbita a sud, e raccolte nel database neozelandese Landcare Research

56. *Neighborhood Air* è stato presentato per la prima volta a Melbourne nell'ambito di "Screen Space" nel febbraio 2012, per poi spostarsi in New Mexico come parte di "ISEA: Machine Wilderness" nel settembre 2012

57. Gli strumenti sono stati installati in collaborazione con il meteorologo urbano Jennifer Salmond

58. Andrea Wulf, *The Invention of Nature. Alexander Von Humboldt's New World. The Lost Hero of Science*, Alfred A. Knopf, New York 2015, p. 89

59. Alexander von Humboldt, *Cosmos: A Sketch of a Physical Description of the Universe*, Longman, Brown, Green and Longmans, Londra 1845-52

60. Ernst Haeckel, *Generelle Morphologie der Organismen*, Georg Reimer, Berlino 1866

61. Ernst Haeckel riprende la parola greca *oikos* ("casa") e la applica al mondo naturale

62. Ogni suo lavoro è sostenuto da studi trans-disciplinari, in collaborazione con professionisti di diversa formazione i quali, dal 1994 si sono riuniti sempre più numerosi attorno allo studio Eliasson, fondato in un loft di Berlino proprio nello stesso anno. Studio che si è trasferito dapprima in un deposito vicino al Hamburger Bahnhof Museum of Contemporary Art e dal 2008, con ormai più di 50 collaboratori, si è spostato definitivamente nell'attuale sede, l'ex birreria Pfefferberg

63. Mark Godfrey, "Olafur Eliasson: A New Model of Artist", in Mark Godfrey (a cura di), *Olafur Eliasson: In Real Life*, catalogo della mostra alla Tate Modern dall'11 luglio 2019 al 5 gennaio 2020, Tate Publishing, Londra 2019, p. 19

64. Olafur Eliasson, "The Why and Hows of My Art Making: Olafur Eliasson in Conversation with Anna Engberg-Perdersen", in *Olafur Eliasson. Experience*, Phaidon, Londra 2018, p. I

65. Vedi a questo proposito Susan May, *Olafur Eliasson: The Weather Project*, catalogo della mostra alla Turbine Hall della Tate Modern, Londra, Tate Publishing, Londra 2003

66. I loro studi sono stati presentati con modelli, maquette e altro in una sezione dedicata nella sua retrospettiva alla Tate Modern di Londra

67. Mark Godfrey (a cura di), *Olafur Eliasson: In Real Life*, op. cit., pp. 86-87

68. Tomás Saraceno intervistato da Federico Florian per il magazine *Klat* [on line all'indirizzo: https://www.klatmagazine.com/art/tomas-saraceno/7407]

69. Per questo progetto Saraceno ha collaborato con il MIT Center for Arts, Science & Technology, negli Stati Uniti, il Max Planck Institute, la Nanyang Technological University di Singapore, l'Imperial College e il Natural History Museum di Londra

70. In questo ambito, tra altre istituzioni, Saraceno ha collaborato anche con il Centre National d'Études Spatiales di Parigi (2014-15) e il MIT Center for Arts, Science & Technology (2012 – in corso)

71. Félix Guattari, *Les trois écologies*, Galilée, Paris 1989 (ediz. italiana *Le tre ecologie*, Sonda, Casale Monferrato 1991)

72. Didascalia completa: *Fly with Aerocene Pacha*, rising up with the message written in collaboration with the indigenous communities of Salinas Grandes, Jujuy, Argentina, "Water and Life are Worth More than Lithium", 21-28 January 2020. Tomás Saraceno for Aerocene, Human Solar Free-Flight as part of Connect, BTS, curated by DaeHyung Lee. Courtesy the artist and Aerocene Foundation. Photography by Studio Tomás Saraceno, 2020. Licenza di CC BY-SA 4.0 Aerocene Foundation

73. Tomás Saraceno, AEROCENE MANIFESTO. AREONAUTS UNITE!. [on line all'indirizzo: https://aerocene.org/wp-content/uploads/2020/04/AE20_AeroceneManifesto_WebVersion_AllLanguages.pdf]

74. Emanuele Coccia, "L'Arca Astrale di Tomás Saraceno", in *Tomás Saraceno.Aria*, catalogo della mostra, Palazzo Strozzi, Firenze, 22.02 – 01.11.2020, Marsilio Editori, Venezia 2020

75. Tomás Saraceno in "Hans-Ulrich Obrist in Conversation with Tomás Saraceno", in Hans-Ulrich Obrist (a cura di), *Aerocene*, catalogo della mostra, Skira, Milano 2017, p. 5

76. Bruno Latour, "Some Experiments in Art and Politics", in *e-flux,* n. 23, marzo 2011 [on line all'indirizzo: https://www.e-flux.com/journal/23/67790/some-experiments-in-art-and-politics/]

77. *Tomás Saraceno. Aerocene,* a cura di Rebecca Lamarche-Vadel, Palais de Tokyo, Parigi 2018

78. L'ascolto delle particelle cosmiche per il progetto *The Politics of Solar Rhythms: Cosmic Levitation* è parte di un esperimento più ampio proposto da Tomás Saraceno e portato avanti assieme al Jaeger Lab presso l'Università di Chicago

79. La proposta di Bruno Latour e Bronislaw Szerszynski è stata formulata in dialogo con Adam Lowe, Amy Balkin and Yesenia Thibault-Picazo

80. Timothy Morton, *Iperoggetti*, op. cit. Gli iperoggetti sono comparsi per la prima volta nel 2010 in Timothy Morton, *The Ecological Thought*, op. cit.

81. Timothy Morton, "Floating as Ecological Action", in Hans Ulrich Obrist (a cura di), *Aerocene*, Skira, Milano 2017, p. 146

Elena Giulia Rossi

Capitolo 3

LA VITA NELLO SGUARDO DEL NETWORK

La vita biologica ed ecologica è scivolata nella dimensione dell'immagine, diluita in forme interfacciali in continua riconfigurazione, tessuti connettori che si diramano su contenuti e quantità di dati sempre più numerosi, sempre più accessibili e leggibili. Interfacce, «non cose, piuttosto processi che producono un effetto di qualche tipo», come chiarisce Alex Galloway.[1] Internet, il sistema cangiante di circolazione del network, è lo spazio embrionico della realtà. Contenuti, supporti, formati... ogni cosa converge nell'ombra e nella sostanza del linguaggio del codice.

Mentre ci figuriamo nel mezzo di una trasformazione epocale verso il nuovo, alcuni artisti ci hanno indicato quei cambiamenti nel tempo con sperimentazioni, riconosciute in una varietà di termini come net art, Internet art e il più ampio contesto della (new) media art.[2] Per molto tempo ritenute al di fuori della realtà, fascinose e capricciose elucubrazioni *nerd* sul tecnologico, oggi si riscoprono al centro del paesaggio algoritmico come documenti importanti che ne rilevano il tracciarsi del suo profilo. «L'unicità della new media art nell'orizzonte contemporaneo – puntualizza Domenico Quaranta – non risiede nei media che usa, ma nella sua familiarità con le conseguenze culturali che l'avvento di questi media ha prodotto».[3] Ora, tra questi artisti ci rivolgiamo a quelli che si sono addentrati nella bolla Internet prendendola come punto di osservazione. Internet, nelle sue varie evoluzioni, dal suo emergere come sistema di distribuzione ubiquitario, fino alla sua decentralizzazione nella sua riorganizzazione a blocchi con la *blockchain*, è ora parte integrante delle nostre vite su tutti i possibili piani del vivere, individuale e sociale. A questo punto della storia, è ormai appurato che "osservare" la vita in queste sue forme processuali, significa agire, entrare nel processo e in simbiosi di ciò che si cerca di guardare.

1. ENTRATA DEL PAESAGGIO NELLA DIMENSIONE UBIQUITARIA

Gli artisti che nei primi anni Novanta, in concomitanza con il rilascio dei *browsers* Mosaic (1993) e Netscape (1994), quindi con la diffusione di Internet[4] su larga scala, iniziavano a raccogliersi, attorno a una serie di *mailing lists*[5] – canali di discussione dove condividere riflessioni sul fare arte in rete e sulla rete stessa che esploravano dal suo interno. Con piglio ironico, politico e *low tech*, si sono avvicinati alla tecnologia, hanno rovesciato contenitore e contenuto, ne hanno smascherati i meccanismi nascosti e mostrato, al contempo, potenzialità e pericoli.[6]

NET'STRIKE   **Sciopero della rete**
First hour   **Prima ora**

21-12-1995

dalle 18:00 alle 19:00
from 6:00 to 7:00 p.m. (France time zone)

Partecipa al primo sciopero globale della rete Internet
Enjoy the first global strike in Internet

==
Attention!!!
You find english translation at the bottom of message!
==

Istruzioni per l'uso:

- Diffondi e promuovi questo messaggio.
- a) Il giorno 21-12-1995 dalle 18:00 alle 19:00 (data e ora
  cambiano a seconda del fuso orario; consulta la tabella n.2
  in fondo al messaggio) collegati ai siti web del governo
  francese (vedi elenco indirizzi nella tabella n.1 in fondo al
  messaggio, oppure ritaglia e usa l'home page che trovi
  nella tabella n.3 in fondo al messaggio).
  b) Ripeti l'operazione piu' volte (a intervalli di pochi
  secondi) per un'ora.

Una manifestazione di 1000, 10.000, 100.000 utenti
in fila uno dietro l'altro in un corteo globale nei cavi
dei siti internet del governo francese.
Il risultato di tale sciopero sara' quello di paralizzare
per un'ora l'attivita' in rete del governo francese.

Strano Network, *NET'STRIKE*, sciopero della rete, messaggio spedito online in vari forum oltre che alla stampa e a vari indirizzari, dalla seconda metà di dicembre 1995 fino al 21 dicembre 1995.

Gli artisti che agivano all'interno della rete si erano riconosciuti nel termine di net.art.[7] «La net art indirizza il suo stesso medium; ha a che fare con le condizioni offerte da Internet. Esplora le possibilità che nascono dallo stesso fatto di agire all'interno del network stesso ed è per questo "net specific". La net art gioca con i protocolli di Internet, con le sue peculiarità tecniche [...]. Ha significato solo nell'ambito dello stesso medium, Internet».[8] Questa autoreferenzialità nel riferirsi al suo medium è stato ciò che ha esposto queste sperimentazioni all'accusa di formalismo, arte per l'arte. Lo sostiene lo stesso Tilman Baumgärtel autore di questa definizione. «Ma precisamente perché è situata nella tradizione del modernismo, spiega Baumgärtel, è stata in grado di trascendere il terreno nel quale è generalmente piantata l'arte moderna di intervenire su un piano critico dove l'arte generalmente non arriva. E gli effetti di questo tipo di intervento possono andare "oltre" il net e addentro al mondo».[9] E noi è proprio qui che ci vogliamo avventurare.

Internet rappresentava un terreno fertile da coltivare per una futura democrazia. Nella riflessione di Tommaso Tozzi (attivo già dagli anni Settanta, impegnato in attività di hacking sociale, autogestione, autoproduzioni che utilizzavano ogni mezzo messo a disposizione), c'è tutto ciò che Internet rappresentava e rappresenta: uno spazio esteso che dalla mente entra nel quotidiano attraverso i cavi. «La rete telematica è stata un tentativo per dare a questa dimensione dello spirito collettivo, all'unione delle anime, un luogo da abitare. La tecnologia non uno strumento al servizio della tradizione, non il fulcro pilota di una nuova forma di tecnodominio economico, ma un nuovo spazio in cui far abitare quell'unione delle anime, quella rivolta dello spirito».[10]

È con questo spirito, e a seguire lo slancio attivista che lo aveva portato a coniare il termine *hacker art* (1989), che Tozzi, insieme a Strano Network, organizzava in rete il primo *Netstrike* (1995) mondiale, uno sciopero realizzato "con" e "nella" rete per protestare contro i test nucleari francesi a Mururoa. Creare come sinonimo di agire.[11]
Internet è ben presto guidato dagli interessi economici delle stesse aziende che lo finanziano e lo implementano. Il *browser*,[12] dispositivo di navigazione, si rivela, già allora, come nella sua natura di spazio interstiziale, ma anche estensione funzionale di interessi legati alle aziende che lo gestiscono.

The Web Stalker (1997) del collettivo I/O/D (Mathew Fuller, Simon Pope, Colin Green) permetteva di entrare nella navigazione guidata dai browser aziendali (all'epoca Netscape Navigator e Microsoft Internet Explorer, piloti rivali nella navigazione in rete), lasciando visibile solo

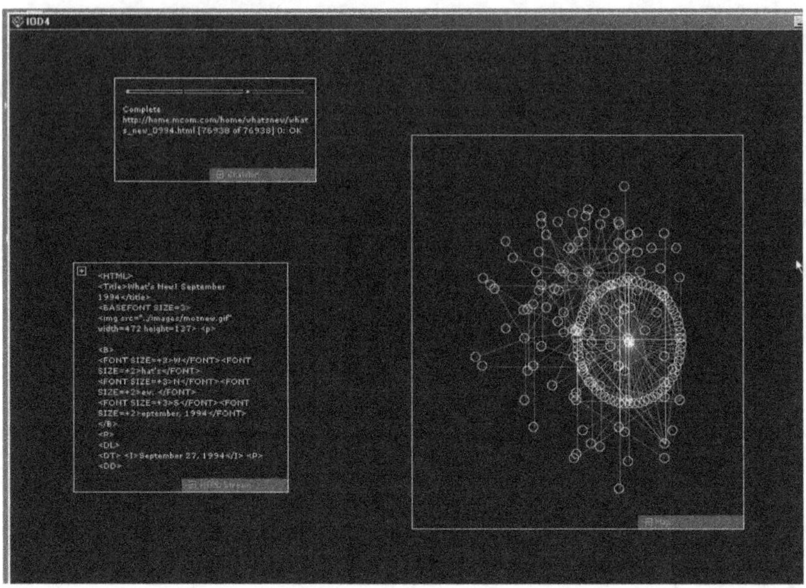

I/O/D (Mathew Fuller, Colin Green, Simon Pope), *The Web Stalker*, 1997.

la struttura. I documenti Html erano rappresentati con dei cerchi, tanto più luminosi quanto più visitati e i link che li collegavano con delle linee. Il *browser* appare nella sua natura di spazio interpretativo che si pone tra i due mondi, quello algoritmico e quello reale. «Una volta che non si crede più alla descrizione della pagina, l'Html diviene un impaginatore semantico piuttosto che un linguaggio di marcatura ipertestuale. Visto che la sua rappresentazione sullo schermo dipende dal tipo di strumento che usi per riceverlo, rispetto al suo stato originale, i comandi in Html diventano il luogo per una negoziazione di altri comportamenti o processi potenziali».[13]

Internet ha influito su tutti gli aspetti dell'essere e dell'agire sociale, compreso tutto ciò che è addentro al mondo fisico e alla sua percezione. Il corpo è esteso mentalmente al network. In alcuni casi si è rivelato in grado di costruire mondi, come nella realtà virtuale, che anche, nei primi anni Novanta, muoveva i suoi passi decisivi.[14] L'estensione del corpo si combina anche con il ruolo delle immagini nel modo in cui la realtà si configura agli occhi della nostra percezione. Questo emergeva con particolare evidenza in *World Skin. A Photo Saphari in the Land of*

War (1997) di Maurice Benayou – commissione di Ars Electronica per la CAVE[15] –, dove i visitatori, muniti di una particolare macchina fotografica, esperivano una scena di guerra in una dimensione tridimensionale. L'obiettivo si soffermava e scattava, il soggetto ritratto scompariva in una sagoma bianca, istantaneamente stampata su carta nella forma di una silhouette. «Eventi terribili sono ridotti a superfici significative»,[16] racconta Oliver Grau nel suo libro dedicato all'arte virtuale.

In questo caso "sancisce e condiziona la dissoluzione della separazione tra uomo e mondo", come fa notare Mark Hansen nel suo saggio sui corpi in codice.[17] Il mondo è anche quello dei media che lo costruiscono. Il corpo si estende in quello dei dati. Ed è proprio questa direzione che aveva intrapreso la ricerca di Victoria Vesna, che abbiamo incontrato parlando di nanotecnologia e nanoscienza, in questi anni attiva a indagare le estensioni del corpo nel mondo del codice. «In Internet – sostiene Vesna – i corpi sono assorbibili e perduti nei dati, assoggettati a tutte le forme di circolazione, dispersione, accumulo e trasmissione».[18]

2. SEGUENDO LA CURVA DELLA NEW ECONOMY

La fine degli anni Novanta e i primi anni Duemila sono gli anni della curva ascendente e discendente della cosiddetta New Economy (1999-2003).[19] In questo periodo Internet iniziava a consolidare la sua entrata nella "genetica sociale". Ben presto, si scopre come le modalità di produzione, di accesso e di circolazione delle immagini in Rete, e quindi di produzione di cultura, di consumo, e di cultura del consumo, sono strutturate nell'impronta degli interessi economici e politici.[20] Sono questi a delineare il paesaggio in maniera sempre più incisiva, a renderlo sempre più intrinsecamente legato all'informazione e alla comunicazione.

Il 1999 è quando Kevin Ashton conia il termine *Internet of Things*/Internet delle cose, per indicare oggetti collegati tra loro e con il sistema, un altro tassello della realtà che si sarebbe spostato nel primo piano degli anni a seguire. Lo stesso anno nascevano Pay Pal e Napster (attivo dal 1999 al 2001), pilastri antesignani dell'economia in rete, dello scambio *peer to peer* e del *file sharing*.[21] Con *The Book After the Book* (1999) Giselle Beiguelman, che il paesaggio lo ha seguito fino al tempo attuale con interventi in spazi pubblici progetti networked (anche con l'impiego di dispositivi cellulari), visualizzava Internet come un grande testo, un ipertesto sulla cyber-letteratura, un ambito che finisce con il coincidere con la condizione di scrittura e lettura sul net, uno spazio ricco di interferenze dove non è mai possibile tornare alla pagina letta e dove ogni scelta può cambiare radicalmente direzione del percorso intrapreso. In questa fase è concentrato tutto l'entusiasmo per Internet come forza economica. Le sperimentazioni in rete in questo momento iniziavano a ricevere interesse istituzionale e a essere pensate anche per lo spazio fisico. La net.art dei primi tempi perdeva il punto; nella veste di altri termini come net art (senza punto) o internet art, e iniziava a plasmarsi sulla scia delle trasformazioni di Internet, sempre più distribuito tra fisico e virtuale.

Seguendo le azioni che in questi anni impegnavano il duo conosciuto, tra gli altri, con lo pseudonimo 0100101110101101.org, si ritrovano già tratteggiati molti degli aspetti che costituiscono il profilo del paesaggio algoritmico. Copiano e ibridano siti (*Hybrids*, 1998 e *Copies*, 1999); duplicano il sito del Vaticano e lo rendono blasfemo (*Vaticano.org*, 1998). Questo è solo l'inizio della storia. In complicità con il collettivo attivista anonimo Luther Blissett, impiegano il potere mediatico per materializzare, dal nome (vero) di un noto criminologo sloveno, un artista che intreccia opere e biografia con la difficile situazione del Kosovo (*Darko Maver*, 1998-99). Quelle che sono fatte credere come le sue opere sono in realtà documentazione reale di violenze e stupri. Notizie della loro censura e dell'incarcerazione dell'artista, sono dati in pasto ai media. Quando la stampa (sempre con la regia propagandistica del duo) annuncia la sua morte, la fama di Maver è all'apice. Nello stesso anno, nell'ambito della 48ª Biennale di Venezia è presentato il documentario: *Darko Maver. L'arte della guerra*, mentre altre mostre in corso ripercorrono la sua carriera partendo dalle sue opere giovanili. Appropriarsi di siti, ma anche di identità in un gioco sottile che entra in una vera e propria simbiosi con i media (non solo Internet) rivela aspetti del paesaggio che si vanno man mano configurando attraverso queste stesse potenzialità di appropriazione e di libera circolazione.

Il 2001 è l'apice della curva della New Economy. Manuel Castells, annuncia l'uscita dalla Galassia Gutenberg che Marshall McLuhan aveva dichiarato con la diffusione della stampa in Occidente e l'entrata nella Galassia Internet, "uno stato di smarrimento informatico".[22] Il concentrarsi dell'interesse da parte delle istituzioni di arte e tecnologia è seguito di lì a poco dall'attacco terroristico dell'11 settembre 2001 alle torri gemelle del World Trade Center di New York, un evento che avrebbe reso evidente lo scoppio della bolla informatica, crisi in realtà già in atto.

A quel tempo, con *Life Sharing*[23] (2001), il duo 0100101110101101.org, ora conosciuti anche come Eva e Franco Mattes, condivideva con il mondo intero della rete tutti i file contenuti nell'*hard disk*, il disco di memoria interno ai computer. Resoconti di banca, progetti in corso, e-mails, potevano essere letti, scaricati, copiati e condivisi a piacimento. Dopo essersi imbattuti in una finestra *pop up* che avvisava: *now you are in my computer*/adesso sei nel mio computer, un indice dava accesso a ogni tipo di file. Una trasparenza che si poneva all'epoca nella posizione radicale a favore della libera circolazione dei contenuti sul web e rifletteva avanti tempo sulla difficile e conflittuale relazione tra pubblico e privato. «Allora non esistevano i social media – ricorda il duo in un'intervista del 2016 – perciò il lavoro sembrava ancora più paradossale, più "scorretto", di quanto potrebbe sembrare oggi. *Life Sharing* era decisamente utopistico, molto influenzato dagli ideali che carburavano la rete in quegli anni: condivisione, trasparenza, *open source*, *free copyright* – tutto era accessibile e gratuito per tutti, sempre».[24] Non solo, l'idea di rappresentare se stessi attraverso i documenti contenuti nella memoria del computer si completava anche nel rispecchiarsi del *voyeurismo* degli utenti che curiosavano nella loro vita, vita che sciogliendo l'anagramma del titolo *life* in *file* corrisponde appunto ai contenuti dei file. Nello specchio di *Life Sharing* è riflessa anche l'ossessione per il protagonismo. Quel momento che lasciava ancora spazio all'utopia sarebbe stato presto destinato a rovesciarsi in uno sguardo distopico nei lavori più recenti. In fondo già si anticipava

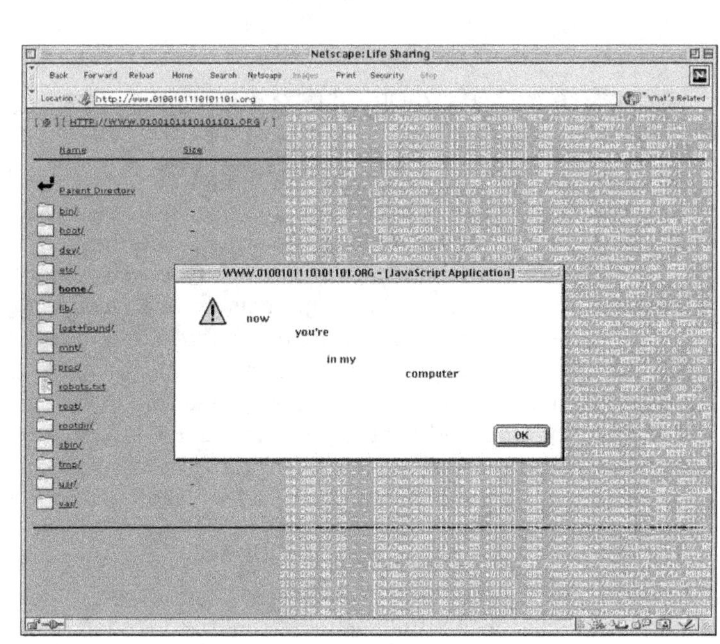

Eva e Franco Mattes, *Life Sharing*, 2000-2003. Website. Collezione Walker Art Center, Minneapolis.

la confusione tra pubblico e privato, tra intimità e pubblico dilagata poi con il diffondere dei social network, considerando che Facebook è stato messo in circolazione nel 2004.

Quando Eva e Franco Mattes si immedesimano nella Nike (*Nike Ground*, 2003) adottandone l'identità nella veste di una comunicazione costruita di tutto punto per annunciare l'acquisto di tutte le maggiori piazze d'Europa per poi rinominarle come *Nikeplatz*, la curva della New Economy è in piena discesa. Il legame tra forza identitaria, economia e informazione è ormai consolidato.

Questo legame emerge nel lavoro di Carlo Zanni, che il paesaggio algoritmico lo ha ritratto anche lui fin dagli albori, nel tempo, e con ogni mezzo. Ha fermato nella memoria del pennello icone del linguaggio informatico; ha programmato ritratti con dati ripresi in tempo reale (*4 Untitled Portraits*, 2004 e serie di *Altar Boy*, 2003-2004). Anche laddove i lavori erano più concentrati sul rapporto tra Internet, informazione e identità, tra pubblico e privato, l'aspetto economico è iniziato a emergere nella ricerca parallela di modelli di distribuzione di arte effimera nel mercato:[25] sculture-server (eventualmente) collegate alla rete (serie di *Altar Boy*, 2003-2004), sculture-archivio per lavori di DATA-cinema,[26] o video-libri d'artista contenenti le sue opere video (serie di *ViBo*, 2014 – in corso). Vedremo, poi, come questi aspetti legati all'economia avanzeranno in primo piano in maniera sempre più radicale.

3. DENTRO L'IMMAGINE, VERSO LA PERDITA DEL CENTRO

Quando la rete iniziava ad arricchirsi, di piattaforme, come il mondo parallelo di *Second Life*[27] e di canali per la condivisione video e social,[28] la fase Web 2.0 era nel pieno della sua attività. Internet iniziava la sua entrata nella genetica, nell'essere e agire dell'Occidente tecnologizzato. A questo punto, i contenuti sono già esistenti. Quando tra gli artisti dedicati a queste tematiche è iniziato a circolare il termine *post-Internet* (2006-2008)[29] e similari, altri prefissi si sono alternativamente distaccati dalla prima fase di Internet, dove accedere alla rete significava entrare in un mondo "altro". «Il passaggio era da un lavoro strettamente networked e strettamente online, così rifletteva Marisa Olson che ha contribuito al diffondersi del termine – ad un lavoro che porta la firma della vita nella cultura del network».[30]

Nativi digitali come Cory Arcangel, Seth Price, Oliver Laric, Guthrie Lonegarn, Gene McHugh,[31] nascono e crescono in questi dibatti, operano da subito da dentro il sistema, remixano prodotti esistenti.

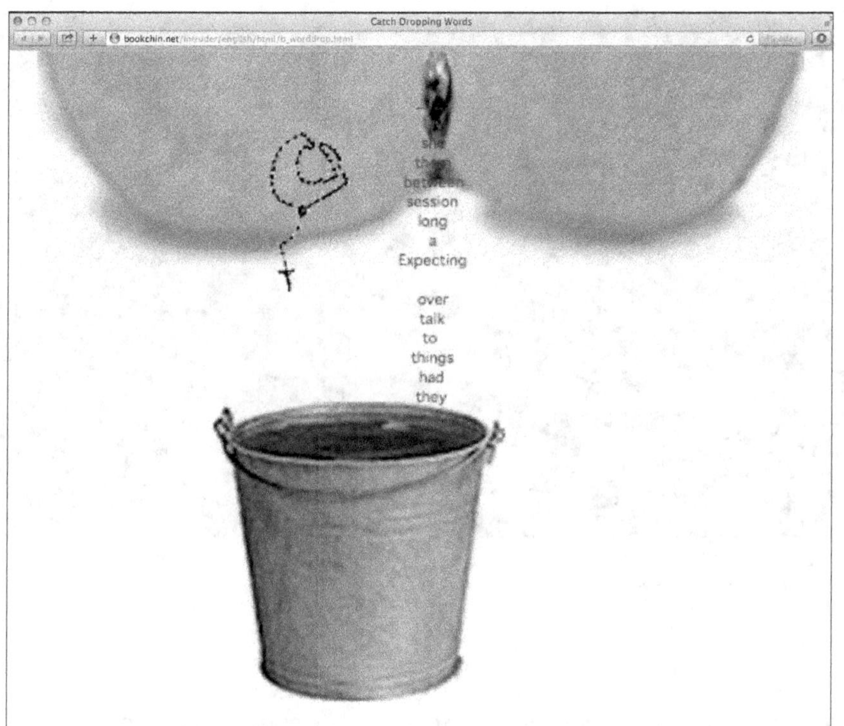

I processi di ricerca e raccolta di materiali trovati su Internet, ricontestualizzati, rielaborati, in pratiche riconosciute nel termine di *surfers*,[32] sono espressioni creative che combaciano con le modalità di navigazione dello spazio Internet, ma anche dello spazio stesso e di tutto ciò che da questo si estende nelle varie diramazioni fisiche. Questa esperienza è sintetizzata nel lavoro ormai iconico di Petra Cortright, *VVEBCAM* (2007), un video dove l'artista guarda disinteressatamente dentro al computer mentre una serie di filtri compaiono sullo schermo. La mostra online di Lauren Cornell *Professional Surfer* (2006) eleva questa pratica da un'attività casuale a un'attività finalizzata a esplorare nuovi codici culturali.

Anche Natalie Bookchin, che nei primi tempi ragionava sulle potenzialità narrative di Internet, con un lavoro diventato di culto nella media art, dove integrava in Internet la cultura del video game come potenziale narrativo (*The Intruder*, 1994), dal 2007 ha iniziato ad agire dall'interno

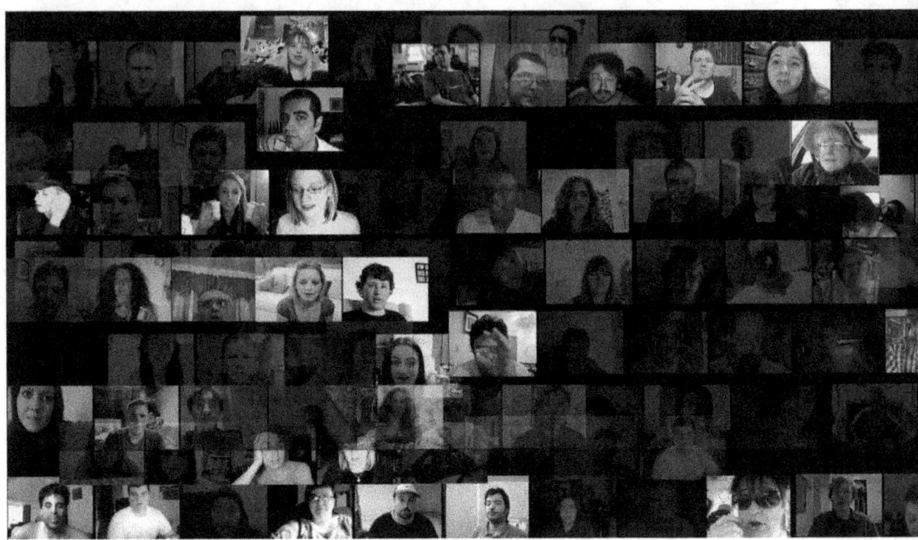

Natalie Bookchin, *Testament*, 2009.

dello spazio per riflettere sul rapporto tra intimità e pubblico in tutto ciò che di privato viene fatto circolare sui canali social. Così nasce la sua serie di video installazioni come *Testament* (2008-2017), commissionata da **LACMA**, dove centinaia di *vlogs* (abbreviazione per videoblog) trovati online diventano un ritratto collettivo, individualità condivise in rete. Attingere ai materiali social, dove sfera intima e pubblica corrono sullo stesso binario, sarà una modalità creativa che accompagnerà la ricerca di Boockchin per tutte le fasi successive, rivelando aspetti della società ogni volta diversi.

Nel ragionare su possibili definizioni che potessero descrivere questo momento particolare di Internet, gran parte della discussione ha ruotato attorno alla questione "tempo" e a ciò che più correttamente poteva sostituire il prefisso "post", anteposto a Internet (post-Internet).
«[...] Io credo che l'arte post Internet[33] accada online e offline», dice Marisa Olson, che per prima aveva immesso questo termine nelle discussioni parlando di una fisicità ormai intrisa della cultura Internet.[34]
A questo punto l'arte, così come la vita e il paesaggio, diventa *Expanded*,[35] "estesa" nei processi culturali che nascono, crescono e si evolvono nell'informazione e nelle sue dinamiche, un'estensione che già l'artista Seth Price, nel 2002, riconosceva nel suo saggio-

opera dove il termine *dispersion* individuava nel significato del lavoro e nel posizionarsi dell'artista una questione di distribuzione piuttosto che di produzione. «L'arte, volente o nolente, può solo espandersi e gradualmente fagocitare ogni aspetto della vita».[36]

Qualsiasi cosa, inclusa l'arte, inizia a livellarsi sul piano di una cultura interamente prodotta dall'utente creando un vero e proprio "digital folklore", come lo hanno definito Olia Lialina e Dragan Espenchied.[37] Tutta la discussione sulla post-Internet art e l'arte stessa diventano "una condizione culturale 'generale' dalla quale è impossibile tornare indietro".[38]
Dall'immagine qualsiasi cosa è sublimata nei processi di circolazione.

Hito Steyerl, artista e intellettuale a tutto tondo che costruisce la sua visione analitica con una grammatica linguistica composta di ogni genere di forma, dal cinema, al documentario, al linguaggio scritto e orale, afferma che: «È una questione che riguarda la reputazione delle immagini sui vari social network, la pubblicità e l'alienazione e che ci impone di essere quanto più affabili e superficiali possibili.[39] [...] Se la produzione è sostituita dalla circolazione, le due sono anche mischiate al punto da essere processi indistinguibili».[40]

Arte e paesaggio si specchiano l'uno nell'altro. L'arte diventa documentazione di un presente infinito che può solo coincidere con l'esperienza in atto. «Essere contemporanei non significa necessariamente essere presenti, qui e ora, significa piuttosto essere nel tempo piuttosto che in tempo/*To be contemporary does not necesserarly mean to be present, to be here and now, it means to be "within time", rather than "in time"*».[41]

Questo spiega anche il perché l'artista è sempre più "plurale" e «assume, oggi, un atteggiamento emotivo di stampo partecipativo che elogia la narrazione plurale per verificare, attraverso una varietà di generi artistici, i nuovi territori e i nuovi assetti della vita planetaria».[42] L'artista oggi è una figura trasversale, spesso in dialogo con professionisti di altre discipline, impegnato nella formalizzazione di lavori, ma anche nella scrittura di testi, nella formulazione di teorie e nella coniazione di termini. James Bridle ritrova il paesaggio contemporaneo nella teorizzazione di una *New Dark Age*/La Nuova Era Oscura, estensione del suo lavoro pratico che per più di un decennio si è addentrata nei sistemi di sorveglianza, nel terrorismo transnazionale, nel cambiamento climatico, nella cospirazione, tutti aspetti accomunati dal loro effetto "paralizzante". Quando parla di Internet, Bridle utilizza la parola "rete"

«per includere noi e le nostre tecnologie in un unico, vasto sistema
– per includere, cioè, la comprensione e l'agire umani e non umani, la
conoscenza e la non conoscenza, nello stesso brodo di agentività.
La crepa non si limita a separarci dalle nostre tecnologie, ma si trova
all'interno della rete stessa, ed è attraverso la rete che ne percepiamo
l'esistenza».[43]

4. IL PAESAGGIO NELL'ECONOMIA FLUIDA

Con il lavoro online *eBay Landscape* (2004), l'inquadratura di Carlo
Zanni metteva a fuoco uno dei tanti punti di convergenza tra economia
e informazione. Nella cornice di un paesaggio tipicamente giapponese
e sotto un cielo stellato che cambia sulla base degli utenti connessi,
le montagne sono generate dinamicamente dalle fluttuazioni delle
quotazioni del sito d'aste online eBay,[44] mentre le canne di bamboo
riflettono immagini derivate dalla homepage della **CNN**, cambiando
a ogni aggiornamento di pagina. Paradossalmente, è proprio la resa
estetica, evocativa di una delle tradizioni culturali più solide, come quella
del Sol Levante, ad accentuare il contrasto tra fissità e processualità e
a sottolineare cosa significhi oggi ritrarre il paesaggio.

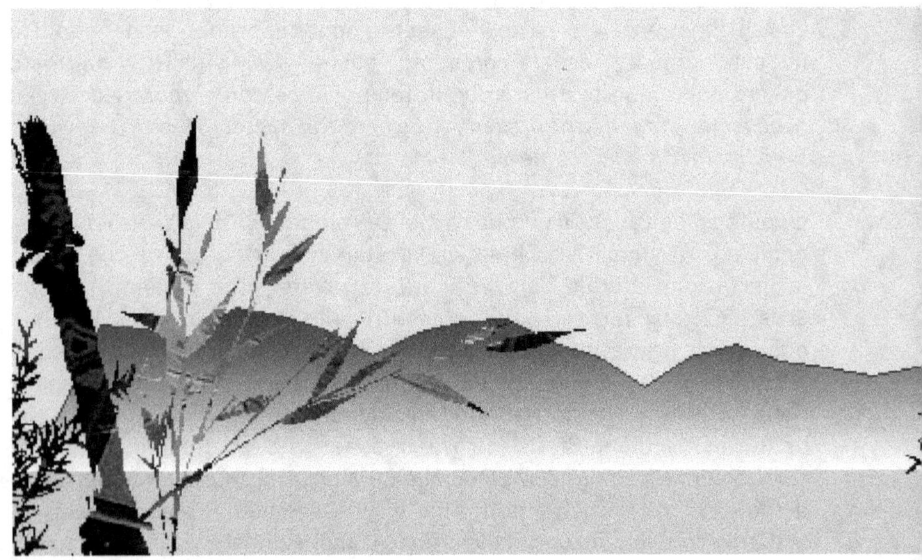

Carlo Zanni, *eBay Landscape*, 2004.

Internet prosegue il suo cammino e il paesaggio combacia sempre più con l'economia. Ritroviamo questo aspetto nel lavoro di Paolo Cirio che ne rivela i suoi collegamenti con approccio sistemico, ricordando molto quello di Hans Haacke che avevamo incontrato in occasione del discorso ecologico. «Per me la società è materia da plasmare per creare, risultato di un lavoro nei campi della legge, della finanza, della *governance*, e dei media, dalla sfera personale a quella dell'ordine globale. Questi campi sono interconnessi gli uni con gli altri in un network di sistemi dove il flusso delle informazioni rinegozia costantemente i poteri tra i nodi che danno forma alla complessità sociale».[45] Progetti come *Loophole for All/ Scappatoia Per Tutti* (2013), modello di redistribuzione democratica dei benefici delle realtà *offshore*, in questo caso quella delle isole Cayman, e *Global Direct* visione di una nuova riorganizzazione politica e sociale sfruttando il potenziale tecnologico e della comunicazione, si alternano con progetti che scavano dentro le dinamiche del monopolio aziendale. *Google Will Eat Itself* (2005) impiega "AdSense", il servizio pubblicitario di Google che permette di ospitare banner pubblicitari terzi sul proprio sito e guadagnare sulla base degli accessi, per investire i guadagni nell'acquisto delle azioni Google attraverso un'azienda creata per l'occasione e nell'ottica di una futura redistribuzione. Questo sistema avrebbe fatto di Google una compagnia pubblica. *Amazon Noir* (2006) entra nel sistema dell'azienda di commercio elettronico Amazon.com e infrange la tutela del copyright. Attraverso il suo stesso servizio di ricerca ricostruisce interi volumi, li assembla in un unico formato (pdf), e li redistribuisce gratuitamente. *Face to Facebook*, (2011) si appropria di un milione di profili Facebook e ne posta 250.000 su un sito di appuntamenti (*Lovely Faces.com*), costruito ad arte per poter accoppiare temperamenti complementari sulla base di ipotesi prodotte da un'intelligenza artificiale. Facebook è restituita alla sua reale posizione tra pubblico e privato.[46]

Entrare nelle logiche algoritmiche dell'economia (e della società) ha portato Cirio a individuare la necessità di una moneta unica che possa ovviare alla grande instabilità delle varie valute e rafforzare la popolazione su scala globale. Così nasceva nel 2014 *(W)orld Currency*, una moneta fondata sulla formulazione creativa di un'equazione e un algoritmo di scambio del mercato valutario. La grande crisi globale esplosa con la pandemia del 2020 ha reso questo tema quanto mai attuale.
L'economia è anche quella del lavoro in rete. Nell'esplorare il paesaggio è stato uno slancio naturale seguirlo anche in queste dinamiche.

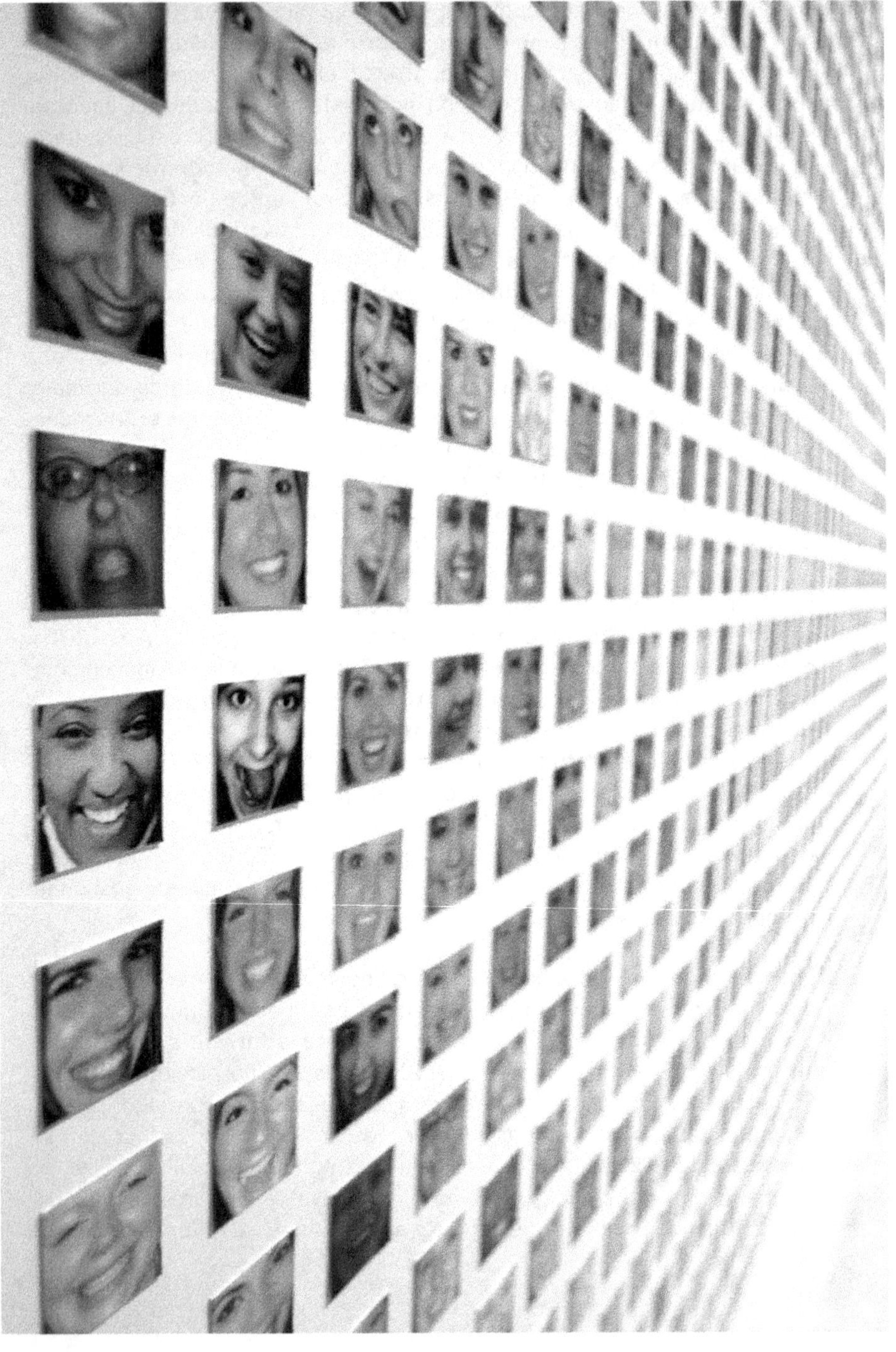

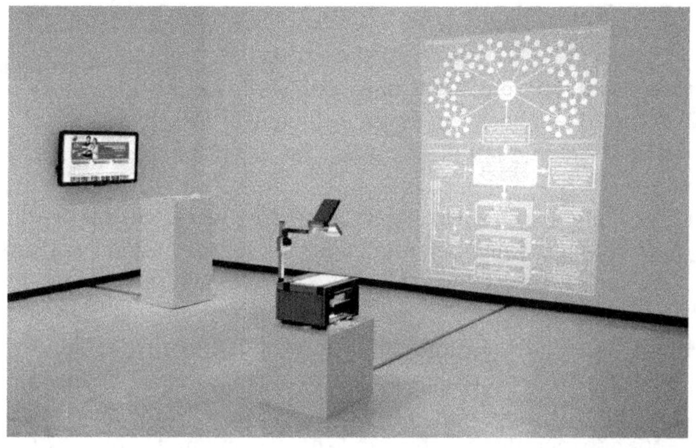

Paolo Cirio e Alessandro Ludovico, *Face to Facebook*, 2011, parte della trilogia *Hacking Monopolism Trilogy* (2005-2011). Veduta dell'installazione e, a sinistra, un dettaglio.

Con *Befnoed* (2014 – in corso), acronimo per *By Everyone, For No One, Every Day*, gli 0100101110101101.org assumono via *crowdsourcing* – esternazione di Internet che permette lo sviluppo collettivo di progetti, su invito o con base volontaria – lavoratori anonimi. Con una serie di istruzioni realizzano delle performance via *webcam* per poi diffonderli su social network del tutto periferici, in paesi come la Cambogia, la Russia, la Cina e il Sud Africa. Tutto può cambiare nelle sorti anche di questi network se immagini e notizie di questo lavoro rimbalzano sui principali canali di informazione e distribuzione. Anonimato, distribuzione, forza lavoro, costruiscono la struttura di un paesaggio che nell'informazione raccoglie un potere che si misura proprio con la sua invisibilità. Risulta chiaro anche in *A Crowded Apocalypse* (2012) del collettivo IOCOSE,[47] che arriva a ulteriori aspetti del paesaggio attraverso i suoi fallimenti e in un approccio più tardi riconosciuto nel termine *Post Fail*.

L'operazione consiste nell'utilizzare il *crowdsourcing* per costruire teorie cospirazioniste, potenzialmente clamorose, assoldando i lavoratori per compiere gesti di per sé insignificanti, e condotti nella totale oscurità della loro finalità, pur di trarne piccoli guadagni.

Fiverr.com, piattaforma dove le persone offrono i loro servizi per compensi molto bassi, compare in *Work less, work all. We are the 99% on Fiverr.com* (2015) di Guido Segni,[48] che il paesaggio Internet lo ha esplorato soffermandosi sui punti di coesistenza tra autore e pubblico, memoria e obsolescenza, materia effimera e mercato, pubblico e privato. Con un'inserzione pubblicata sulla piattaforma offriva la possibilità di acquistare una propria opera realizzata con la forza lavoro degli stessi utenti ingaggiati sul sito.

5. IL PAESAGGIO FUORI DAL TEMPO

Il paesaggio elettronico vive nella sua funzionalità e in un continuo presente. Può capitare che lo sguardo di alcuni artisti abbia cercato l'orizzonte in un altrove temporale, fuori dalla catena del processo algoritmico.

Guido Segni, per esempio, realizzava *A Quiet Desert Failure* (2015 – in corso) una performance algoritmica iniziata nel 2013, e presentata nel 2015 nell'ambito della Wrong Digital Biennale, per erigere un monumento ai contenuti Internet, al vuoto, al tempo, all'archiviazione, alla memoria e al fallimento. Un esempio ne sono gli Internet bot che attraversano le Google Maps per rappresentare l'intero Deserto del Sahara, con un post alla volta per 30 minuti. La performance impiegherebbe 50 anni per essere completata, andando incontro a un possibile cambiamento nel pronostico visto che le tecnologie sicuramente non saranno più le stesse.

Nel riflettere sull'obsolescenza, si è poi proiettato, oltre il tempo biologico. Con *Demand Full Laziness* (2018-2023), organizza un piano di cinque anni per sostenere la pigrizia attraverso la piattaforma online patreon.com dove collezionisti, amici e fan, possono contribuire a sostenere il tentativo di essere produttivamente pigro. Delega e automatizza parte della produzione artistica utilizzando una serie di algoritmi di *deep learning* per accrescere la produzione. Durante il primo anno la macchina è stata addestrata a fargli un ritratto mentre è sdraiato sul letto, legge, dorme o si gode il tempo libero.

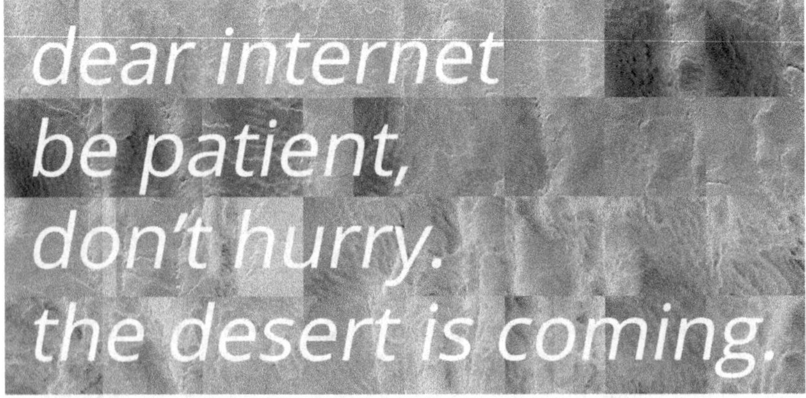

Guido Segni, *A Quiet Desert Failure*, 2015 – in corso, performance algoritmica, website, tumblr, archive.

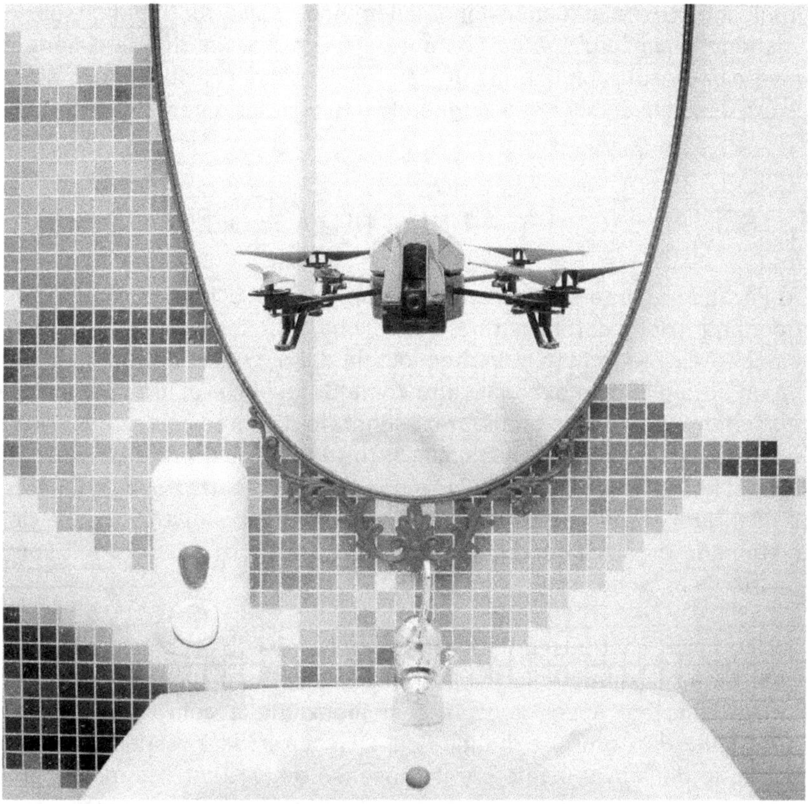

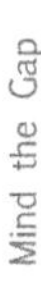

IOCOSE, *#restroom #droneselfie #intimesofpeace*, 2014.
Direttore della fotografia: Matteo Cattaruzzi.

Nella serie *In Times of Peace* IOCOSE segue la vita dei droni dopo la
fine della loro funzione, ironicamente in una corsa di 100 metri (*Drone
+*, 2014), o ritraendoli di fronte a uno specchio quasi a fare un selfie
(*Drone Selfies*, 2014) – altra caratteristica dell'era tecnologica –, oppure
(*Drone Memorial*, 2016) commemorandoli "caduti" in guerra attraverso
una localizzazione **GPS** con un monumento che riproduce la forma del
Predatore generato dalla General Atomics, uno dei primi veicoli aerei
impiegati dalla **US** Force e dalla **CIA**.
Elisa Giardina Papa, in una ricerca attenta a questioni legate alla
sessualità, e al lavoro online, compreso il lavoro affettivo del network
nel quadro del capitalismo neo liberista, con *Labor of Sleep*[49] entra

ironicamente nella dimensione del sonno. Esce fuori dallo spazio scandito dalla funzionalità costante e ottimizza ciò che ne rimane a favore di un auto-miglioramento con l'aiuto di applicazioni che durante le ore di sonno agiscono raccogliendo dati comportamentali e biologici.

6. IL PAESAGGIO TRA I NODI DELLA BLOCKCHAIN

Rientrando all'interno del network, non possiamo non considerare la riconfigurazione di Internet nella Blockchain. Letteralmente "catena di blocchi", la Blockchain è una tecnologia del network adottata nel 2008 da un autore anonimo, conosciuto come Satoshi Nakamoto, per creare un sistema di scambio monetario esonerato da poteri centrali. Si tratta di un "registro" che tiene traccia di tutte le transazioni distribuito in un network *peer-to-peer* (P2P), modello di comunicazione della rete strutturato in nodi. Per nodi si intendono dispositivi *hardware* del sistema in grado di comunicare con altri dispostivi del network: sono gestiti da persone in forma anonima.

Il sistema si costituisce man mano, appunto, a "blocchi" ed esula da ogni forma di intermediazione: notai, banche, istituzioni finanziarie... Le informazioni sono ogni volta memorizzate e convalidate, senza possibilità di ritorno né di modifica. Ciascun nodo è responsabile del controllo dell'altro; il valore è il consenso degli utenti, dei nodi. Ogni blocco è identificato da una sorta di impronta digitale, detta *hash*. All'interno di ogni blocco è presente la *hash* del blocco precedente. Perché un blocco possa essere aggiunto al precedente, bisogna attraversare uno passaggio di convalidazione chiamato *proof-of-work* (*POW*). L'invalidazione di un blocco, qualora si rilevino modifiche, o manomissioni di altro tipo, comporta quella di tutti i successivi. Alla sicurezza del sistema contribuisce la memoria di tutta la Blockchain, aggiornata ogni volta per intero su ciascun nodo.

La rete Bitcoin, e l'omonima criptovaluta (bitcoin, con la "b" minuscola) sono basati sulla prima versione di questa tecnologia. Molte altre sono seguite, tra cui Ethereum, e le sue applicazioni si sono moltiplicate per estendersi a ogni settore o ambito della società, facilitate dagli *smart contracts*/contratti intelligenti, una serie di regole memorizzate nella blockchain che facilitano le transazioni. Seppure fatichiamo ad afferrare la complessità del meccanismo, queste poche informazioni di base rendono facile intuire le conseguenze che questo può comportare rispetto alla società.

La tecnologia Blockchain ha segnato l'alba della Quarta rivoluzione industriale all'insegna di: decentralizzazione, super-automazione e iper-connettività. Questo sistema è difficilissimo da concettualizzare per chi, come me, non si è mai avventurato nell'impiego di questa tecnologia. Ancora una volta, sono gli artisti che hanno punzecchiato la coscienza sulla sua esistenza; ancora una volta, sono entrati nei suoi stessi meccanismi per rivelarne potenziale e rischi, proprio come i pionieri avevano fatto durante la prima fase di Internet, seppure la sua linearità rendeva più semplice immaginarlo come sconfinato territorio di possibilità e di scambio, ancora lontano dal complesso intreccio di relazioni con il mondo fisico.

La comunità di artisti londinese Furtherfield, fondata da Ruth Catlow e da Marc Garrett nel 1996, in una visione aperta a 360 gradi su ogni tematica del network, ha dedicato grande attenzione alla Blockchain con progetti trasversali che hanno incluso operazioni creative, speculazioni e il confronto con diversi protagonisti del mondo tecnologico. «Nella valuta digitale la fiducia nelle persone e le istituzioni è rimpiazzata dalla fiducia nella correttezza delle forze del mercato e nella matematica della criptografia che previene dalla contraffazione e mantiene la sua sicurezza».[50] Questa dichiarazione accompagna l'introduzione di un libro che introduce al mondo della Blockchain attraverso una varietà di contributi e prospettive. Qualche anno prima, nel 2015, Furtherfield lanciava il programma "Art Data Money" con l'intenzione di disegnare una comunità internazionale di artisti, tecnologi e attivisti per valutare le opportunità per un accrescimento della collaborazione nelle arti, offerte dai big data, inclusa anche tutta una serie di applicazioni delle tecnologie Blockchain. L'arte ci immette in una configurazione dello spazio Internet e in un suo utilizzo che dirotta radicalmente il sistema attuale verso un altro sistema dove regnano decentralizzazione, trasparenza dei dati e anonimato. Non è difficile intuire l'impatto sociale che questo può avere se diventasse il sistema predominante, sul piano individuale e collettivo.

Plantoid di Primavera De Filippi, l'equivalente di un androide che ha la forma fisica di un fiore, incarna in qualche modo questa tecnologia e la rende comprensibile. Coinvolgere la vita al suo stato biologico e la sua trasposizione nella tecnologia è certamente specchio quanto più efficace delle dinamiche; le tematiche si fanno più scottanti e le questioni etiche più delicate.

L'anima di *Plantoid* (2015) è depositata nel mondo digitale, racchiusa in un software da dove parte l'*input* per fiorire e riprodursi. Come sempre, è il consenso del network a contribuire alla sua vitalità e alla sua evoluzione. Per fiorire e, in particolare per riprodursi, ha infatti bisogno di contributi via *Bitcoin* mandando fondi al portafoglio del Plantoide. Una volta accumulata una quantità sufficiente di bitcoins, entra nella fase riproduttiva. La quantità di criptovaluta necessaria perché la fase riproduttiva abbia inizio, e altri criteri da rispettare per i discendenti del plantoide, sono regolati da uno *smart contract*. Ciascun umano che entra in relazione con la pianta è partecipe nelle modalità distribuite della blockchain, possibilmente ricevendo anche fondi qualora il plantoide abbia ricevuto le risorse necessarie per riprodursi. Molte sono le questioni sollevate in termini di proprietà, identità, anche responsabilità, in questo caso distribuita nei nodi. A questo approccio in qualche modo fiducioso nel cambiamento, a favore della distribuzione dei poteri, e alla sostituzione dell'approccio competitivo con uno collaborativo, si alternano altre speculazioni distopiche.

«Anche se la blockchain è un processo decentralizzato privo di un'entità di controllo singola, così punzecchia l'artista e teorica Steyerl, questo non significa che nessuno la controlli. Proprio come per le fotocamere degli smartphone, anche la blockchain ha bisogno di istruzioni per funzionare; istruzioni che vengono da una moltitudine di interessi in conflitto. Ancora più importante, questa sostituirebbe i bot usati come "popolo di fantocci" con altri bot cui sono delegate funzioni di governo. Ma di nuovo, di quali bot stiamo parlando? Chi li programma? Sono dei cyborg? Hanno facce oppure chiappe? E chi stabilisce il confine? Sono sobillatori dell'entropia sociale e informativa? Sono macchine assassine? O sono una nuova moltitudine di cui facciamo già parte?»[51] Con la politica del proxy,[52] costituita su sostituti di diversa natura, persone avatar, router segnaposto... , il cui compito è sbarazzarsi del rumore, Steyerl ridefinisce il paesaggio: «Questi sostituti lacerano i territori creando paesaggi virtuali che sono in una certa misura avulsi dalla geografia e dalla giurisdizione delle nazioni».[53] Ma il sistema può essere impiegato anche in senso opposto. «Essa infatti fa tutto un cumulo di superfici, nodi terreni e *texture*, oppure disconnette tutte queste cose le une dalle altre. Disarticola parti del corpo e le accende o le spegne per creare combinazioni spesso sorprendenti e impreviste, anche visi con chiappe, tanto per dire».[54]

Da un'angolazione altrettanto distopica, Escudero Andaluz e Martin Nadal, creano una serie di lavori che avvicinano al mondo dei cosiddetti *miners*/minatori, computer disegnati specificatamente per compiere delle operazioni che risolvono (matematicamente) problemi di transazioni in sospeso sulla base dell'algoritmo *POW*, una misura impiegata per prevenire comportamenti indesiderati o abusi del sistema. La risoluzione del problema, che consiste nel trovare un numero randomico chiamato *nonce*, e la sua validazione dal network, produce guadagno. Arrivare alla soluzione può richiedere molto tempo. I costi energetici per ciascuna di queste operazioni sono esorbitanti tanto da aver spinto diversi *miners* a unirsi in fattorie. Questo aspetto della Blockchain è stato chiamato in causa in numerose discussioni sulla crisi climatica.

I due artisti intervengono proprio su questo punto. *Bittercoin, the worst miner ever* (2016) e *(BoT) Bitcoin of Things* (2017) entrano in quella fase di *mining* e del suo costo energetico con un progetto per trasformare oggetti di uso quotidiano in *miners*, attraverso un micro-controllore *wi-fi*, e una serie di sensori, come un accelerometro e microfoni. Le possibilità di successo sono molto basse ma anche il consumo è considerevolmente inferiore. Nel caso del vecchio calcolatore di *Bittercoin, the worst miner ever*, si sono ipotizzati 11 milioni di anni perché possa portare a termine l'operazione che produce guadagno.

Nella Blockchain arriva anche Carlo Zanni che avevamo incontrato nel corso della sua lunga ricerca sul paesaggio, sugli aspetti identitari, economici, dell'informazione. I suoi ritratti programmati nutrivano le rispettive identità con le informazioni estrapolate da Internet in

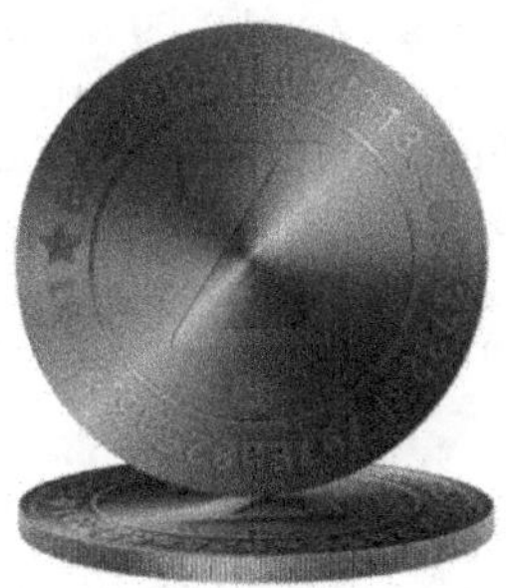

Carlo Zanni, *Carlo Zanni (Z)*, 2018.

tempo reale. Ora è l'artista stesso ed essersi diluito nella Blockchain in maniera radicale, precisamente nell'economia fluida di Ethereum,[55] rivale di Bitcoin. Per fare questo, ha coniato una cripto moneta – di per sé un'opera – che porta il suo nome *Carlo Zanni (Ƶ)*. L'artista sembra dileguarsi in un meccanismo dove l'opera è il prezzo e l'artista l'unità monetaria. Per vedere, bisogna entrare nel sistema, aprire un portafoglio virtuale e acquistare la moneta digitale.

7. TRA VISIBILE E INVISIBILE, TRA FISICO E VIRTUALE

Quando Internet ha iniziato a essere pervasivo, oltre a modificare il profilo del paesaggio fisico, ha incominciato a conquistare anche una sua fisicità. Internet, sosteneva nel 2002 Miltos Manetas, un artista che le trasformazioni del paesaggio le ha anticipate, non è soltanto un altro media. «È, piuttosto, uno spazio, similmente a quello che era il territorio americano subito dopo essere stato scoperto. Come qualsiasi cosa trovata nel web ha una presenza fisica e occupa una sorta di *real estate*. Il Web non è né più né meno ciò che il mondo è sempre stato; territori ostici e inesplorati che si sono piano piano trasformati in paesaggi domestici. Dalle Alpi al giardino giapponese, lo scenario è una promessa illusoria di ordine e sistema. Ma le rocce semplici e sabbia nella composizione curata del giardino giapponese, per un intelletto allenato, sono puramente buchi neri e caos».[56] Nel 2009 ha partecipato alla Biennale di Venezia con un Padiglione Internet, ritrovando in questo territorio una sua nazionalità.[57] Fisico è tutto ciò che lo alimenta e Manetas questo lo aveva già intuito, negli anni Novanta, quando i soggetti delle sue pitture erano cavi, mouse, tastiere, accessori di ogni tipo, all'epoca inosservati e del tutto secondari rispetto alla novità del mondo oltre lo schermo.

La fisicità di Internet con i suoi oggetti tecnologici, invisibili al nostro sguardo, Trevor Paglen l'ha raccontata posizionandosi nella dimensione analogica attraverso fotografia e altri media in una modalità di indagine al confine tra discipline, riconosciuta nel termine *Experimental Geography*/Geografia sperimentale, termine coniato da Paglen stesso nel 2002. In questo approccio si riconoscono progetti che si muovono tra arte, giornalismo, geografia, e ramo militare.[58]

Con una conoscenza maturata anche grazie a un'adolescenza trascorsa nelle basi militari in Germania e Stati Uniti, al seguito del padre oculista nell'Air Force americana, una formazione da geografo, e utilizzando strumentazioni analogiche generalmente impiegate in astronomia, ha registrato l'esistenza di basi militari segrete, prigioni della CIA in Afganistan e satelliti. Ha localizzato i cavi Internet sotto gli Oceani (*Deep Web Dive*, 2016), li ha seguiti nei percorsi conosciuti solo all'occhio della NSA che portano (fisicamente) le informazioni dall'America all'Europa, fino alle spiagge dove questi raggiungono terra (*Landing Points*, 2014 – in corso).

Quanto abbiamo attraversato (di corsa) fino a questo momento galleggia sulla superficie del mondo mediale o esiste, invisibile, nello spazio fisico. Ma il paesaggio prosegue oltre. Nelle profondità della rete e fuori dalla rotta dei browser tradizionali, esiste un oceano di informazioni navigabile in forma anonima che sfugge a ogni controllo. Si tratta del *Dark Web*, dove i contenuti non sono indicizzati dai motori di ricerca. Il *Dark Web* è definito nelle *darknet* (reti oscure), network più ristretti che favoriscono ogni immaginabile transazione anonima, dalla trasmissione di informazioni sensibili, al traffico di armi e organi. In *Dark Content* (2015) di Eva e Franco Mattes l'esistenza e la natura di questo spazio emergono attraverso alcuni "impiegati" del *network* che operano dietro le quinte e nel totale anonimato. Sono gli *Internet moderators*, operatori anonimi assunti dalle grandi compagnie (che preferiscono ingaggiarli anche loro nell'anonimato) e incaricati di censurare contenuti. È proprio nel lavoro umano di queste figure-ombra che il *Dark Web* si manifesta riflesso. La sua esistenza in qualità di spazio è "toccata con mano" da chi prende coraggio per vedere tutti e sei gli episodi che il duo ha rilasciato in una *darknet*, alla quale accedere scaricando il browser Tor. Ciò che emerge dalle interviste, garantite come anonime da una resa grafica che attribuisce voci metalliche a volti che si trasformano in ogni genere di razza ed etnia, la dice lunga su quanto la censura possa essere influenzata da legislazioni e politiche nazionali, associate a chi gestisce le piattaforme che gestiscono contenuti (*content providers* o *hosts*).

Tor e il network invisibile ricompaiono in tutta la sua fisicità nell'*Autonomy Cube* (2015) di Trevor Paglen. Una scultura a forma di cubo, che è in realtà un *hot-spot* al quale chiunque si può collegare a titolo gratuito e navigare su Internet, dirottato su Tor, fuori dalla dimensione sicura dello spazio dove è installato, galleria, museo o casa che sia. Il dispositivo di rete può essere raggiunto da tutto il mondo in modalità anonima.

Fisiche e invisibili sono anche le conseguenze che le tecnologie possono avere sul nostro corpo. *Game Arthritis* (2011) del collettivo IOCOSE, per esempio, documentava con immagini post-prodotte, le conseguenze del gioco sul fisico con una ricerca condotta nei laboratori clinici dove

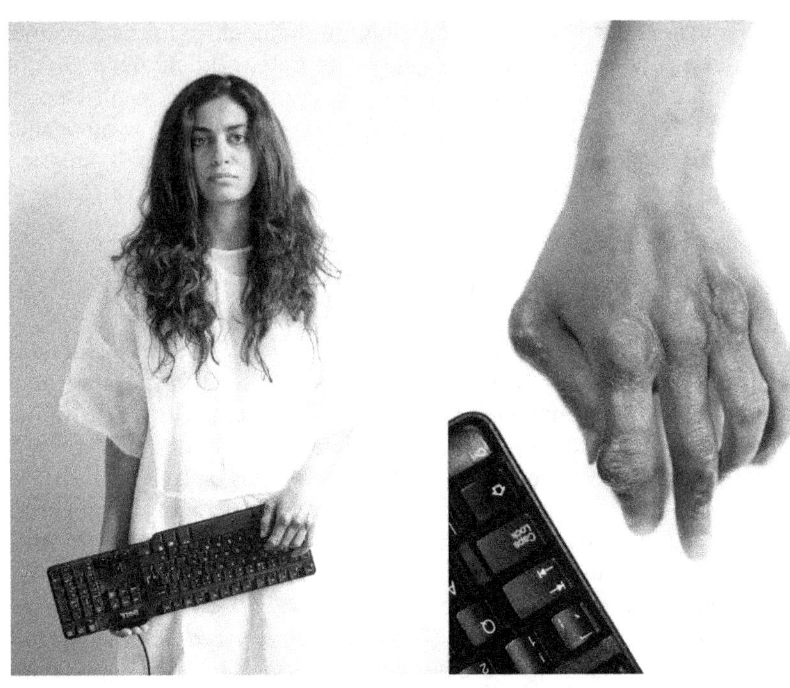

IOCOSE, *Game Arthritis*, 2011.

curano una serie di malattie conseguenti all'impiego delle tecnologie, definite nel termine-cappello di *game arthritis*.[59]

Fisici sono anche i droni della serie di *Drone Shadows* (2012 – in corso) che James Bridle disegna sul terreno urbano tracciandone l'ombra in scala 1:1 da modelli impegnati in missioni segrete di sorveglianza.

In un alternarsi tra ciò che è visibile e ciò che non lo è, in un intrecciarsi sempre più fitto tra fisico e virtuale, la pellicola interfacciale, spazio di connessione tra mondi, diventa sempre più importante. La cultura, tutta, è inquadrata in una *interface culture.*[60] Il biologo Laurent Mignonneau e l'artista Christa Sommerer sono pionieri in questo ambito. La cultura dell'interfaccia è intesa come inclusiva di ogni tipologia di design interattivo, game design, interfacce uditive, tecnologie *touch* o indossabili (*wearable technologies*), ambienti intelligenti, forme di comunicazione e interazione uomo macchina...

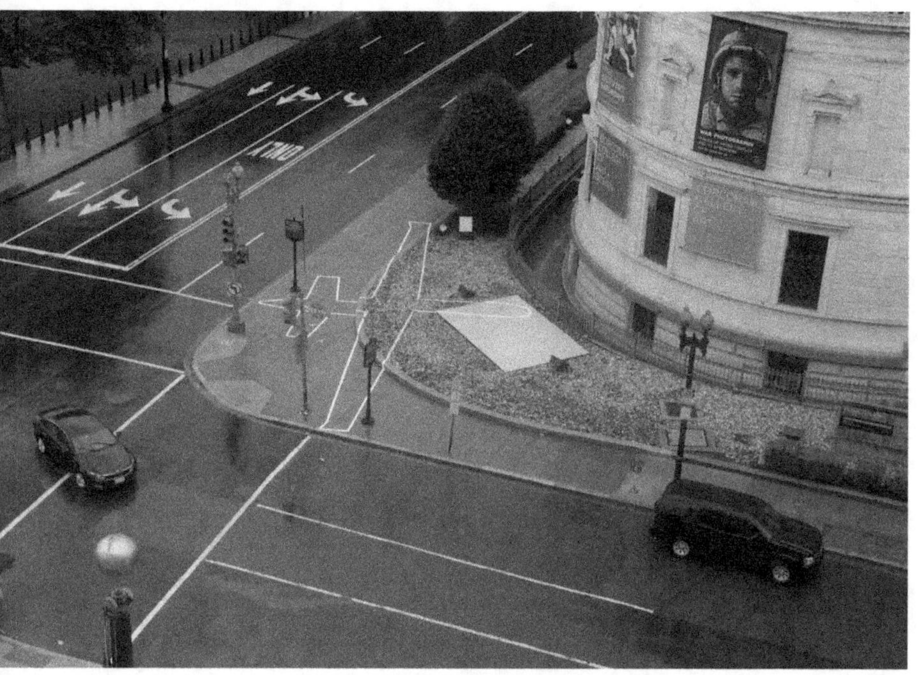

James Bridle, *Drone Shadow 004*, 2013, installazione, Washington DC, USA.

Le interfacce dei lavori pionieristici si sono da subito interposte tra mondo naturale e biologico. Con *Interactive Plant Growing* (1992), delle piante crescono nel mondo sintetico in risposta al tocco dei visitatori di corrispettive piante nel mondo fisico. Misura, rotazione, posizione, apparenza, e colore sono modulate dall'interazione con la pianta reale. La facilità con la quale è possibile manipolare le variabili è proporzionale alla sensibilità che si sviluppa nei confronti delle piante reali.

Con *A-Volve* (1994) le creature digitali sono disegnate dagli utenti, tracciate sulla superficie (*touch*) che separa il mondo fisico da un ambiente liquido. Da quel momento, le creature tri-dimensionali diventano "vive", crescono, si nutrono, si riproducono e muoiono nell'ecosistema algoritmico; iniziano la loro lotta per la sopravvivenza che si dimostrerà essere del tutto speculare alle regole che accompagnano l'evoluzione della vita biologica. Valori cromatici e *textures*, determinate dalla velocità del disegno, contribuiscono a generare un codice genetico

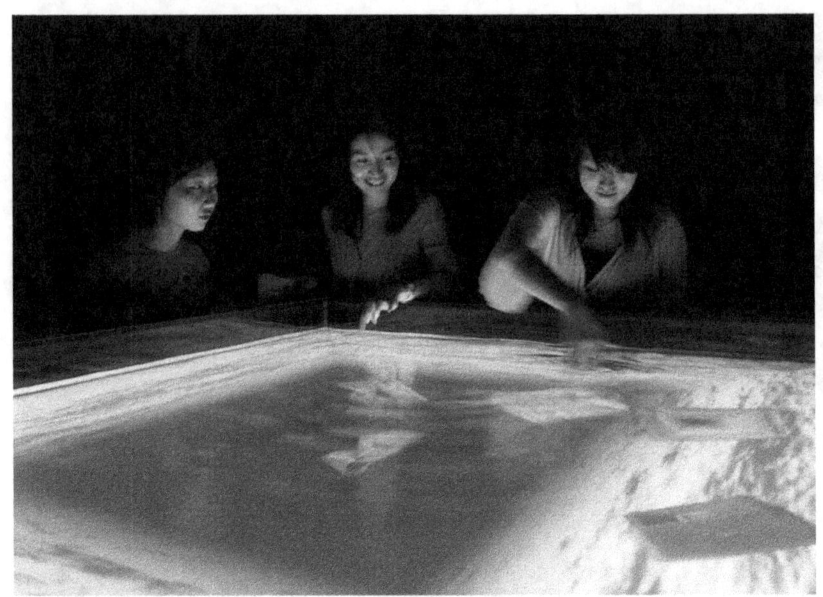
Christa Sommerer & Laurent Mignonneau, *A-Volve*, installazione interattiva, 1994.

che conferisce a ciascuna creatura artificiale una forza e capacità di movimento tutta propria. Paradossalmente, la "natura" dipende proprio dalla forma, «la loro estetica diventa fattore cruciale per la sopravvivenza del più forte».[61]

Il loro lavoro è proseguito nello studio di interfacce utilizzando una varietà di media, inclusa la realtà virtuale (*Fly Simulator*, 2018). Hanno esteso la loro riflessione a vari ambiti, come l'architettura, nell'indagine sulle facciate come membrane interfacciali (*Solar Display*, 2008, realizzato in collaborazione con l'architetto Michael Shamiyeh); l'economia, messa in relazione con il valore dell'attenzione in tempo reale (*The Value of Art Concept*, 2010), con le neuroscienze e l'intelligenza artificiale (*Neuro Mirror*, 2017). Le interfacce hanno guidato verso ogni aspetto del paesaggio, Internet non in ultimo. Nei primi anni 2000 creavano degli ambienti intelligenti per interagire con la rete (*Riding the Net*, 2000), resa abitabile anche all'interno dell'ambiente virtuale immersivo della CAVE (*The Living Web*, 2002). Questa visione di Internet di vent'anni fa sembra proiettarsi a oggi, quando i dati sono materializzati nel mondo fisico, in termini di organizzazione sociale indotti dalle dinamiche della rete, ma anche nell'ottica di una vera e propria materializzazione di dati, favorita anche dall'impiego delle stampe 3D.

"Internet è morto?", si chiede Hito Steyerl, nel suo omonimo saggio, rispetto a un Internet che ha smesso di essere una possibilità auspicando la nascita di network paralleli che possano funzionare in modo simile nelle incarnazioni materiali dei dati nel mondo fisico. E inserisce la risposta nella cornice di un mondo che vive nella continua post-produzione di ex immagini e nella resa di una realtà con *after effects*. «Tutt'altro che ai poli opposti di un abisso incolmabile, immagine e mondo sono in molti casi nient'altro che l'uno la versione dell'altra».[62]

Su Internet le informazioni scorrono nel sistema nervoso della società, tanto metabolizzate quanto invisibili. L'invisibile pervasività delle immagini si è materializzata, poi, in *Code of Personal Photographs Piece* (2019) di Eva e Franco Mattes. Decine di immagini private scattate dagli artisti scorrono nei cavi inseriti in un network di passerelle portacavi, infrastrutture industriali normalmente nascoste alla vista.

8. MATERIALITÀ EFFIMERA

La materialità del mondo emerge, in tutta la sua vitalità, dal linguaggio.[63] «Programmare non è scrivere. Scrivere il codice significa scrivere la realtà. Potrebbe dirsi simile alla produzione di DNA artificiale, di oligonucleotidi, il processo nel quale è inscritta la realtà».[64] Lo sostiene Lisa Jevbratt che nel 1999 aveva realizzato una mappatura di Internet in scala reale, 1:1, con al suo interno tutti gli indirizzi possibili di ciascun sito al mondo e le interfacce attraverso cui poterle visitare in una stessa immagine composta da *pixels*, unità minime di un'immagine digitale, ciascuna relativa a un sito.

«E la materialità digitale diventa geografia, sedimentata nella sua stessa geologia. Il network dei network, Internet, è un ambiente costruito dal codice, linguaggi e protocolli. È scritto da noi, quindi è realtà. Il codice è geologia, allo stesso tempo una traccia storica della nostra attività e delle circostanze determinanti, il terreno sul quale siamo in piedi, dettando la vita dell'ambiente. Mettendo in codice l'atto di costruire un ambiente, di spostare l'ambiente e un modo di muovere l'ambiente». Il tentativo della Jevbratt di mappare Internet, di visualizzarlo attraverso sistemi vicini a quelli impiegati nella biologia genetica, restituisce il paesaggio nel suo configurarsi attraverso la rete e nella sua vitalità che si ricongiungerà poi, non solo, con quella della biologia nel suo intrecciarsi con la tecnologia.

L'artista americano Peter Ashton la materialità del digitale la rende visibile attraverso il suo stesso deterioramento. Pubblica e ripubblica, per novanta volte, un ritratto del compositore Alvin Lucier su Instagram, il social network destinato alla condivisione di video e immagini. Questo ha significato sottoporre l'immagine a tutti quei gradi di compressione e decompressione, e di passaggi di formati che l'azione di *re-post* (ripubblicazione) comporta. Con la ripetizione dell'azione, il ritratto perde di qualità in maniera sempre più decisa, fino a diventare quasi indistinguibile. Il progetto è stato concepito con riferimento specifico a una storica performance del compositore ritratto, *I am sitting in a room* (1969), quando, sedendo in una stanza registrava più volte la frase del titolo sullo stesso nastro, fino al momento in cui la parola non si perdeva in suoni indistinguibili. A quel punto riverberi delle frequenze in cui lasciavano intendere indicazioni sulla tipologia di spazio nel quale la registrazione aveva avuto luogo, proprio come accade quando l'eco che si ascolta in sottofondo in una conversazione telefonica suggerisce la voce provenire da uno spazio vuoto. L'azione di pubblicare più volte una stessa immagine, rivela Instagram nella sua natura di spazio, ma anche la materia digitale nella sua sostanza, quindi, deperibilità, contrariamente a quanto si immaginava all'inizio della vita del codice.

Materiale nel senso fisico del termine è anche tutto ciò che contribuisce a produrre la parte fisica della tecnologia, parte integrante e integrata del paesaggio. In *Geology of Media* Jussy Parrikka, da tempo impegnato in studi di Media Archeology, riflette sulla continuità tra natura e tecnologia concentrandosi sul non organico e sul modo in cui il «nostro rapporto con la terra sia regolato anche da tecnologie e tecniche di visualizzazione, sonificazione, calcolo, mapping, simulazione e così via: è nel media che cogliamo la terra come un oggetto per relazioni cognitive, pratiche e affettive».[65] La Terra è la stessa che produce i materiali che rendono l'esistenza delle tecnologie possibile; alla Terra gli stessi materiali tornano in forma di polveri.

9. UNA QUESTIONE DI SGUARDO... E DI METODO

Per guardare e conoscere il paesaggio algoritmico bisogna quindi adattare lo sguardo alla struttura asimmetrica del mondo, tenere in considerazione l'occhio del non umano. Jon Rafman, anche lui nativo digitale e attivo nell'esplorazione del mondo tecnologico attraverso una varietà di media, ha catturato immagini da Google Street Views, una funzione di Google Maps, non appena il software è stato disponibile sul mercato (2007). Rafman cattura situazioni surreali che capitano all'interno dei nove occhi della macchina di Google Street Views. Se consideriamo questo come uno scatto del paesaggio algoritmico possiamo rivolgerlo alle forme di automazione della produzione culturale, come quelle che prendono forma nell'occhio della macchina (di sorveglianza o altro).

Lo sguardo non può essere statico. Anche la fotografia e lo scatto diventano illusioni linguistiche perché tutto esiste nelle dinamiche del codice. Prendiamo l'immagine del buco nero situato al centro della galassia M87, prova "tangibile" delle previsioni dello scienziato Albert Einstein con la teoria della relatività, da molte testate celebrata come scatto fotografico. Proprio come in piccolo accade per Google Earth, questa immagine risulta da una combinazione di dati. Per lo più, si è trattato di tradurre frequenze spaziali in pixel, un processo che ha richiesto anni di lavoro, di raccolta e di processi di elaborazione. Lo stesso Event Horizon Telescope è un consorzio di otto radiotelescopi posizionati in ogni angolo del pianeta.
È stato il risultato di un processo collaborativo e inter-disciplinare. Katie Bouman, giovane ricercatrice alla Harvard Smithsonian Center for Astrophysics, ha lavorato per sei anni agli algoritmi che hanno dato forma al buco nero. Un suo intervento al TED nel 2017,[66] dal titolo *How to take a picture of a black hole*/Come fare una fotografia di un buco nero, aveva previsto che ci sarebbero voluti ancora due anni, oltre ai quattro trascorsi, perché l'immagine del buco nero fosse rivelata.

Qualcosa fino a questo punto è emerso. Vedere il paesaggio nella sua interezza non è cosa possibile. Bisogna ricostruirlo scoprendone i tanti piccoli tasselli, entrando in tutto ciò che sfugge all'occhio assuefatto. Vedere è sinonimo di conoscere e comporta più di un canale percettivo.

Con una serie di produzioni che, dalla seconda metà degli anni Novanta, spaziano tra i media e un'analisi che si muove sulla linea di un taglio filosofico-matematico, Chiara Passa inserisce il paesaggio e le sue geometrie all'interno di una condizione, quella di uno sguardo iper-vedente. Iniziando con la sublimazione dello spazio in un *super-place* (*Super Place Project*, 2001), visualizzato nella sintesi di un'animazione olografica di un minuto, dove le parole si trasformano negli edifici di una città ideale, le geometrie dello spazio hanno attraversato la sua serie *Live Architectures* (1999 – in corso) per frammentarsi in angolazioni sempre più numerose. Dall'architettura dello spazio liminale del banner *Fourth Dimension Banner* (2012 – in corso) sono entrate nella

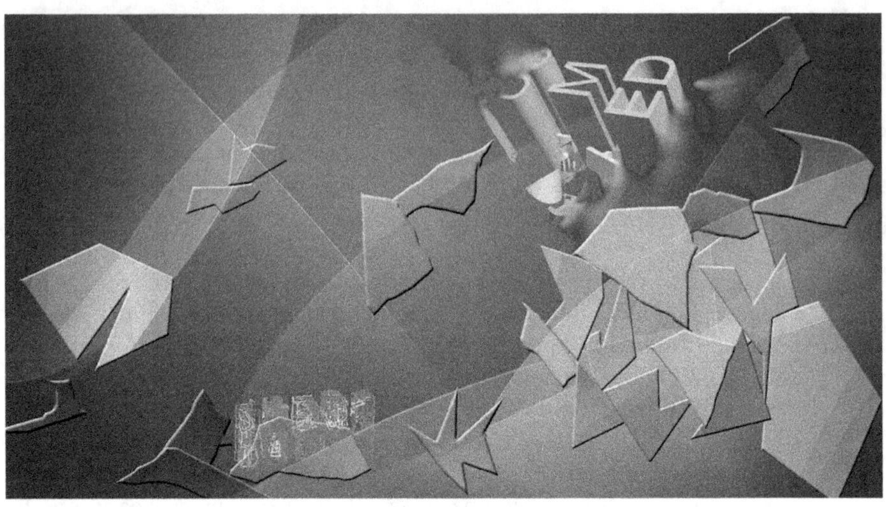

Chiara Passa, *Object-Oriented Icons*, software, 2015.

dimensione *Object Oriented*, dove ritrovare l'orizzonte filosofico del post-Antropocene, ontologia orientata all'oggetto, appunto, ma anche linguaggio di programmazione con il quale si configurano "oggetti" e "finestre" che contengono e accedono a funzioni di uso comune. *Object Oriented Icons* (2015) schiaccia lo spazio frammentato all'interno di icone del desktop che generano ulteriori sotto-spazi che rendono l'esistenza dell'interfaccia ancora più vitale. Nella serie di *Inside Geometry – Double Language* (2015 – in corso) la frammentazione dello spazio gioca con quello fisico introflettendolo ed estroflettendolo con realtà virtuale, da esperire all'interno di Google cardboards che sulle pareti fisiche, invece, disegna forme geometriche o simboli matematici. Questi ultimi, da una posizione di contemplazione che illude di vedere lo spazio nella sua interezza, suggeriscono piuttosto un suo proseguimento, oltre il visibile.

Immaginare la parzialità dello sguardo è un ulteriore atto di consapevolezza utile per attraversare quella zona "grigia" che Bridle individua nella Nuova Era Oscura. La materializzazione del paesaggio, la sua consistenza, è anche una questione linguistica. Lo abbiamo constatato più volte, nel suo potere generativo nella vita biologica, ecologica nella vita algoritmica con la sua materialità alla quale abbiamo appena fatto cenno.

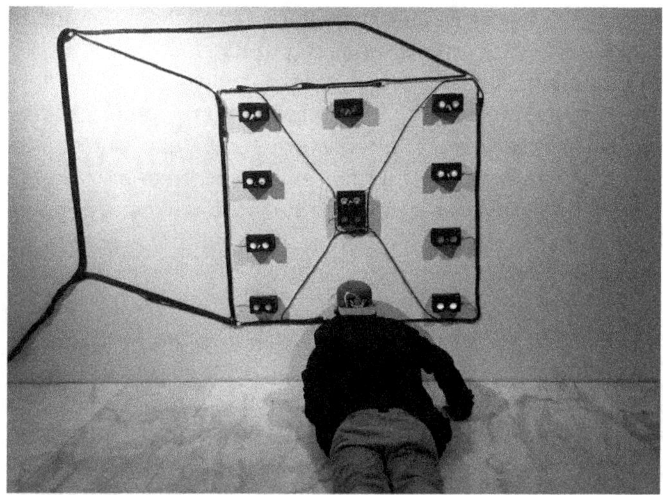

Il paesaggio si ritrova nell'emergere di nuovi vocaboli, nuove grammatiche visive e cognitive. Tra una varietà di nuovi termini impiegati per descrivere la nuova era, James Bridle introduce l'uso del termine *New Aesthetics*, per indicare un'estetica che si addentra nella politica. Con il termine *Evidentiary Realism*, invece, Paolo Cirio tiene conto del contesto con un approccio investigativo.[67] Mauro Ceolin, che il paesaggio lo aveva seguito da ulteriori angolazioni, con particolare interesse per il mondo video-ludico, ha poi cercato il paesaggio in un nuovo naturalismo, un *contemporaryNaturalism* e in una *memezoology*, indirizzata a esplorare le forze zoomorfe che prendono forma nell'immaginario collettivo dal mondo liquido e si sedimentano con la forza di diffusione *memetica*.

Sociologia, biologia, antropologia, chimica, scienze dei materiali, neuroscienze sono tutti ambiti di interesse e di ricerca che contribuiscono a ricomporre il mosaico.

Un esteso glossario del post-umano, curato da Rosi Braidotti e da Maria Hlavajova, racchiude in unico ambito di ricerca transdisciplinare quante più terminologie possibili, spaziando dalla biologia del post-umano al post-Internet nella comune necessità di adottare nuovi vocaboli, soprattutto nuove modalità di pensiero e di conoscenza che nascono proprio dalla loro circolazione e scambio all'interno di una stessa rete ecosistemica.[68]

Il paesaggio Internet di Trevor Paglen è visualizzato anche nel modo in cui questo si configura attraverso il linguaggio. La *cloud* perde il suo fascino aereo e, assieme alla libertà di Internet, diventa "altamente ideologica e fortemente fuorviante".[69] Quando realizza i suoi *Landing Points* progetto per individuare e fotografare i cavi che portano la rete attraverso gli oceani nel punto in cui emergono sulle spiagge, la questione è anche linguistica. La *land*/la terra del titolo si contrappone, infatti, alle illusioni generate dal linguaggio informatico, a partire da quello che ruota attorno alla *cloud*.

Tutto ci ha suggerito la necessità di adottare un nuovo sguardo, un nuovo approccio cognitivo. L'oscurità che descrive la nuova era di James Bridle è anche un luogo ricco di potenzialità. È qui che bisogna re-imparare a vedere, a orientarsi in questa "zona grigia", "un terreno scivoloso, quasi inafferrabile".[70] Lo sguardo di Antoni Muntadas[71] ha anticipato il convergere del paesaggio con quello dell'informazione proprio avvicinandosi alla conoscenza con approccio trasversale, con un interesse esteso a ogni disciplina e a una pratica artistica in cui comprendere anche la pedagogia. Possiamo adottare la sua *Metodologia del Progetto* a sguardo Maestro per rileggere il tutto e proiettarci oltre.

10. IL *MEDIA LANDSCAPE* NELL'OCCHIO E NEL METODO DI ANTONI MUNTADAS

Nel 1994, all'alba della diffusione della rete, Muntadas era impegnato a realizzare *The Fileroom: Archive for Censorship*,[72] rivoluzionario e ambizioso progetto di archivio universale di casi di censura nella storia, dall'antichità a oggi, pensato "con" e "per" la rete, promosso dalla Randoph Street Gallery di Chicago e installato al Chicago Culture Center. Prendendo spunto da un episodio di censura che aveva interessato un suo lavoro durante il periodo Franchista (*TVE: Primer Intento*), nasceva quello che sarebbe stato considerato come uno dei più innovativi archivi sulla censura nella storia. Il potere politico della repressione occupava il territorio di ciò che all'epoca rappresentava la più grande promessa di democrazia e libera circolazione: Internet.

Per molto tempo l'attenzione mediatica si è soffermata, e a volte fermata, su questo lavoro. In realtà, è un punto nodale di un'indagine del paesaggio a tutto campo avviata negli anni Settanta da una serie di azioni collettive che nell'impiego di ogni mezzo e informazione comprendeva anche il corpo e la percezione. Lo spazio intimo era esplorato con l'esperienza di materiali di uso comune attraverso olfatto, tatto e gusto, coprendo occhi e orecchie (*Subsensory Experiences*, 1971-74).

Al mondo informatico Muntadas è arrivato con un metodo e uno sguardo che non si è mai staccato dal territorio e dalla vita. L'opera *Arte ⇄ Vida* (1974), generata dalla convinzione dell'interscambiabilità di arte e vita, è diventata manifesto di un approccio che ha guidato tutto il suo lavoro.

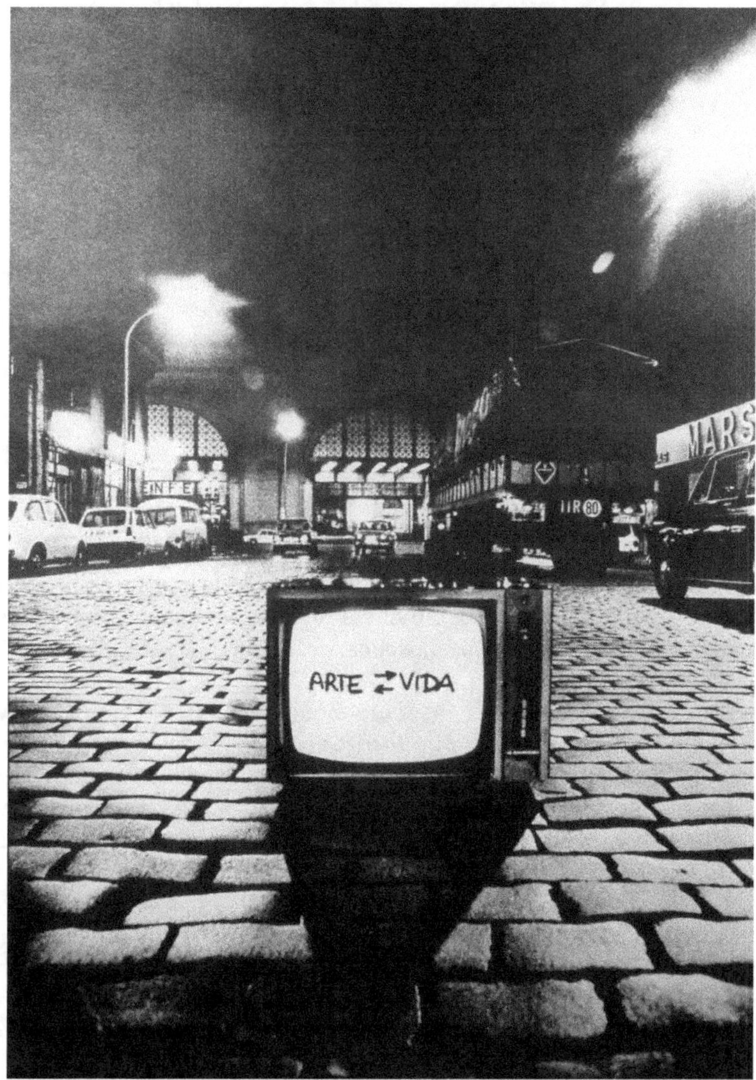

Antoni Muntadas, *Arte ⇄ Vida*, 1974, Barcellona.

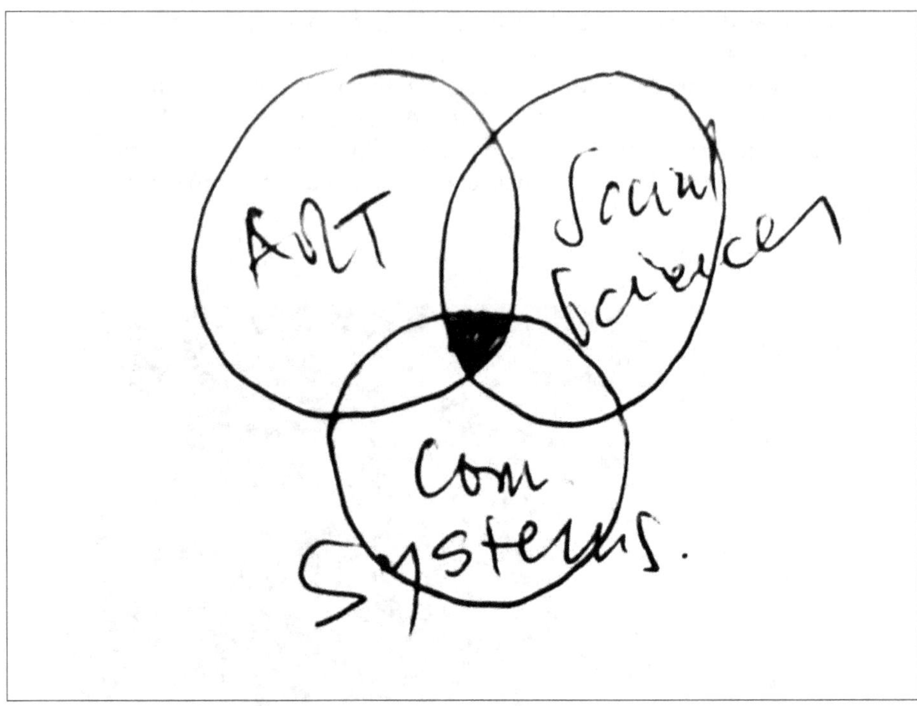

Antoni Muntadas, *Diagrama*, 1973.

Questa esperienza ha restituito l'intuizione che la vita sarebbe confluita nel paesaggio informatico, ciò che a distanza di qualche anno avrebbe definito nel termine *Media landscape*.

«Sin dagli anni Settanta – racconta Muntadas in una recente intervista – il mio lavoro si muove in un territorio in cui convergono i sistemi di comunicazione, quelli sociali e dell'arte. Possiamo raffigurarli come tre sfere che si compenetrano in un punto focale: da lì parte il mio lavoro. L'arte non procede da sola, ma in relazione agli altri sistemi. E, in parallelo, vi è quest'altra relazione: l'arte e la vita. Ma per me non è un rapporto statico, è una relazione composta da una freccia che va verso la vita e un'altra che dalla vita procede verso l'arte. Io, però, non ho mai pensato a un'opera d'arte finita. Non faccio, per dire, di un bicchiere un'opera d'arte definita. Il mio è un processo per capire. Il mio *ready made* è uno *slow ready made* che richiede tempo per appropriarmi di qualcosa che mi serve».[73]

Da questo momento, si sono susseguiti lavori che sono entrati nel mondo dell'informazione e ne hanno decostruito ogni aspetto, il configurarsi di ideologie dall'informazione fotografica e televisiva (*On Subjectivity*, 1978), il rapporto tra televisione e spettatore *Emisión/Reception* (1974), l'omologazione mediatica confrontando gli ultimi dieci minuti di tre noti programmi televisivi (*The Last Ten Minutes*, 1976). Nel frattempo, lavori come *Cadaques – Canal Local* (1974) e *Barcelona Districto Uno* (1976) utilizzavano il video per fare contro-informazione.

Il paesaggio si è ritrovato sul piano del linguaggio. Segni convenzionali di ogni tipo come soldi, mappe, colori, icone informatiche..., visivi e scritti, attraversano canali mediatici e si riconfigurano su supporti di genere diverso e da qui conquistano il potere di cambiare la società e di trasformare, quindi, il paesaggio. Nella sua serie *On Translation*, architetture, gestualità, disposizione urbana di spazi comuni, luoghi dello spettacolo, in prima battuta gli stadi, sale riunioni degli incontri ai vertici, i rituali che si svolgono al loro interno, sono tutti codici del potere. Anche quando la ricerca ha ruotato attorno al confronto di usi linguistici, come il termine "protocollo", prima definendolo attorno a ciò che la parola significa nelle rispettive culture e professioni (*On Translation, The Audience*, serie di lavori realizzati a Rotterdam nel 2005-2006), questo si è allargato alle simbologie architettoniche delle città, dettagli strutturali, archetipi che parlano della società che si vive. La serie di *Asian Protocols* (2014-2016) ha esteso ulteriormente questo discorso a un confronto tra le culture giapponese, cinese e sud coreana. Tutto, come sempre, attraverso un approccio creativo che prevede l'esperienza sul territorio e la costruzione di dialogo.
Ogni lavoro si è esteso nel successivo. Ciascuno ha ingrandito aspetti che erano accennati nel precedente, integrati in nuove riconfigurazioni con attitudine che l'antropologo Mar Augé ha accostato a quella di un architetto, «nella misura in cui parte da un progetto che può essere realizzato nel tempo e in più fasi».[74] La sua è un'architettura della comunicazione e lo spettatore è attirato dentro l'opera per mano degli stessi canali del potere mediatico.

Quello che maggiormente ci interessa in questo frangente, è il suo metodo e il suo sguardo Maestro, la sua *Metodologia del Progetto*,[75] fondamenta tanto della sua attività pedagogica, quanto di quella creativa, fondata su domande del tipo: *Chi? Cosa? Perché? Come? Dove? Quando? Per chi? Quanto costa?* Semplicità e metodo guidano a un pensiero strutturato nel tempo, e abilitano lo sguardo a posizionarsi in quegli spazi interstiziali che abbiamo preso in considerazione fino a questo momento, vuoti di separazione ma anche di connessione, campi possibili di interazione che prendono forma nella sovrapposizione di politica e comunicazione. Lo sguardo, che nel suo lavoro si pone tra cose, pubblico e privato, opera e spettatore, opera e museo, prosegue oltre. Con "metodo", si insinua in ogni altro tassello della vita.

L'opera diventa un processo di mediazione e, tutt'altro che compiuta, si presenta al mondo come un "artefatto", come lui stesso lo definisce, un oggetto che viene ogni volta riattivato. «In tal modo il concetto di artefatto situa il progetto artistico all'interno dei valori antropologici e storici di una società, riconfigurandolo nello spazio pubblico e privato in modo simbolico e personale: esso funziona cioè come un ritratto che identifica uno spazio e la sua funzione. La riapertura costante dell'artefatto attraverso la sua riattivazione e il suo riadattamento lo delimita nel campo dell'interpretazione epistemologica, configurando il suo valore artistico non tanto nelle "forme", quanto nell'originalità della materia concettuale trattata all'interno del contesto in cui esso viene incluso, installato».[76] Mostre e musei sono anch'essi dispositivi, oggetti mediatici, vitali nel momento in cui l'artefatto li attraversa riattivandosi.[77]

Dalla serie di riletture del suo lavoro rielaborate dalle quattro sedi della sua grande retrospettiva dal titolo *Entre/Between*,[78] il paesaggio emerge in tutte le sue angolazioni, e proprio da quegli spazi interstiziali che anche il titolo suggerisce. Le opere sono organizzate in costellazioni attraversando così i principali campi di indagine che hanno ricostruito il paesaggio mediatico: il rapporto tra sfera intima e pubblica (*Microspaces*), i paesaggi mediatici degli anni Settanta (*Media Landscape*), le architetture del potere e dello spettacolo (*Spheres of Power* e *Places of Spectacle*), situazioni e contraddizioni dello spazio urbano (*Comunal Spaces*), i luoghi comuni della paura (*Domain of Fear*), i processi di traduzione (*Field of Translation*), l'archivio (*The Archive*), i meccanismi del sistema dell'arte e dei suoi dispositivi (*Systems of Art*). Ogni lavoro potrebbe essere riletto e ricontestualizzato all'interno di ciascuna altra "costellazione". Ciascuna costellazione può essere riconfigurata nel paesaggio dell'informazione.

La progettualità e la produzione di Muntadas si ritrovano in un'"arte che traduce", così la intende Modesta di Paola attraversando tutto il suo lavoro.[79] La traduzione, poi, dei suoi lavori in mostre retrospettive ha certamente reso più immediata la relazione del tutto e l'importanza del suo sguardo sistemico. Questo sguardo espanso, chiarisce Roberto Pinto nello scritto in catalogo di una mostra che rilegge ulteriormente il tutto alla luce delle *interconnessioni*, proviene proprio "dalla costante rottura delle convenzioni e delle nostre abitudini".[80]

Attenzione. La percezione richiede partecipazione, parte della serie *On Translation: Warning* (1999 – in corso), un'opera – motto ricorrente presentata in lingue e supporti diversi, cartelli stradali, led, cartelloni pubblicitari, adesivi o altro – chiama proprio a questa visione critica e indirizza l'attenzione verso il potere mediatico di ogni tipologia di supporto. Il suo metodo di conoscenza e di visione suggerisce di considerare gli spazi liminali, come istituzioni, linguaggio, comunicazione, archivio.
È in questi ulteriori "dispositivi" dove confluiscono tutti gli argomenti fin qui trattati.

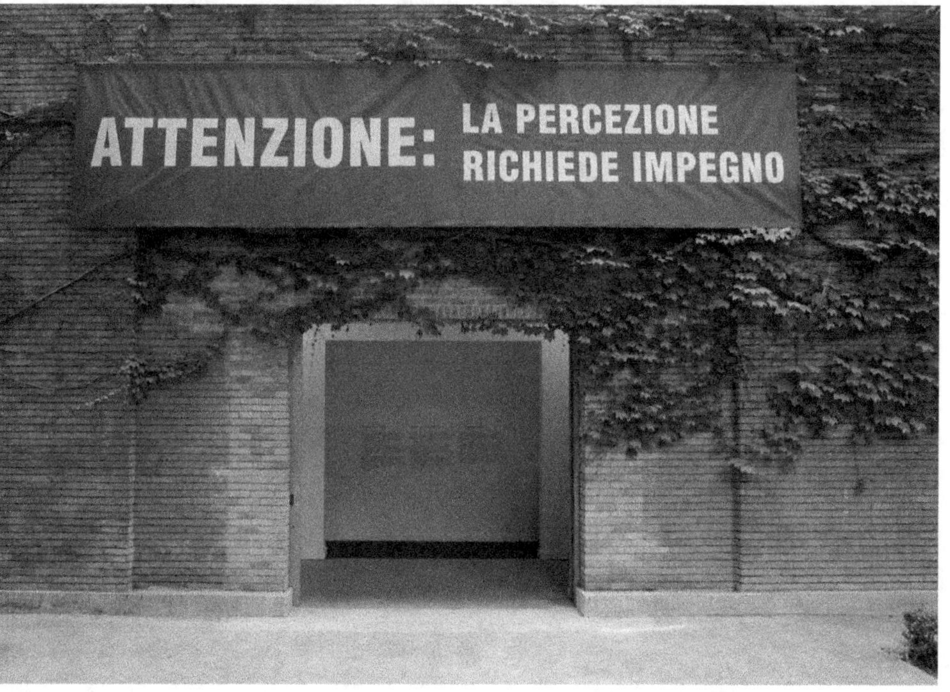

Antoni Muntadas, *On Traslation: Attenzione. La percezione richiede impegno*, 2005, dalla serie "On Translation: Warning" (1999 – in corso), Padiglione Spagnolo, 51ª Biennale di Venezia. Foto Claudio Franzini.

1. Alexander R. Galloway, *The Interface Effect*, Polity Press, Cambridge UK 2012, p. vii

2. Lev Manovich, *Il linguaggio dei nuovi media*, Edizioni Olivares, Milano 2002, p. 129 (ediz. orig. *The Language of New Media*, The MIT Press, Cambridge, Massachusetts; Londra 2003)

3. Domenico Quaranta, *Media, New Media, Post Media*, Postmedia books, Milano 2018 (prima edizione, 2010)

4. Come stadio successivo di ARPANET (The Advanced Research Projects Agency Network) negli anni Sessanta, Tim Berners-Lee nel 1989 propone un sistema non-lineare di connessione di vari computer networks, ciò che è poi diventato il World Wide Web, uno dei modi di accedere a Internet. Il 1989 è anche l'anno in cui viene lanciato il GPS (Global Positioning System)

5. Mailing list dell'epoca erano: Nettime (1995), BBS The Thing (1991), la piattaforma Rhizome (1996-in corso), Syndacate (1995), 7-11 (1998), Äda'web (1994)

6. Cfr: Gianni Romano, *Artscape. Panorama dell'arte in Rete*, Costa & Nolan, Milano 2000; Marco Deseriis, Giuseppe Marano, *Net.Art. L'arte della connessione*, Shake, Milano 2003; Valentina Tanni, "Net Art. Genesi e Generi", in A. Balzola, A.M. Monteverdi, *Le arti multimediali digitali. Storia, tecniche, linguaggi, etiche ed estetiche delle arti del nuovo millennio*, Garzanti, Milano 2004; Rachel Green, *Internet Art*, Thames & Hudson, Londra 2003; Christiane Paul, *Digital Art*, Thames & Hudson, Londra 2008 (prima ediz. 2003); Christiane Paul (a cura di), *A Companion to Digital Art*, Wiley Blackwell Pub 2016; Eva Respini (edito da), *Art in the Age of the Internet, 1989 to today*, catalogo della mostra (The Institute of Contemporary Art, Boston), Yale Press University, New Haven 2018

7. Vuc Ćosić (Slovenia), riconosciuto come iniziatore del termine, Olia Lialina (Russia), Alexei Shulgin (Russia), Natalie Bookchin (Russia), il duo conosciuto come Jodi.org (Joan Heemskerk e Dirk Paesmans), tra i pionieri riconosciuti in questo ambito, univano la curiosità di estendere le loro esperienze formative con Internet a una curiosità anche politica

8. Tilman Baumgärtel, *[net.art 2.0] – Neue Materialien Zur Netzkunst*, Verlag Für moderne Kunst, Nürnberg 2002, p. 24. Citato anche in Tom Corby, *Network Art: Practices and Positions*, Routledge, Londra 2005, p. 2

9. *Ibidem*, pp. 24-25

10. Tommaso Tozzi in Matteo Pompili, "Intervista a Tommaso Tozzi", in *Arshake*, 15 marzo, 2018 [on line all'indirizzo: https://www.arshake.com/intervista-tommaso-tozzi/]. Cfr. Tommaso Tozzi, *Arte di opposizione. Stili di vita, situazioni e documenti degli anni Ottanta*, Shake Edizioni, Milano 2008

11. Alcuni artisti hanno rivelato la struttura politica, le potenzialità di manipolazione e di controllo, attraverso un approccio più esplicitamente attivista. Tra loro, in questo periodo sono attivi: CAE – Critical Art Ensemble (CAE), Ricardo Dominiguez, membro CAE fino al 1997 e (con Carmin Karasic, Brett Stalbmaum e Stephen Wray) fondatore dell'Electronic Disturbance Theater, i collettivi: etoy, con l'idea di costruire una corporation digitale che promuova un modo di vivere e di essere adatto al tempo delle reti; RTMark con l'intenzione di adottare il linguaggio corporate per promuovere azioni di sabotaggio ai danni delle stesse corporation, The Yes Men, Ubermorgen (Hans Bernhard ex agente etoy e Lizvlx)

12. Vedi anche *Web Tracer* di Tom Betts, estensione tridimensionale di *Webstalker*, *Netomat* (1998) di Maciej Wisniewski, e i lavori di Jodi.org, *Shredder e Riot* di Mark Napier, *Digital Hijack* di etoy

13. Mathew Fuller citato in: Marco Deseriis, Giuseppe Marano, *Net.Art. L'arte della connessione*, op. cit., p. 107

14. I progetti di realtà virtuale avviati nei primi anni Novanta comportavano costi molto alti. Come tutte le tecnologie provenivano dai laboratori militari. Altri artisti che si sono impegnati su questo fronte sono: Charlotte Davis, Maurice Benayou, Monika Fleischmann e Wolfgang Strauss, Christa Sommerer e Laurent Mignonneau, Ulrike Gabriel, Agnes Hegedues, Knowbotic Research, Peter Weibel, Paul Garrin, Christian Moller, Edmond Couchot, Jean-Louis Boissier, Toshio Iwai

15. Cave Automatic Virtual Environment (CAVE), nato nel 1992, è un ambiente immersivo per la realtà virtuale costruito da una stanza a forma di cubo e da proiettori video

16. Oliver Grau, *Virtual Art: From Illusion to Immersion*, The MIT Press, Cambridge, Massachusetts; Londra 2003, p. 239

17. Mark B. N. Hansen, *Bodies in Code. Interfaces with Digital Media*, Routledge, New York 2006, p. 93

18. Cfr. Capitolo 1 pp. 17-23. Victoria Vesna, "Tracing Bodies of Information Overflow", in Marina Gržnić Mauhler (a cura di), *The Body Caught in the Intestines of the Computer & Beyond*, Maska, journal, n. 62-63, Slovenia 2000

19. Nel frangente 1999-2003 si individua la curva di ascesa e declino della New Economy, termine che indica l'insieme di attività economiche e finanziarie legate all'applicazione delle tecnologie (informatiche e delle comunicazioni)

20. Il 1999 è l'anno di Pay Pal, società americana che offre servizi di pagamento digitale e di trasferimento di denaro tramite Internet, e di Napster, dal 1999 al 2001, un programma di file sharing, di condivisione dei dati, anticamera del Web 2.0

21. *Peer to peer* (P2P) è la tecnologia di rete, per la condivisione di dati con struttura a nodi, non gerarchica. Pay Pal è il sistema di pagamento sicuro online tutt'oggi in uso

22. Manuel Castells, *Galassia Internet*, Feltrinelli, Milano 2010, p. 13 (prima ediz. *Internet Galaxy*, Oxford University Press, Oxford 2001). Cfr Marshall McLuhan, *The Gutenberg Galaxy: The Making of Typographic Man*, Routledge & Kegan Paul, Londra 1967 (ediz. italiana La Galassia Gutenberg. Nascita dell'uomo tipografico, Armando Editore, Roma 1976) e M. McLuhan, *Understanding Media*, Routlege and Kegan Paul, Londra 1964 (ediz. italiana, *Gli strumenti del comunicare*, Il Saggiatore, Milano 1971)

23. Commissionato dal Walker Art Center di Minneapolis e curato da Steve Dietz, il progetto è durato tre anni e reso nuovamente disponibile, dalla piattaforma Rhizome.org, nel 2017 nell'ambito della mostra archivio *Net Art Anthology*, nella forma di archivio statico

24. Eva Mattes in Domenico Quaranta, "Eva e Franco Mattes", in *Flash Art*, 6 dicembre 2016 [on line all'indirizzo: https://flash---art.it/article/eva-e-franco-mattes/]

25. Cfr. Carlo Zanni, *Art in the Age of the Cloud*, Diorama Editions, Milano 2017

26. Il termine DATA-cinema è stato coniato da Carlo Zanni per indicare una serie di suoi corti dove alcuni elementi erano determinati da dati generati da Internet in tempo reale, come le macchie di una malattia che compaiono sulla pelle del protagonista di *The Possible Ties Between Illness and Success*, proporzionalmente all'accesso degli utenti.

27. Second Life è una piattaforma virtuale fondata nel 2003 dalla società americana Linden Lab, per molto tempo in voga come vero e proprio mondo parallelo dove coltivare qualsiasi tipologia di attività: incontri, arte, concerti, educazione… Nel seguire le evoluzioni della rete, gli artisti si sono inevitabilmente interessati anche di questo. Eva e Franco Mattes lo hanno abitato per realizzare delle performance sintetiche (*Reenactments*, 2007-2010 e *Synthetic Performance*, 2009-2010). Marco Cadioli, il cui lavoro lo abbiamo incontrato in un suo periodo di ricerca più avanzato, quando abbiamo parlato di Intelligenza Artificiale, e già attivo in rete dal 2000 per cercare di ritrarre il paesaggio Internet, dal 2005 ha documentato la vita su Second Life come foto-reporter con lo pseudonimo di Marco Manray. Ha contribuito a portare aspetti della vita su Second Life, sulle testate mediatiche "tradizionali". Inquadrata dal suo obiettivo anche Gazira Babeli creatura di Second Life attiva come performer, artista e film-maker dal 2006. L'artista cinese Cao Fei, con il suo avatar China Tracy, costruisce su Second Life una vera e propria città (RMB City) dove fuggire da ogni limitazione

28. blogger 2003, myspace 2003, Second Life 2003, facebook 2004, flickr, reddit 2005, youtube 2005, iPhone 2007, twitter 2007, tumblr 2007, grindr 2009, instagram 2010, tik tok, blogs wikies, applicazioni social media forme di vita networked

29. Cfr. Lauren Cornell – Ed Halter, *Mass Effect. Art and the Internet in the Twenty-First Century*, The MIT Press Cambridge, Massachusetts; Londra 2015; Omar Kholeif, *I was raised on the Internet*, DelMonico

Books, Monaco, Londra, New York 2018 (catalogo della mostra, MCA-Museum of Contemporary Art, Chicago 23 giugno-14 ottobre, 2018); Domenico Quaranta, "Situating Post Internet", in Valentino Catricalà (a cura di) *Media Art. Toward a New Definition of Art in the Age of Technology*, Gli Ori, Pistoia 2015

30. Marisa Olson intervistata da Nick Warner in *Art and Internet*, Black Dog Publishing Limited, Londra 2013, p. 196

31. Gene Mc Hugh è autore del blog post-Internet sostenuto dal 2009 al 2010 da Creative Capital e dalla Anty Warhol Foundation Arts Writers Grant Program

32. Nel 2017 la piattaforma Rhizome ha dedicato una mostra *Professional Surfers* includendo: NastyNets (2006-2012), Super Central (2006-2010); Gesantwerk di Mark Boling; Pages in the Middle of Nowwhere (Lialina, 1998 – in corso); Chillsesh (2005 – in corso); Cosmic Disciple (2004 – in corso)

33. Cfr. Lauren Cornell e Ed Halter, *Mass Effect and the Internet in the Twenty-First Century*, op. cit.

34. Marisa Olson intervistata da Nick Warner in *Art and Internet*, op. cit., p. 199

35. Ceci Moss, "Expanded Internet Art. Twenty-First-Century Artistic Practice and the Informational Milieu, International Texts" in *Critical Media Aesthetics*, Bloomsbury Academic, New York 2019

36. Seth Price, *Dispersion*, pubblicato per la prima volta come pdf distribuito online nel 2002, ripubblicato in *Mass Effect and the Internet in the Twenty-First Century*, op. cit., pp. 51 - 68

37. Olia Lialiana – Dragan Espenschied, *Digital Folklore*, Merz and Solitude, Stoccarda 2009

38. Valentina Tanni, *Memestetica. Il settembre eterno dell'arte*, Nero Edizioni, Roma 2020, p. 206

39. Hito Steyerl, *Duty Free Art. L'arte nell'epoca della guerra civile planetaria*, Johan & Levi, Monza 2018 (ediz. originale *Duty Free Art: Art in the Age of Planetary Civil War*, Verso Books, Londra 2017), p. 139

40. Hito Steyerl, *Duty Free Art. L'arte nell'epoca della guerra civile planetaria*, op. cit., p. 138

41. Boris Groys, *Going Public*, Stenberg Press (*e-flux journal*), New York 2010 (ediz. italiana *Going Public. Scrivere d'arte in chiave non estetica*, Postmedia books, Milano 2013)

42. Antonello Tolve, *Ubiquità. Arte e critica d'arte ai tempi del policentrismo ubiquitario*, op. cit., p. 33

43. James Bridle, *New Dark Age. Technology and the End of the Future*, Verso, Londra 2018 (ediz. italiana *Nuova era oscura*, Nero Edizioni, Roma 2019)

44. eBay sito di vendite e aste online fondato negli Sati Uniti nel 1995, arrivato in Italia nel 2001 per poi fondersi, nel 2002, con PayPal

45. Paolo Cirio, *Systems of Systems, artist's text*, 2019 [on line all'indirizzo: https://paolocirio.net/press/texts/text_systems-systems.php]

46. *Google Will Eat Itself* (2005) e *Amazon Noir* (2006) realizzati con Alessandro Ludovico e ubermorgen; *Face to Facebook* realizzato con Alessandro Ludovico, sono parte della *Hacking Monopolism Trilogy*.

47. IOCOSE (Matteo Cremonesi, Filippo Cuttica, Davide Prati, Paolo Ruffino). Per quanto riguarda il termine *Post Fail* si rimanda a IOCOSE, *Art after failure: an artistic manifesto from the city of Bangalore*, originariamente pubblicato in Ghidini, M. and Kelton, T. (2015), Silicon Plateau Vol-1, T.A.J. Residency and SKE Projects, Bangalore: India [on line all'indirizzo http://www.iocose.org/art-after-failure/index.html]

48. Guido Segni è lo pseudonimo di Clemente Pestelli, attivo nella veste di diverse identità, come Dedalus e Les Liens Invisibile, fondato con Gionatan Quintini

49. *Labor of Sleep* (2017), commissione di Artport, portale del Whitney Museum of American Art, per la serie *Sunrise/Sunset*, è parte di un Trilogia che esplora questioni legate alla forza lavoro nell'economia del network. Ne fanno parte: *Technologies of Care* (2016), commissionata da Rhizome.org e *Cleaning Emotional Data* (2020), commissionata da Aksioma, Institute for Conteporary Art, Ljubljana e La Kunsthalle Mulhouse

50. Ruth Catlow, "Artists. Re: Thinking the Blockchain. Introduction", in Ruth

Catlow, Marc Garrett, Nathan Jones & Sam Skinner, *Artists. Re: Thinking the Blockchain*, Torque Editions & Furtherfield, 2017

51. Hito Steyerl, "Proxy Politics: segnale e rumore", in *Duty Free Art. L'arte nell'epoca della guerra civile planetaria*, op. cit., p. 45

52. Hito Steyerl fa un uso tanto creativo quanto specifico del linguaggio. Rimando alla nota della traduttrice del testo italiano che spiega la specificità di alcuni termini da lei introdotti nel suo *Duty Free Art*, op. cit. In particolare quello del *proxy*, che letteralmente significa "per procura", ma che in italiano è impiegato nel linguaggio informatico per indicare un server intermediario che agevola il traffico dati tra utente e la rete (Nicoletta Poo, Milano 2018). Cfr. Griselda Pollock, "Vedere non significa sapere. Dire ci permette di vedere. Sulle opere-parole di Hito Steyerl" in *Hito Steyerl*, Skira, Milano 2019 (catalogo della mostra, a cura di Carolyn Christov-Bakargiev, Marianna Vecellio, Castello di Rivoli, Torino, 1 novembre 2018-30 giugno 2019)

53. *Ibidem*, p. 48

54. *Ibidem*, p. 48

55. La blockchain Ethereum è nata nel 2013 e lanciata nel 2015. La sua moneta è Ether (ETH)

56. Miltos Manetas, *Websites, Are the Art of Our Times*, 2002-2004 [on line all'indirizzo: http://www.manetas.com/txt/websitesare. htm]

57. Negli anni successivi ha assunto forme diverse: una location per il progetto itinerante di Rafael Rozendaal *Bring Your Own Beamer* (2011), il *Padiglione degli Unconnected*, curato dal duo Francesco Urbano Ragazzi (2013), *Looking at the Internet* (2013) e su un gruppo WhatsApp, chiamato *Togetherness lirico* (2019)

58. Cfr. Nato Thompson and Independent Curators International, *Experimental Geography. Radical Approaches to Landscape, Cartography, and Urbanism*, Independent Curators International, Melville House, New York 2008

59. IOCOSE in Generazione Critica [on line all'indirizzo: http://www. generazionecritica.it/iocose/]

60. Christa Sommerer, Laurent Mignonneau, *Interface Cultures, Artistic Aspects of Interaction*, University of Michigan 2008

61. Christiane Paul, *Digital Art*, terza edizione 2015, op. cit., p. 141

62. Hito Steyerl, "Internet è morta", in *Duty Free Art. L'arte nell'epoca della guerra civile planetaria*, op. cit., p. 137

63. Vedi anche accenno alla Mostra *Les Immatériaux* di Jean-François Lyodard Centre Pompidou di Parigi nel capitolo *Spazi liminali; istituzioni, linguaggio, comunicazione, archivio*, p.172

64. Lisa Jevbratt, "Inquires in Infomics", in Tom Corby, *Network Art: Practices and Positions*, Routledge, Londra 2005, p. 74

65. Jussy Parrikka, *Geology of Media*, University of Minnesota Press, Minnesota 2015, p. 12 (trad. it. *Archeologia dei Media*, Carocci Editore, Roma 2019). Cfr. Jussy Parikka, *What is Media Archeology?*, Polity Press Cambridge 2012

66. Disponibile online all'indirizzo: https://www.ted.com/talks/katie_bouman_how_to_take_a_picture_of_a_black_hole

67. La mostra di Paolo Cirio (NOME Gallery, Berlino, co-prodotta con la Friedman Gallery, 2017), includeva, in 3D, un lavoro dello stesso James Bridle, (*Seamless Transitions*, 2015) la Field House, la casa della Special Commission Appeals (SIAC) dove rivelava le architetture "politiche" di questa sede di giudizio per le richieste di asilo da parte degli immigrati e luogo di transizione prima del loro rimpatrio

68. Rosi Braidotti & Maria Hlavajova, *Posthuman Glossary*, Bloomsbury Academic, Londra 2018

69. Trevor Paglen, conversazione e-mail con Lauren Cornell, ripubblicata in Lauren Cornell e Ed Halter (a cura di), *Mass Effect: Art and the Internet in the Twenty-First Century*, op. cit., p. 258

70. James Bridle, *New Dark Age. Technology and the End of the Future*, op. cit., p. 214

71. Antoni Muntadas è nato a Barcellona nel 1942, dove ha fatto parte del Grup de Treball composto da artisti, musicisti, film maker uniti dal comune intento e sentimento di opposizione al Franchismo. Nel 1971 si è trasferito a New York dove è entrato in contatto con artisti come Vito Acconci, Hélio Oiticica, Gordon Matta Clark

72. *The File Room* è ora conservato sulla piattaforma online Rhizome.org nell'ambito del già citato progetto *Net Antology*. La presentazione del lavoro è stata correlata da una serie di interviste che lo hanno fatto rivivere attraverso una testimonianza corale: voce dell'artista, che ne ha riportato alla memoria il contesto, quella di Peter Taub – all'epoca direttore della Randolph Street Gallery a Chicago – che ha raccontato la traslazione e traduzione dell'opera nello spazio fisico, e quella di Dragan Espenshied che ne ha tracciato il progetto di conservazione che rende possibile l'accesso al lavoro oggi

73. Antoni Muntadas intervistato da Massimo Melotti, in *Il Giornale dell'Arte*, numero 401, ottobre 2019, [on line all'indirizzo: https://www.ilgiornaledellarte. com/articoli/antoni-muntadas-la-lentezza-conoscenza/132005.html]

74. Marc Augè, "The Art of Separation" in *Muntadas. On Translation: I Giardini*, catalogo della mostra, Padiglione Spagna, 51a Biennale di Venezia, Actar, Barcellona 2005, p. 29

75. Antoni Muntadas, "Riflessioni per una metodologia di progetto", in *Monos #4*, Venezia 2013

76. Modesta di Paola, *L'arte che traduce. La traduzione visuale nell'opera di Antoni Muntadas*, Mimesis/Eterotopie, Milano 2017, p.92

77. Riadattare o tradurre i contenuti dei suoi lavori nelle mostre attraverso l'interpretazione di curatori, dove ogni altro accessorio informativo, dal pamphlet al catalogo sono sempre stati parte di una meta narrazione, parte integrante del metodo di Muntadas. Nel 2003 affidava a José Lebrero Stals il compito di riorganizzare una traduzione visuale dei suoi lavori del ciclo *On Translation* nella mostra "On Traslation: Museum" (2003) al MACBA-Museo de Arte Contemporaneo de Barcelona Cfr. *Antoni Muntadas. On translation*, MACBA, catalogo della mostra, Actar, Museu d'Art Contemporani de Barcelona, Barcellona 2002

78. *Entre/Between* è stata presentata al Museo Reina Sofía di Madrid (novembre 2011 – marzo 2012), Fondazione Gulbenkian a Lisbona (maggio-settembre 2012), alla Jeu de Paume Foundation a Parigi (gennaio-febbraio 2014) e alla Vancouver Art Gallery. Cfr. catalogo della mostra *Entre/Between*, Actar/Museo Reina Sofía, Barcellona 2011

79. Modesta di Paola, *L'arte che traduce. La traduzione visuale nell'opera di Antoni Muntadas*, op. cit.

80. Roberto Pinto in Cecilia Guida – Lorenzo Balbi – Arturo Fito Rodríguez Bornaetxea, *Muntadas. Interconnessioni*, Corraini Edizioni, Bologna 2020 (catalogo della mostra, Museo Mambo, Villa delle Rose, Bologna, 17 gennaio-22 marzo 2020)

Capitolo 4

SPAZI LIMINALI: ISTITUZIONI, LINGUAGGIO, COMUNICAZIONE, ARCHIVIO[1]

Fino a questo momento, abbiamo impiegato l'arte come lente attraverso cui osservare il mondo cambiare. La scelta è caduta in particolare su alcuni lavori nati e cresciuti in ambiti sperimentali con una direzione piuttosto politica, uno stimolo per uno sguardo critico sul mondo. Nessuna di queste forme d'arte, in particolare quelle che coincidono con la vita, potrebbe dirsi tale senza la presenza di altri spazi e momenti interstiziali che si siano inseriti in una qualche posizione, sia essa di mediazione o di contrapposizione e conflitto. È la trasposizione della vita in un altro ambito, l'arte, ad attirare l'attenzione su questioni che appartengono al quotidiano, come l'impiego disinvolto della biotecnologia e della manipolazione informatica o la discutibilità della comunicazione scientifica. Il linguaggio stesso emerge come vera e propria materia di creazione in tutte le sue declinazioni. L'archivio, poi, è ciò in cui tutto torna e si riconfigura a nuova vita, contenibile anche all'interno di una stessa immagine interfacciale.

1. ARTE "VIVA" E ISTITUZIONI

L'entrata nelle mura del museo di "arte viva", ha significato, e significa tuttora, doversi relazionare con questioni legate a contenuti che "vivono" nel flusso. Questo è vero quando si parla di arte digitale, soggetta a mutamenti continui, tanto nei contenuti quanto nei supporti. La questione diventa più delicata quando l'ibridazione di arte, vita e tecnologia fa ingresso negli spazi istituzionali nel pieno del loro pulsare, come è accaduto con opere di bioarte, al limite della vita, tra organico e inorganico. Nonostante si associno questi contenitori a qualcosa di statico, e siano per lo più effettivamente ancora legati a una struttura burocratica che resiste all'ibridazione delle discipline, le istituzioni sono cambiate radicalmente rispetto alla loro funzione iniziale.
«[...] Non c'è un museo univoco, precisa Eilean Hooper-Greenhill, il museo non è un'entità pre-costituita, prodotta nello stesso modo in ogni momento».[2]

Il primo grande cambiamento nella direzione che ci interessa discutere in relazione a opere vive è avvenuto con l'Illuminismo. «Durante l'Illuminismo – spiega John E. Simon – l'attenzione del museo è slittata da oggetti strani e inusuali a oggetti ritenuti rappresentativi della vita quotidiana. L'Illuminismo ha coinciso con la rivoluzione scientifica del Seicento, l'introduzione di nuove metodologie (empirica, sperimentale, e di metodi di ragionamento induttivo) così come l'istituzionalizzazione della scienza attraverso il costituirsi di nuove organizzazioni scientifiche».[3]

La storia naturale è stata dapprima conservata e presentata all'interno
di musei attraverso oggetti di vario tipo. Successivamente inizia ad
assume altre forme come musei, zoo, giardini botanici e aree riservate,
ne è un esempio l'eco-museo di George-Henri Rivière (1897-1985) e
Hugues Michet de Varine-Bohan, costruito attorno a una comunità e
con la partecipazione degli abitanti. In Italia, un'istituzione esemplare
come il PAV, già presentato nelle pagine precedenti, è stata concepita
dall'artista Piero Gilardi, come "laboratorio del vivente".

Similmente, alcuni musei sono nati come sperimentali per adattarsi ai
nuovi contenuti e formati, spesso ibridi, che si relazionano a volte con
la materia digitale e che ripongono il loro significato nel flusso dei dati.

Alcune tra le più significative realtà pionieristiche di questo tipo sono:
ZKM – Zentrum für Kunst und Medientechnologie a Karlsruhe, fondato
nel 1989 con un interesse specifico per la sperimentazione digitale; Ars
Electronica, nato come Festival nel 1979 per indagare le relazioni tra
arte, tecnologia e società ed esteso nell'attività del centro permanente
Ars Electronica Center, realizzato nel 1996; Beall + Center, fondato
nel 2000 presso la Claire Trevor School of the Arts at University of
California, con un impegno rivolto alla ricerca al confine tra arte scienza
e ingegneria; FACT, Foundation for Art and Technology, fondato nel 2003
e interamente dedicato a new media.

Non c'è da sorprendersi se l'inclusione di lavori "vivi" abbia trovato
terreno più fertile in questi spazi e dimensioni sperimentali, così anche
in università e laboratori di ricerca.

Il Festival Ars Electronica già nel 1996 aveva dedicato un'edizione a *The
Future of Evolution* e nel 1999 il tema, *LifeScience,* era l'intreccio tra vita e
scienza. In quegli anni il tema era piuttosto cruciale. Il progetto *Human
Genome Diversity* iniziato nel 1991 (e reso pubblico nel 2000) ha aperto
una finestra sulla biodiversità e sulla difficile determinazione di cosa
sia la vita. Per Gerfried Stocker, tuttora direttore artistico, si è trattato
di una naturale prosecuzione dell'interesse di un festival che già dalla
fine degli anni Settanta era concentrato su arte, tecnologia e società.

Nel 1999, invece, il centro specializzato ZKM, a Karlsruhe, inaugurava
la storica mostra *Net_Condition*[4] concepita come progetto che «riflette
sulle condizioni introdotte dal net, in termini artistici e sociali».[5]
Era chiaro, già da allora, in che misura Internet sarebbe diventato
una "condizione" di vita. La trasposizione nel contesto museale ha
sottolineato la straordinarietà di questo aspetto, per quanto ci sia

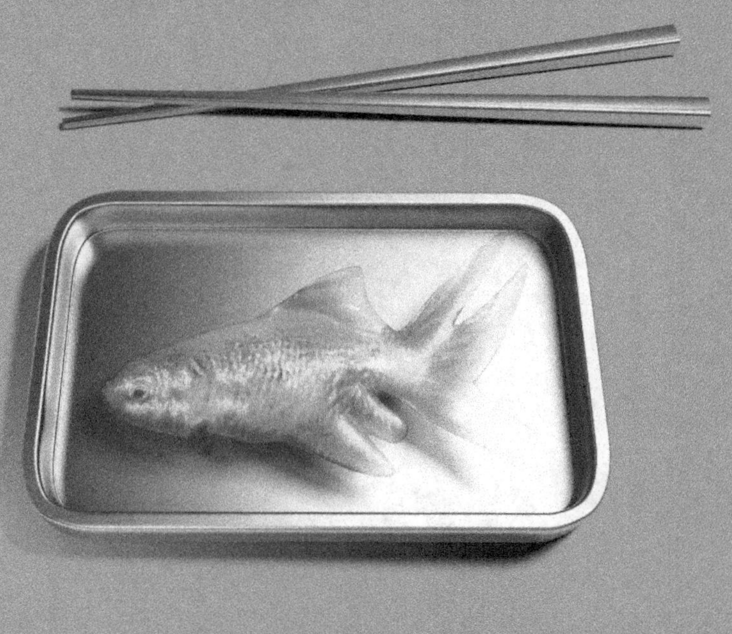

Ars Electronica 99, *LifeScience*, poster, 1999. Courtesy Ars Electronica.

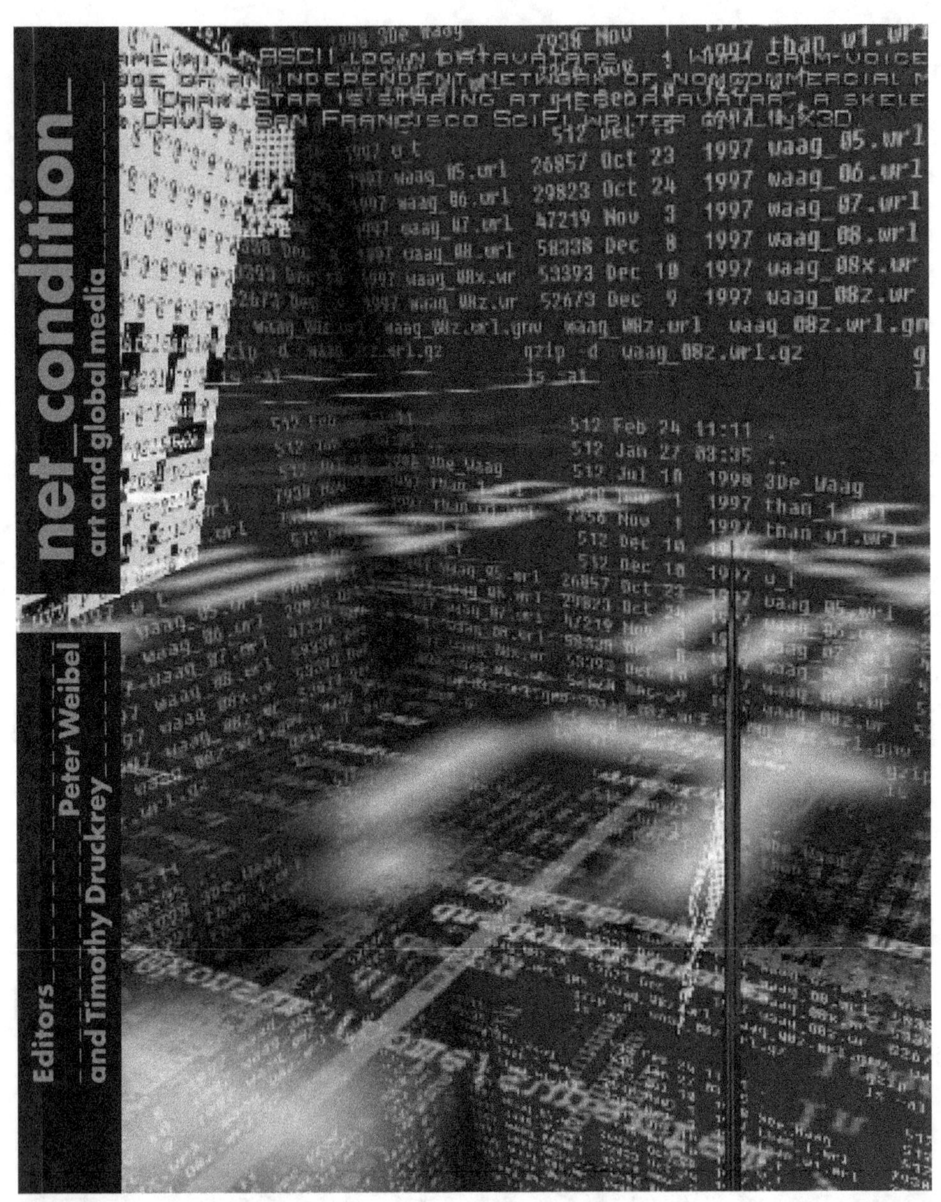

ZKM, *Net_Condition*, 1999. Courtesy ZKM | Center for Art and Media, Karlsruhe.

voluta un'ulteriore distanza storica prima che il discorso, da nicchia specializzata, raggiungesse un pubblico più ampio.

Alcune istituzioni per così dire "tradizionali", punti di riferimento indiscusso sulla scena internazionale, si sono mostrate particolarmente lungimiranti nell'anticipare l'inclusione nelle loro mostre di opere avveniristiche e, in alcuni casi, come parte della collezione permanente. New Museum, MoMA – Museum of Modern Art, Guggenheim Museum, Whitney Museum of American Art, DIA Art Foundation for the Arts a New York, Il Walker Art Center a Minneapolis e il San Francisco MoMA Museum a San Francisco, ICA – Institute of Contemporary Art e la Tate a Londra sono tra questi. Una tipologia di istituzioni, cosiddette tradizionali, che ha il potere di "consacrare" la vita ad arte, funzionando come TEZ (Temporary Esthetic Zones), termine adottato da Michaud per indicare le zone di consacrazione dell'arte.[6]

Il MoMA di New York è stato uno dei primi a manifestare interesse verso film, performance, arte digitale così come cultura *mainstream*. Oggi, grazie alla curatrice del Dipartimento di Architettura e Design del museo, Paola Antonelli, la collezione accoglie una varietà di prodotti creativi scaturiti da una ricerca interdisciplinare: dai video games ai più recenti rendering digitali, a due modelli in stampa 3D di un Autodesk Virus o Synthetic Phi – X174 batteriophage.[7] Il fatto che questa politica visionaria provenga da un dipartimento specifico del MoMA, e che tratti di architettura e design, è piuttosto significativo rispetto al nuovo profilo del paesaggio che stiamo cercando di delineare. Qui gli oggetti sono vitali e il design spinge oltre i confini di forma e funzione e il suo modo di inter-relazionarsi si interpone nel quotidiano, assorbe dal mondo circostante e si proietta nel futuro attraverso gli oggetti, funzionali o meno. Il designer cambia da «produttore di forma ad interprete fondamentale di una straordinaria realtà dinamica».[8]

Abbiamo parlato del MoMA come museo tradizionale e punto di riferimento indiscusso sulla scena internazionale dell'arte. Non dobbiamo dimenticare, però, la sua radice sovversiva quando, nel 1929, ha aperto i suoi spazi per presentare forme d'arte rifiutate da altri musei. Ancora oggi, la sua missione è impegnata a diffondere arte moderna e contemporanea che stimoli la riflessione.[9]

Lo stesso Whitney Museum è nato come istituzione alternativa ai tradizionali musei (con opere rifiutate dal Metropolitan Museum of American Art) per dedicare l'impegno alla promozione e alla collezione dell'arte americana di artisti viventi, un ambito del tutto rivoluzionario per l'anno della sua nascita, il 1930. Nonostante il suo interesse esclusivo per l'arte americana, il Whitney è l'istituzione che vanta la programmazione più longeva e costante dedicata alle arti elettroniche con la cura e guida di Christiane Paul. Dal 2001 la curatrice e studiosa ha incluso le arti digitali in biennali, mostre dedicate e progetti online. La ricerca, inoltre, è proseguita negli anni attraverso Artport, portale del sito del museo dedicato a commissionare lavori online e alla documentazione di arte net e new media incluse in mostra o parte della collezione.

Anche la Dia Art Foundation, annoverata tra le più importanti istituzioni del mondo e promotrice di una serie di commissioni di Internet art sul proprio sito, nasce, negli anni Settanta, come istituzione dedicata alla realizzazione e alla conservazione di progetti, in quegli anni fuori dalla portata delle istituzioni tradizionali, anche solo per ciò che concerne la scala di realizzazione. Ha sempre incluso, infatti, lavori di Land Art, come i già citati Walter de Maria e Robert Smithson.

Andando oltre l'informazione specifica, la politica museale traccia anche una linea di continuità tra Land Art e arte sul net, nel suo spingersi al limite, nel suo configurarsi e plasmarsi "sul" e "con" il territorio, nella stessa forma e scala.

Dire che opere vitali entrano in uno spazio – siano esse opere digitali che vivono nel flusso del codice informatico o che si esprimano letteralmente nel codice della vita – significa che due eco-sistemi vengono a contatto tra loro e, in un modo o nell'altro, convergono in uno solo, tutt'uno con il pubblico. «L'ambiente espositivo – sostiene Boris Groys – entra in un gioco di relazioni che diventano il soggetto del lavoro, non più il significato dell'oggetto presentato nello spazio».[10]

Questo coinvolgimento attivo e spesso partecipativo degli spettatori è un canale importante da attraversare perché l'arte conquisti la forza del racconto. L'istituzione come spazio liminale può diventare un tramite importante nel suo potere di consacrare qualcosa come arte, spostarlo dal suo contesto, esporlo. Negli ultimi anni mostre su queste tematiche si sono certamente moltiplicate, anche favorite da un momento storico che permette una qualche distanza. Molte si presentano in una lettura che, attraverso i lavori, riflette la condizione attuale. Eccone alcuni esempi: *Electronic Superhiway. From Experiments in Art and Technology to Art After the Internet*, presentata alla Whitechapel Gallery di Londra (2016), *Art in the Age of the Internet. 1989 to today*, organizzata presso The Institute of Contemporary Art di Boston (2018), e *I was raised on the Internet* al Museum of Contemporary Art a Chicago (2018).

2. IL CLIMA NEL RAGGIO ISTITUZIONALE

Per quello che riguarda il clima, il rapporto tra arte e istituzioni è piuttosto peculiare essendo un tema già di per sé mediatico, quindi politico.

Importanti appuntamenti dell'agenda politica sul clima hanno trovato nell'arte un interlocutore ideale offrendone mutuo beneficio e visibilità. Quando nel 1959, i Paesi partecipanti all'Anno Geofisico Internazionale (1957-58) firmarono l'*Antarctic Treaty*,[11] Otto Piene insieme a Yves Klein e Heinz Mack immaginavano una mostra dedicata all'Antartide dove sarebbero stati esposti oggetti di grandi dimensioni che si sarebbero potuti produrre dal paesaggio stesso, a partire dall'aria.[12] In quegli anni il dibattito sul clima era molto lontano dai riflettori mediatici. L'attenzione è cresciuta di pari passo con i vari *summit* che, a partire da quello tenutosi a Rio de Janeiro nel 1992, hanno riunito nazioni di tutto il mondo per discutere la questione. Alcune opere sono assurte a manifesto della condizione climatica. Una di queste è il lavoro di Agnes Denes che nel 1992 ha avviato un progetto concepito negli anni Ottanta, *Tree Mountain, A Living Time Capsule*: una montagna di forma ellittica di 270 m di altezza, 420 di lunghezza e 38 di larghezza, realizzata nei pressi di Ylöjärvi, in Finlandia, dove 11.000 alberi sono stati piantati da altrettante persone provenienti da tutto il mondo. Le piante hanno formato dei *pattern* riconducibili alla sezione aurea e a figure ancestrali della Terra, in un equilibrio tanto delicato quanto necessario come quello che regola il rapporto uomo-natura. Chiunque avesse piantato un albero avrebbe sottoscritto un contratto di responsabilità valido per almeno venti generazioni future, cosicché a oggi la foresta non può essere posseduta né venduta.[13] Il progetto[14] è stato annunciato ufficialmente dal governo finlandese in occasione dell'Earth Summit di Rio de Janeiro.

Il 2001 è stato un altro anno cruciale per quanto riguarda il clima, sempre in un contesto in cui il dibattito si esauriva nel tempo in cui l'attenzione dei media si posava sui vari eventi a esso dedicati. All'epoca le piccole figure in ghiaccio scolpite da Nele Azevedo in collaborazione con i cittadini, le *Minimum Monument*, popolavano le piazze di diverse città, rendendo in qualche modo visibili le conseguenze del surriscaldamento climatico. Intergovernmental Panel of Climate Change, sempre nel 2001, poneva l'uomo al centro dei cambiamenti climatici. Un anno prima, il Premio Nobel per la chimica, Paul Crutzen, adottava il termine Antropocene, diffuso dal biologo Eugene Stoermer negli anni Ottanta del XX secolo, per contraddistinguere l'era che, a seguire l'Olocene, segna la fine della distinzione tra uomo e natura ipotizzandone l'inizio con la rivoluzione industriale del diciottesimo secolo.[15]

Nel 2007 l'Australia cercava di ottenere attenzione e di legittimare la sua voce nel dibattito climatico, obiettivo compreso anche nella mostra intitolata *The Trouble with the Weather: a Southern Response*. Si trattava inoltre di sottoporre una nuova questione geografica e politica intesa a riposizionare, nel discorso climatico, il Sud del mondo riunendo assieme artisti provenienti dal Pacifico del Sud, dall'Australia e dal Sud America: «Per molti secoli il clima ha contribuito a definire il Sud, offrendo una spiegazione naturale della diversità umana. Con l'espansione dell'Occidente nell'emisfero meridionale, la differenza si misurava nella norma del "ritorno a casa". Il centro era sempre altrove, il Pacifico del Sud era una periferia e la periferia un posto dove le distorsioni della natura umana erano associate all'eccesso climatico».[16] Clima e linguaggio, sono due componenti fondamentali, tra le altre, per il determinarsi della geografia nel suo configurarsi e ri-configurarsi in confini.

In quello stesso anno Lucy Lippard, importante teorica e scrittrice attenta al processo di de-materializzazione dell'arte, curava la celebre mostra sul clima *Weather Report: The Unexpected*. L'obiettivo che si era posta non era rivolto a sintetizzare attraverso l'arte quanto diceva la scienza. Con i 51 artisti selezionati, intendeva, piuttosto, «passare al vaglio strategie diverse per l'analisi delle relazioni tra arte, attivismo e scienza. Lavori concettuali e *site-specific*, si erano rivelati i più facilmente adattabili al grande numero di informazioni disponibili».[17]

Il summit di Copenhagen del 2009 ha segnato un altro momento importante del dibattito climatico: i Paesi sviluppati si sono assunti l'impegno di mobilitare congiuntamente – a partire dal 2020 – risorse pari a 100 miliardi di dollari all'anno. Attorno a questo evento, si sono raccolte, direttamente e indirettamente, numerose iniziative istituzionali: *Radical Nature* al Barbican di Londra; *Rethink-Contemporary Art & Climate Change*, realizzata in varie istituzioni danesi; *350 Earth*, evento globale con varie installazioni riprese da Google Earth e la Biennale *Intemperie* in Argentina, Sudafrica e Brasile, per citarne solo alcune. Tutti motivati dalla denuncia del cambiamento climatico per mano dell'uomo. Sperimentazioni e letture del clima si sono progressivamente moltiplicate, favorite anche dalla facilità di accesso e visualizzazione di dati a volte, e in parte, resi disponibili dalla scienza stessa.

La mostra *Undercurrents* (2010),[18] organizzata nell'ambito dell'Independent Study Program Curatorial Fellows del Whitney Museum of American Art di New York, rivolgendosi all'impegno sociale e, alla ricerca di modalità di coabitazione in maniera "etica", cercava di portare la dimensione sociale e politica al suo interno. Con questi obiettivi, si configurava quindi come una sorta di "ecosistema sperimentale", che si concretizzava attraverso diverse realtà territoriali, ciascuna delle quali rappresentava un diverso punto di vista rispetto al dibattito in corso.[19]

Nel 2013 *Climate Art: New Ways of Seeing Data,*[20] promossa e realizzata da IMC Lab + Gallery,[21] ospitava una varietà di artisti che, con modalità e approcci diversi, si accostavano al tema del clima attraverso la produzione di mappe climatiche, soprattutto mappature delle logiche ambientali, realizzate mediante dati elaborati da software. Altri, hanno impiegato l'arte per veicolare dati scientifici. *Flight Pattern* di Aaron Koblin, per esempio, mappava i voli interni negli Stati Uniti nell'arco di 24 ore, mostrandone gli effetti cumulativi. I diversi colori impiegati corrispondevano ai 573 tipi di velivoli in volo sugli Stati Uniti nell'agosto 2010, per un totale di 205.000 voli. Il lavoro web *Partly Cloud,*[22] di Ursula Endlicher, sfruttava un'altra modalità di visione, in cui una creatura simile a un ragno si produceva in una web performance in cui i movimenti erano condizionati, e quindi coreografati, da dati meteorologici estrapolati in tempo reale.

Mentre la mostra newyorkese ha rivelato nuove possibili letture climatiche attraverso l'uso del software, nello stesso anno si inaugurava la prima edizione dell'*Oceanic Performance Biennial* per esplorare, attraverso la performance, l'oceano, i suoi ambienti biotici e abiotici, e il modo in cui l'uomo vi si relaziona.[23] Nel 2015 l'*Oceanic Performance Biennale* e la *Performance Studies international-Fluid States conference*[24] riflettevano sulle ecologie sociali, culturali e politiche dell'Oceania, indagando il ruolo stesso dell'arte nonché le modalità di vita indigene del Pacifico e il loro modo di "pensare oceanicamente" il rapporto tra mare e terra, ovvero sintonizzandosi alle realtà relazionali e fluide della nostra condizione, assumendo la posizione di chi non conosce (come fa chi naviga in mare): «Mettendo assieme performers, autorità locali e tribali, attivisti e studiosi da tre continenti. "Sea-change" ha esplorato il cambiamento climatico (spesso immaginato come una astrazione distante e globale) come si fa con un'esperienza intima, fortemente legata al territorio e profondamente storica».[25] Il discorso avviato in maniera così specifica nell'ottica artistica dimostra, dunque, la sua rilevanza nello spingerci verso una relazione esperienziale con il clima in vista di un'azione futura.

Dal 2019 il grido di allarme per il cambiamento climatico, oltre che dall'evidente susseguirsi sempre più serrato di catastrofi ambientali e dal sensibile innalzamento delle temperature, è stato amplificato dal megafono mediatico della giovane attivista Greta Thunberg: il primo passo di un percorso che potrebbe portare all'acquisizione di consapevolezza così come al disperdersi in un *loop* che ruota attorno all'aura mediatica impigliato nella rete della sua forza seduttiva. Poco prima della vera e propria esplosione del cosiddetto fenomeno Greta, Pier Luigi Capucci con Roberta Buiani aveva avviato il progetto triennale *art*science 2018-2020 – Art & Climate Change*,[26] una serie di eventi, conferenze, mostre, workshop e pubblicazioni orientati a una lettura transdisciplinare di tematiche che riguardano il cambiamento climatico e il ruolo che l'arte può avere nel restituire consapevolezza delle grandi trasformazioni che il nostro pianeta sta attraversando. Il progetto, avviato nel 2018, presso il Museo del Sale a Cervia, e proseguito poi a Roma e a Urbino nel 2019,[27] ha costituito la naturale evoluzione di *art*science-Il Nuovo e la Storia/The New and History*, conferenza tenutasi a Bologna per i 50 anni di *Leonardo,* la più autorevole rivista in campo internazionale sulle relazioni tra arte e scienza, pubblicata da MIT Press. Nel 2020, quando il "tema climatico" è stato definitivamente mediatizzato, Pier Luigi Capucci fermava alcune riflessioni raccolte in anni di studio e confronto con artisti e scienziati. Il discorso tra arte e scienza confluiva ora nell'urgenza di proiettarsi in una dimensione temporale che «va al di là delle generazioni, della vita, delle persone. Richiede una programmazione e un'azione costanti, coordinate, cooperative e disinteressate, declinate in un futuro a lungo termine».[28]

Nella XXII Triennale di Milano, con la mostra *Broken Nature* a cura di Paola Antonelli e Ala Tannir, dedicata proprio alla questione climatica, sono tornate assieme tutte le tematiche fino a qui affrontate, confluite nella visione di nuove, future forme di design, immerse nella coesistenza tra organico e inorganico, tra umani e non umani. Design biologico e algoritmico, l'esplorazione di materiali eco-sostenibili, l'attenzione per l'Intelligenza Artificiale, hanno seguito il filo di un unico discorso. «Lo scopo è di assicurare che in un giorno non lontano al design venga accordato un rispetto e una credibilità pari alla scienza, specialmente quando ci si trova di fronte a importanti rivoluzioni che coinvolgono l'uomo e i suoi comportamenti».[29]

3. LINGUAGGIO E COMUNICAZIONE

I musei sono ormai imprescindibili dalle loro estensioni virtuali e soprattutto mediatiche che assumono un ruolo sempre più centrale, anche nella loro delocalizzazione nei vari bracci della comunicazione social (Instagram, Twitter, Flickr). In maniera drastica, ma veritiera, il teorico Boris Groys ha individuato il cambiamento del museo nel suo convergere con l'informazione che si sostituisce all'oggetto e ne costruisce l'aura attraverso metadati digitali.[30] *Museums are media makers*, così li definisce Jenny Kidd in un suo recente saggio comprendendo anche tutte le funzioni che ruotano attorno alle sue estensioni mediatiche.[31]

L'estensione istituzionale legata alla comunicazione può giocare un ruolo fondamentale, a volte dirottare *in toto* il significato originario dei lavori, a volte fermare l'attenzione su un aspetto piuttosto che su un altro. I *Delphiniums*[32] del fotografo Edward Steichen, esposti al MoMA nel 1936 avevano conquistato grande attenzione da parte dei media di tutto il mondo. Si trattava, infatti, di una delle prime ibridazioni di piante a scopi estetici.[33] In particolare, come ci fa notare Ronald J. Gedrim nel suo saggio in cui parla estensivamente della mostra e del contesto storico, la notizia si è diluita su riviste che hanno raggiunto pubblici diversi. Steichen stesso scriveva: «I report nella stampa di New York si sono diffusi dalle testate dedicate all'arte a quelle dedicate al giardinaggio. Nell'arco di una notte, i *Delphinium* sono passati da semplice giardinaggio ad argomentazioni di punta nelle discussioni di giardinaggio».[34] La mostra, all'epoca, è stata anche piuttosto discussa per l'influenza di Steichen nella politica museale come presidente dell'Advisory Committee del Museo, per il contingente contributo finanziario da lui stesso versato per la sua realizzazione, oltre al coincidere dell'entrata in vigore, in quegli anni, di una legge che legalizzava tecniche di ibridazione vegetale nel mercato indicandole come *Inventive Economic Activity*.[35] Nonostante questo, l'evento è entrato nella storia e ha viaggiato fino a noi attraverso l'informazione conservata nelle strade elettroniche, anche per mano dell'archivio del Museo dove tutti i documenti sono consultabili a partire dal 1929.[36]

Un altro episodio che porta in primo piano il ruolo della comunicazione come vero e proprio spazio interstiziale tra opera e pubblico riguarda il già discusso *Victimless Leather* di Tissue & Culture. La vita delle colture cellulari che costituivano l'opera si è dovuta interrompere prima del tempo in occasione della sua presentazione nell'ambito della mostra *Design and the Elastic Mind* (2013), curata da Paola Antonelli, al Museo MoMA di New York, dopo averne constatato una crescita fuori misura. Quando la notizia dell'interruzione del nutrimento della coltura cellulare ha raggiunto il pubblico mediatico con titoli come: MoMA *Exhibit Dies*, o *Curator Forced to Kill-Out-of-Control Bio art Exibit*, l'attenzione dei media si è spostata interamente su questo lavoro che ha conquistato un ruolo di primo piano sugli oltre duecento oggetti in mostra, da *nano-*

devices a veicoli, a interfacce, a oggetti di uso quotidiano, che hanno portato assieme creatività da tutto il mondo per rappresentare visioni, sogni e ammonizioni attraverso il Design.

In alcuni frangenti, lo spazio della comunicazione ha giocato un ruolo ancora più radicale. Nel 2015 il collettivo curatoriale Don't Follow the Wind (Chim↑Pom, Kenji Kubota, Eva & Franco Mattes, Jason Waite) organizza la mostra *Don't Follow the Wind (DFW)*[37] in tre edifici all'interno della zona radioattiva di Fukushima, una casa, un magazzino e un centro ricreativo. Tra le opere è presente anche *Trinity Cube* di Trevor Paglen, un cubo risultato di una commistione tra una roccia vitrea, formatasi nel 1945 e contenente frammenti di una bomba fatta esplodere durante un test nucleare in New Mexico, e i vetri radioattivi degli edifici di Fukushima.

La mostra sarà visitabile in un futuro indeterminato, quando la zona sarà dichiarata fuori pericolo. Fino a quel momento, semmai arriverà, la mostra esiste puramente nella dimensione dell'informazione, nel sito dedicato, nel video girato dai curatori (*A Walk in Fukushima*) e negli articoli che di tanto in tanto rimbalzano il progetto. Alcuni eventi organizzati nel tempo, concepiti come *Non-Visitor Centers*[38] hanno riacceso ogni volta la fiamma mediatica ponendo arte e informazione sullo stesso piano di complicità. La circolazione di opere e la mostra portano con l'informazione dell'esposizione il ricordo del disastro nucleare del 2011 e l'allontanamento di 25.000 persone dalle loro case per un tempo altrettanto indeterminato.

Il linguaggio gioca un ruolo fondamentale, nel suo declinarsi nella comunicazione, ma anche in sé stesso, sul piano terminologico; diventa spazio e momento perché la realtà si concretizzi in una certa direzione.

Quando si è parlato di arte elettronica, termini in uso poi, come media art, new media art, o altri, di derivazione tecnologica che si pongono al confine tra interessi legati alla cultura e quelli proiettati nella società del consumo, si è rischiato di lasciare queste forme d'arte come marginali rispetto alle istituzioni, per molto tempo rispetto alla vita stessa. Titoli di mostre o termini in cui ritrovare generi artistici che contenessero riferimenti al mezzo tecnologico sono rimasti arenati in una zona di conflitto, tra l'interesse dell'industria del consumo e lo scetticismo di quel mondo della cultura che non si è sforzato di guardare ciò che ponendosi proprio in questi spazi limitrofi ha saputo rivelare il paesaggio. Jon Ippolito e Joline Blais, avvicinano la tecnologia a un virus, un'entità ostile all'organismo che viene vista con sospetto per la

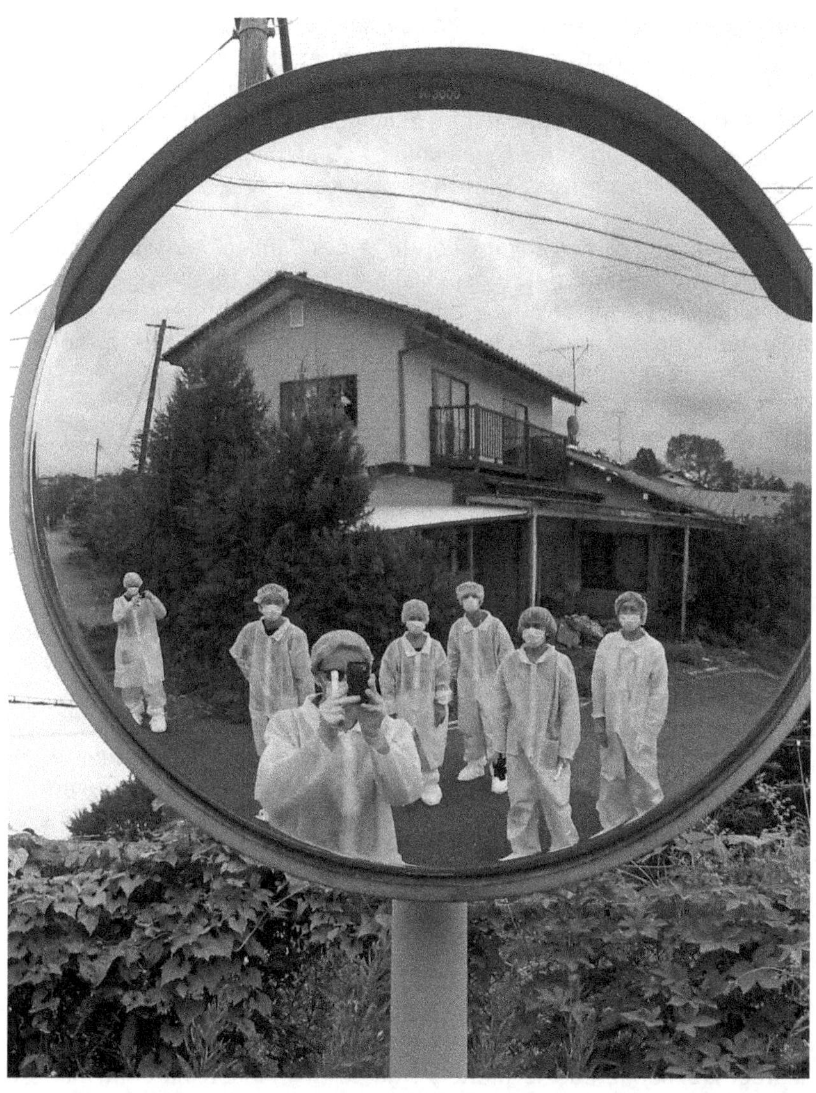

Chim↑Pom, Kenji Kubota, Eva & Franco Mattes, Jason Waite, *Don't Follow the Wind*, team curatoriale in visita alle sedi della mostra, Fukushima, 2015. Courtesy Chim↑Pom, Kenji Kubota, Eva & Franco Mattes, Jason Waite.

sua imperscrutabilità e mutabilità costante, oltre ai timori derivati dalla difficoltà di poter prevedere nella sua interezza le conseguenze etiche del progresso tecnologico.[39] Questo non significa rifiutare o rinunciare all'impiego di termini specifici. In alcuni casi e contesti è congeniale a ciò che si vuole proporre o comunicare. Significa, piuttosto, prendere coscienza dell'oggettivo conflitto che possono generare.

Nel linguaggio si è ritrovata confluire *Les Immatériaux*, una mostra esperimento curata dal filosofo Jean-François Lyodard al Centre Pompidou di Parigi, rivolta a descrivere le nuove materialità dell'era post industriale attraverso la costruzione di un percorso visivo-sonoro destinato a destabilizzare piuttosto che a fornire informazioni.

La mostra nasceva per iniziativa del Centre de Création Industrielle, uno dei dipartimenti del Pompidou dedicato alle trasformazioni del mondo della produzione per indagare appunto i materiali del XXI secolo. «Il linguaggio e la comunicazione hanno determinato la modulazione della mostra attorno a cinque termini che Lyotard pensava indirizzassero alla nuova situazione di materialità: *matériau, materiel, maternité, matière*, e *matrice*, tutti termini impiegati anche nel linguaggio dell'informazione. Tutti originano nella stessa matrice *mât*, derivata dal sanscrito *mâtram* che significa "fare a mano, misurare, costruire"».

«Lyotard – spiega Francesca Gallo – ribalta i materiali negli immateriali facendo coincidere i due poli della materia e del linguaggio, attraverso il comune riferimento etimologico alla radice indoeuropea *mât*».[40]

La materialità dell'immateriale prende forma nel linguaggio della comunicazione che instrada in un percorso labirintico diviso per zone determinate, appunto, da divisioni concettuali e linguistiche. La mostra, lo spazio, il linguaggio si aprivano all'esperienza del post-moderno e alla sua materialità. Certamente, e questo è un altro discorso ancora, l'inclusione di artisti attivi nell'ambito delle telecomunicazioni come Marcel Duchamp, László Moholy-Nagy e Roy Ascott ha contribuito a conferire legittimità alle ricerche artistiche con le nuove tecnologie.

La questione linguistica emerge, poi, con particolare evidenza nell'ambito del clima e del campo scientifico a tutto tondo. Nella comunicazione scientifica si è utilizzata una varietà di termini, molti dei quali hanno cambiato significato nel corso del tempo. Nel 1896, per esempio, il Nobel svedese per la fisica Svante Arrhenius, aveva teorizzato un possibile surriscaldamento della Terra conseguente all'innalzamento dei livelli di CO_2. Ora, a prescindere dalle cause del surriscaldamento e mettendo da parte il dibattito sul ruolo effettivamente giocato in quel fenomeno dai livelli di CO_2, ci interessa rilevare che a quel tempo l'espressione *green house* ("effetto serra") era intesa con accezione positiva per indicare un clima favorevole alla coltivazione.[41] Negli anni Ottanta, invece, quest'espressione è diventata sinonimo di surriscaldamento causato dall'intervento dell'uomo, per poi essere soppiantata negli anni Novanta da *global warming* e infine da *climate change*.[42]

I media e la comunicazione del clima giocano un ruolo fondamentale per il loro riflettersi nei comportamenti dell'uomo. Lo sostiene Marianna Poberezhskaya, che ha studiato, in particolare, i rapporti tra comunicazione e clima in Russia, rifacendosi alle teorie di Ulrich Beck (1994). Lo studioso fa notare quale importanza abbia il ruolo della conoscenza e quanto facile sia dirottarla attraverso i media. Beck richiama l'attenzione sul fatto che «costose e ampie ricerche scientifiche spesso non vengano neanche notate dai loro committenti, finché non se ne parla in TV o sulla stampa a grande diffusione».[43]

Se questo accenno è indirizzato al linguaggio nella forma che meglio conosciamo e utilizziamo nel nostro esistere sociale, ovvero quello scritto e parlato, la sua eco è da intendersi estesa anche ai linguaggi che configurano i dati e che, anche nella forma di immagini, consegnano i contenuti al pubblico, scientifico o dell'arte che sia. Gli artisti riescono a volte a porsi tra questi spazi e tra questi due diversi modi di comunicare. «Un tempo, la visualizzazione scientifica sembrava comunicarci direttamente le condizioni atmosferiche, ma il lavoro degli artisti ci mostra inequivocabilmente che quella che era l'ovvia "evidenza" delle informazioni fornita dall'obiettività scientifica è in realtà piuttosto precaria e influenzata da giudizi di valore».[44]

4. L'ARCHIVIO

Un altro spazio liminale di cui tener conto è quello dell'archivio che nell'era digitale esce dall'idea di spazio rigido, chiuso in un luogo fisico. Se consideriamo l'archivio in relazione a musei e istituzioni, questo comprende informazioni raccolte al momento della presentazione di un lavoro (o della sua acquisizione), conserva i dati, li riutilizza in occasione della re-installazione delle opere, vive in una forma ciclica, ogni volta arricchita di informazioni e variabili, fino a quando non sono veicolate all'esterno nella misura concessa dalla *policy* adottata da ciascun archivio e museo. Tutto il materiale scritto a latere di una mostra e conservato in forma di documentazione diventa spazio e momento particolarmente delicato nel traghettare i lavori alla loro (ri)nascita in future presentazioni. Il curatore e teorico John Ippolito, in riferimento a opere effimere, richiamava all'attenzione i pericoli legati alla funzione delle didascalie che generalmente accompagnano le opere in mostra nella prospettiva di formulare paradigmi che potrebbe non aver senso stabilire nell'epoca del flusso.[45]

Ancora una volta, il discorso dall'arte si estende alla vita. Nell'archivio si intrecciano i dati, si costruiscono le geografie del contemporaneo. L'archivio occupa un posto sempre più di primo piano in un paesaggio costruito da un numero sempre crescente di dati, sempre più bisognosi di essere organizzati per accessi tematici riconfigurandosi eventualmente in altri archivi. «Il futuro dell'archivio metterà in collegamento l'oggetto o il documento con altri archivi, artefatti, informazioni, persone eventi. L'archivio assorbirà doveri e caratteristiche di altre istituzioni o entità culturali, come database, installazioni, giochi, lavori net, strumenti di conoscenza... Dall'altra parte, molti nuovi strumenti come computer sistemi di giochi, cellulari arriveranno con le loro funzioni d'archivio e si amalgameranno con altri archivi, senza soluzione di continuità».[46]
Molte delle opere trattate, sono esse stesse un archivio, mappature di dati riconfigurate in interfacce.

L'archivio può coincidere con l'immagine stessa nella sua funzione interfacciale. È ciò in cui Jens Hauser ritrova una nuova epidermide. Infinitamente sottile ed elastica, si introflette ed estroflette in multiversi, superando l'idea di epidermide come separatore tra l'uomo e il mondo, instaurandosi, piuttosto, come tessuto connettore.[47] A questo punto, la storia ha inizio. *Mind the Gap*.

1. La ricerca sul rapporto tra bioarte e musei origina in un testo scritto in occasione della conferenza *Colloque international « Éthique et bioart »*, Montpellier, 29-30 novembre 2016, pubblicata successivamente in lingua francese: Elena Giulia Rossi, "The Vitalist Museum. Entre l'art de la vie et la vie de l'art" in Marion Laval-Jeantet, Paolo Stellino, Guillaume Bagnolini (a cura di), *Bioart et éthique*, op. cit., pp. 155-179

2. Eilean Hooper-Greenhill, *Museums and the Shaping of Knowledge*, Routledge, Londra e New York 1992, p.191

3. John E. Simmons, *Museums. A History*, Rowman & Littlefield, Lanham (MD) 2016

4. *Net_Condition* era la tappa finale dedicata al mondo dei media nell'ambito del progetto "The Art and Global Media. An exhibition in the media space", pensato per essere diluito in una varietà di sedi e media, lanciato a Graz (Austria) come parte dello Steirischer Herbst Festival

5. Peter Weibel, "The Project", in Peter Weibel e Timothy Druckrey, *Net_Condition. Art and Global Media*, ZKM-Center for Art and Media, Karlsruhe, Germania, The MIT Press, Cambridge, Massachusetts; Londra, p. 14

6. Yves Michaud, "Art and Biotechnology", in Eduardo Kac (a cura di) *Signs of Life. Bio Art and Beyond*, op. cit., p. 294

7. *Synthetic Phi – X174* è il nome con cui un batterio di biologia sintetica è conosciuto nei laboratori che impiegano scienza e design per replicare sinteticamente le istruzioni chimiche del DNA. È il primo genoma basato sul DNA a essere messo in sequenza (1977), il primo a essere sintetizzato artificialmente (2003), il primo a essere auto-replicato una volta inserito in una cellula ospite (2010)

8. Paola Antonelli, *Design and The Elastic Mind*, catalogo mostra (24 febbraio – 12 maggio 2008), The Museum of Modern Art, New York 2008, p. 17

9. Testo originale incluso nella missione del museo: «[…] committed to sharing the most thought-provoking modern and contemporary art» [on line all'indirizzo: https://www.moma.org/about/]

10. Boris Groys, *In The Flow*, Verso, Londra 2016, op. cit., p. 122

11. Il Trattato Antartico, detto anche Trattato di Washington, è un accordo internazionale finalizzato alla definizione dell'utilizzo delle parti disabitate dell'Antartide che si trovano a sud dei 60° di latitudine Sud. Il trattato (1957-58) è entrato in vigore il 23 giugno 1961

12. L'episodio è citato in Annick Bureaud, *Inhabiting the Extreme or Making Antarctica Familiar*, op. cit., p. 185

13. Informazioni sul progetto *Tree Mountain-A Living Time Capsule* di Agnes Denes sono reperibili sul sito dello studio dell'artista [on line all'indirizzo: http://www. agnesdenesstudio.com/works4.html]

14. *Tree Mountain, A Living Time Capsule* è stato sponsorizzato da United Nations Environment Program e dal Ministero Finlandese per l'Ambiente

15. Paul J. Crutzen, Eugene F. Stoermer, "The Anthropocene", in *IGBP Newsletter*, n. 41, maggio 2000 [on line all'indirizzo: http://www.igbp.net/download/18.31 6f18321323470177580001401/ 1376383088452/NL41.pdf]. Vedi anche Paul J. Crutzen, *Benvenuti nell'Antropocene. L'uomo ha cambiato il clima, la Terra entra in una nuova era*, Mondadori, Milano 2005

16. Jacqueline Bosscher – Maria Miranda – Norie Neumark, curatorial statement, *The Trouble with the Weather: a Southern Response*, mostra alla UTS Gallery, University of Technology, Sydney dal 3 luglio al 30 agosto 2007 [on line all'indirizzo: https://www.weathertrouble.net/curators. html]. Artisti in mostra: Isabel Aranda (Cile), Jonathan Jones (Australia) e Jim Vivieaere (Nuova Zelanda/Cook Islands), Andres Burbano (Colombia), Peter Bennetts (Australia), Elizabeth Day (Australia), Muriel Frega (Argentina), David Haines e Joyce Hinterding (Australia), Niki Hastings-McFall (Nuova Zelanda/ Samoa), Zina Kaye (Australia), Dani Marti (Australia), Maria Miranda e Norie Neumark (Australia), Jason Nelson (Australia), Regina Pinto (Brasile), Janine Randerson (Nuova Zelanda), John Tonkin (Australia), H. J. Wedge (Australia)

17. Lucy Lippard, *Weather Report: Art and Climate Change*, introduzione al catalogo della mostra al Boulder Museum of Contemporary Art, Colorado, dal 14 settembre al 21 dicembre 2007,

Boulder, Colorado: Boulder Museum of Contemporary Arts 2007 p. 5. La mostra è stata organizzata in collaborazione con Eco Arts, un'organizzazione rivolta a mettere insieme scienziati, ambientalisti e artisti (visivi e performativi) e altri professionisti dell'istruzione, della politica e dell'economia per sensibilizzare al rispetto dell'ambiente e nella prospettiva di futuri sostenibili. Altri partner: ATLAS (Alliance of Technology, Learning and Society), Boulder Public Library, NCAR-National Center for Atmosferic Research, City of Boulder, Università del Colorado, Fiske Planetarium, Norlin Library Galleries

18. *Undercurrents*, a cura di Anik Fournier, Michelle Lim, Amanda Parmer e Robert Wuilfe per il Whitney Independent Study Program Curatorial Fellows, 2009-2010. Artisti in mostra: Gina Badger, Amy Balkin, Rachel Berwick, Matthew Buckingham, ecoarttech, Pablo Helguera, Alfredo Jaar, Tatsuo Miyajima e Shadow Project Team, Lize Mogel, Andrea Polli, Emily Roysdon, Apichatpong Weerasethakul

19. The Kitchen, sito principale della mostra, è un'istituzione no profit a New York interessata ad arte e innovazione con taglio transdisciplinare. Le altre realtà coinvolte erano attive nella dimensione pubblica della città: The Historic House Trust, The High Line, the Little Red Lighthouse e The North River Wastewater Treatment Plant

20. La mostra è stata curata da Isabel Walcott Draves, fondatrice di LISA (Leaders in Software and Art) ed è stata parte dei Marfa Dialogues /NY che tra ottobre e novembre 2013 hanno trasformato la città di New York in un teatro per attivisti e ambientalisti, aprendola a sperimentazioni artistiche. Artisti invitati: Ursula Endlicher, Ben Fry, Aaron Koblin, Nathalie Miebach, Camille Seaman, Karolina Sobecka

21. IMC Lab + Gallery è una realtà newyorkese che dal 2001 supporta artisti che fanno un uso creativo dei software

22. Il progetto era stato concepito e presentato precedentemente nell'ambito dell'evento "Shadow & Light", a cura di Marek Walczak, Lars Eklöw, Johanna Kindvall e Robert Ek, svoltosi dal 10 al 31 luglio 2010 al Kulturmöllan a Lövestad, nel sud della Svezia

23. *Oceanic Performance Biennial. Perform Pacific Ecology*, per ISLE & Perform Pacific Ecology, Wynyard Quarter, Auckland, Nuova Zelanda, dal 22 al 24 novembre 2013 [on line all'indirizzo: https://www.psi-web.org/past-events/isle-perform-pacific-ecology/]

24. "Sea-Change: Performing a fluid continent. 2nd Oceanic Performance Biennial" a Rarotonga, Isole di Cook, dall'8 all'11 luglio 2015

25. Margaret Werry, "Sea-Change: Performing a Fluid Continent, 2nd Oceanic Performance Biennial: Rarotonga, Cook Islands, 8-11 July 2015", in *Performance Research*, n. 21.2, 2016, pp. 90-95

26. Vedi on line all'indirizzo: https://artscience.online/category/artscience2018/

27. "From the Mediterranean to the Pacific. Dialogues Across the Seas", 27-28 luglio, 2017, Museo del Sale, Cervia, per "art*science. art | climate change | environment", a cura di Pier Luigi Capucci e Roberta Buiani, l'evento è stato realizzato, tra gli altri, in partnership con *Leonardo*, il Festival della Complessità e ArtSci Salon; "Alla ricerca dei dati/Looking for Data", a cura di Pier Luigi Capucci ed Elena Giulia Rossi si è svolto a Roma nell'ambito di HER: She Loves S. Lorenzo, primo festival di quartiere dedicato ai dati realizzato da Salvatore Iaconesi e Oriana Persico; "Guarda Lontano #15", nell'ambito di "ONE COMMUNITY/MORE RESPONSIBILITY", a cura di Marcello Signorile e Pier Luigi Capucci, 7-10 maggio, Accademia di Belle Arti di Urbino

28. Pier Luigi Capucci, "L'umanità controversa. Riflessioni tra speranza e futuro a partire da Greta Thunberg" [on line all'indirizzo: https://noemalab.eu/ideas/lumanita-controversa-riflessioni-tra-speranza-e-futuro-a-partire-da-greta-thunberg/]

29. Paola Antonelli, "Broken Nature", in Paola Antonelli – Ala Tannir, *Broken Nature. XXII Triennale di Milano*, catalogo della mostra alla Triennale di Milano, 1 marzo-1 settembre 2019, Electa, Milano 2019, p. 21 e p.37

30. Boris Groys, *In The Flow*, op. cit.

31. Jenny Kidd, *Museum in the New Mediascape. Transmedia, Participation, Ethics*, Routledge, Londra e New York 2016

(prima pubblicazione Ashgate Publishing 2014), p. 16

32. Edward Steichen, *Delphiniums*, MoMA, New York, 24 giugno – 21 luglio 1936

33. Edward Steichen ha portato avanti questo tipo di sperimentazione dagli anni Venti del XX secolo fino allo scoppio della Seconda guerra mondiale

34. Edward Steichen, "My Half Century of Delphinium Breeding", in *Delphinium* (1959) citato in Ronald J. Gedrim, *Edward Steichen's 1936 Exhibition of Delphinium Blooms: An Art of Flower Breeding*, in E. Kac (a cura di) *Signs of Life*, op. cit.

35. Robert Mitchell, *Bio art and the Vitality of the Media*, University of Washinghton Press, Seattle e Londra 2010

36. Archives MoMA di New York [on line all'indirizzo: https://www.moma.org/ research-and-learning/research-resources/ archives/index]

37. La mostra includeva il lavoro di: Ai Weiwei, Chim↑Pom, Grand Guignol Mirai, Nikolaus Hirsch e Jorge Otero-Pailos, Meiro Koizumi, Eva e Franco Mattes, Aiko Miyanaga, Ahmet Öğüt, Trevor Paglen, Taryn Simon, Nobuaki Takekawa e Kota Takeuchi

38. Watari Museum of Contemporary Art a Tokyo, 20th Biennale of Sydney, Yokohama Triennale 2017, Arts Catalyst a Londra, CCCB a Barcelona ed Extra City ad Anversa

39. Joline Blais e Jon Ippolito, "Introduction", in *At the Edge of Art*, Thames & Hudson, Londra 2015, p. 9

40. Francesca Gallo, *Les immatériaux. Un percorso di Jean François Lyotard nell'arte contemporanea*, Aracne, Roma 2008, p. 49

41. Marc Morano, *The Politically Incorrect Guide to Climate Change*, Regnery Publishing, Washington DC 2018

42. Ibidem, p. 143

43. Ulrich Beck, *Risk Society: Towards a New Modernity*, Sage, Londra 1994, citato in Marianna Poberezhskaya, *Communicating Climate Change in Russia: State and Propaganda*, Routledge, Londra e New York 2016

44. Janine Randerson, *Weather as Medium: Toward a Meteorological Art*, op. cit., p. 182

45. Vedi a questo proposito Jon Ippolito, *Death by Wall Label*, 2008 [on line all'indirizzo: http://thoughtmesh.net/ publish/11.php]

46. Oliver Grau, Wendy Coones, Viola Rühse (Introduction), *Museum and Archive on the Move. Museum and Archive on the Move: Changing Cultural Institutions in the Digital Era*, De Gruyter 2017, p. 13

47. Jens Hauser, "Who is Afraid of the In-Between?", in *Sk-interfaces*, op. cit.

BIBLIOGRAFIA CITATA

AAVV, *Bioma: pensieri, creazioni e progetti per un Parco d'Arte Vivente*, ACPAV/
PEA/Gribaudo, Torino 2005

Abbott Edwin A., *Flatlandia. Racconto fantastico a più dimensioni*, Bollati
Boringhieri, Torino 2008 (ediz. orig. *Flatland. A Romance of Many Dimensions*, Basic
Blackwell, Oxford 1884)

Antonelli Paola – Tannir Ala, *Broken Nature. XXII Triennale di Milano*, catalogo della
mostra alla Triennale di Milano, 1 marzo-1 settembre 2019, Electa, Milano 2019

Antonelli Paola, *Design and The Elastic Mind*, catalogo della mostra, 24 febbraio-12
maggio 2008, The Museum of Modern Art, New York 2008

Ascott Roy "Arte telematica. Conversazione con Roy Ascott" in Maurizio
Bolognini, *Postdigitale. Conversazioni sull'arte e le nuove tecnologie*, Carocci
Editore, Roma 2008, p. 74

Ascott Roy, "Moistmedia, Technoetics and the Three VRS" in *ISEA Acts
Proceedings*, Art 30000 [art et neauvaux médias], Parigi, 7-10 dicembre, 2000, pp.
1-7 [on line all'indirizzo http://www.isea-archives.org/docs/2000/proceedings/
ISEA2000_proceedings.pdf]

Ascott Roy, "The Construction of Change", originariamente apparso nel 1964 in
Cambridge Opinion 41 (Modern Art in Britain)

Augè Marc, "The Art of Separation" in *Muntadas. On Translation: I Giardini*,
catalogo della mostra, Padiglione Spagna, 51ª Biennale di Venezia, Actar,
Barcellona 2005, p. 29

Balzola Andrea, Monteverdi Anna Maria, *Le arti multimediali digitali. Storia, tecniche,
linguaggi, etiche ed estetiche delle arti del nuovo millennio*, Garzanti, Milano 2004

Baumgärtel Tilman, *[net.art 2.0] – Neue Materialien Zur Netzkunst*, Verlag Für
moderne Kunst, Norimberga 2002, p. 24

Beck Ulrich, *Risk Society: Towards a New Modernity*, Sage, Londra 1994, in Marianna
Poberezhskaya, *Communicating Climate Change in Russia: State and Propaganda*,
Routledge, Londra e New York 2016

Benjamin Walter, *L'opera d'arte nell'era della sua riproducibilità tecnica*, Einaudi,
Torino 2000 (ediz. orig. "Das Kunstwewerk im Zeitalter seiner technischen
Reproduzierbarkeit", in *Gesammelte Schriften,* Suhrkamp, Francoforte)

Bianchi Frederik – Manzo V.J. (a cura di), *Environmental Sound Artists: In Their Own
Words*, Oxford University Press, Oxford 2016

Bindi Gaia, *Arte, ambiente, ecologia*, Postmedia books, Milano 2019

Blais Joline – Ippolito Jon, *At the Edge of Art*, Thames & Hudson, Londra 2015

Bolognini Maurizio, *Conversazioni sull'arte e le nuove tecnologie*, Carocci, Roma
2008

Bosscher Jacqueline – Miranda Maria – Neumark Norie, curatorial statement, *The
Trouble with the Weather: a Southern Response*, mostra alla UTS Gallery, University

of Technology, Sydney, 3 luglio-30 agosto 2007 [on line all'indirizzo: https://www.
weathertrouble.net/curators.html]

Braidotti Rosi & Hlavajova Maria, *Posthuman Glossary*, Bloomsbury Academic,
Londra 2018

Bridle James, *Nuova era oscura*, Nero Edizioni, Roma 2019 (ediz. orig. *New Dark Age.
Technology and the End of the Future*, Verso, Londra 2018)

Bureaud Annick, "Inhabiting the Extreme or Making Antarctica Familiar", in
Marshing Jane – Polli Andrea (a cura di), *Farfield. Digital Culture, Climate Change,
and the Poles*, Intellect, Bristol / Chicago 2012, p. 191

Cadioli Marco Manray, *Io Reporter in Second Life*, Shake Ed., Milano 2007

Capucci Pier Luigi –Torriani Franco, *Introduzione*, in Jens Hauser (a cura di), *Art
Biotech*, Clueb Edizioni, Bologna, 2007, ripubblicato in NOEMA –Technology &
Society, 28 aprile 2007, [on line all'indirizzo: https://noemalab.eu/ideas/essay/arte-
e-biotecnologie/]

Capucci Pier Luigi, "L'umanità controversa. Riflessioni tra speranza e futuro
a partire da Greta Thunberg" [on line all'indirizzo: https://noemalab.eu/ideas/
lumanita-controversa-riflessioni-tra-speranza-e-futuro-a-partire-da-greta-
thunberg/]

Capucci Pier Luigi, "La doppia articolazione del vivente", in Ivana Mulatero (ed.),
Dalla Land Art alla Bioarte – From Land Art to Bio Art, Hopefulmonster, Torino 2008,
p. 144

Capuozzo Laura, "Arte Bio-Diversa. Il PAV di Torino Tra ecologia e transgenesi",
intervista di Laura Capuozzo a Piero Gilardi in *Digicult*, s.i.d. [on line all'indirizzo:
http://digicult.it/it/digimag/issue-070/arte-bio-diversa-il-pav-di-torino-tra-ecologia-
e-transgenesi/]

Cascella Daniela, *Scultori di Suono. Percorsi nella sperimentazione musicale
contemporanea*, Tuttle Edizioni, Camucia 2009

Castells Manuel, *Galassia Internet*, Feltrinelli, Milano 2010 (ediz. orig. *Internet
Galaxy*, Oxford University Press, Oxford 2001)

Catlow Ruth, Garrett Marc, Jones Nathan & Skinner Sam, *Artists. Re: Thinking the
Blockchain*, Torque Editions & Furtherfield, 2017

Catts Oron – Zurr Ionat, "Semi-Living Art", in Kac Eduardo (a cura di) *Signs of Life.
Bio Art and Beyond*, The MIT Press, Cambridge, Mass / Londra 2007, p. 232

Chau Christina, "Kinetic Systems: Jack Burnham and Hans Haacke", in
Contemporaneity: Historical Presence in Visual Culture, Vol. 3, No 1, 2014, pp. 62-76
[on line all'indirizzo: htttps://doi.org/10.5195/contemp.2014.57]

Christov-Bakargiev Carolyn – Vecellio Marianna (a cura di), *Hito Steyerl,* catalogo
della mostra *Hito Steyerl* al Castello di Rivoli, Torino, 1 novembre 2018-30 giugno
2019, Skira, Milano 2019

Cipolletta Giorgio, "Intervista a Luigi Pagliarini. Per un corpo Terrarium", in *Arshake*. Reinventing Technology, 31.03.2020, [on line all'indirizzo: https://www.arshake.com/intervista-luigi-pagliarini-pt1/]

Cirio Paolo, *Systems of Systems*, *artist's text*, 2019 [on line all'indirizzo: https://paolocirio.net/press/texts/text_systems-systems.php]

Coccia Emanuele, "L'Arca Astrale di Tomás Saraceno", in Arturo Galansino (a cura di), *Tomás Saraceno. Aria*, catalogo della mostra a Palazzo Strozzi, Firenze, 22 febbraio-1 novembre 2020, Marsilio Editori, Venezia 2020

Corby Tom, *Network Art: Practices and Positions*, Routledge, Londra 2005

Critical Art Ensembles, "Gen Terra", in *Disturbance*, Four Corners Books, Londra 2012

Critical Art Ensemble, *L'invasione molecolare. Biotech: teoria e pratiche di resistenza*, Elèuthera, Milano 2005 (ediz. orig. *Molecular Invasion*, Autonomedia, New York 2003)

Crutzen Paul J., Stoermer Eugene F., "The Anthropocene", in *IGBP Newsletter* n. 41, maggio 2000 [on line all'indirizzo: http://www.igbp.net/download/18.31 6f18321323470177580001401/1376383088452/NL41.pdf]

Davenport Charles B., *Race Crossing in Jamaica*, Carnegie Institution of Washington publications n. 395, Washington 1929

Davis Joe, "Microvenus", in *Art Journal 55*, n. 1, 1996, pp. 70-74

De Menezes Marta, "Art: in vivo and in vitro", in Eduardo Kac (a cura di) *Signs of Life. Bio Art and Beyond*, The MIT Press, Cambridge, Mass / Londra 2007, p. 220

De Menezes Marta, "Representation in Bio Art", in Assimina Kaniari (a cura di), *Institutional Critique to Hospitality: Bio Art Practice Now*, A Critical Anthology, Ekdoseis Grigoris, Atene 2017

Denes Agnes, progetto *Tree Mountain-A Living Time Capsule* sul sito dello studio dell'artista [on line all'indirizzo: http://www.agnesdenesstudio.com/works4.html]

Denegri Dobrila, "Intervista | Victoria Vesna. Parte II", in *Arshake*, 10 aprile, 2014, [on line all'indirizzo: https://www.arshake.com/intervista-victoria-vesna-parte-ii/]

Deseriis Marco, Marano Giuseppe, *Net.Art. L'arte della connessione*, Shake, Milano 2003

Di Paola Modesta, *L'arte che traduce. La traduzione visuale nell'opera di Antoni Muntadas*, Mimesis/Eterotopie, Milano 2017

Dorfles Gillo, *Artificio e Natura*, Einaudi, Torino 1968

Dorfles Gillo, *L'intervallo Perduto*, Skira, Milano 2006

Eliasson Olafur, "The Why and Hows of My Art Making: Olafur Eliasson in Conversation with Anna Engberg-Perdersen", in Eliasson Olafur, *Olafur Eliasson. Experience*, Phaidon, Londra 2018, p. I

Eliasson Olafur, *Olafur Eliasson. Experience*, Phaidon, Londra 2018

Evola Dario, *La funzione moderna dell'arte. Estetica delle arti visive nella modernità*, Mimesis Editore, Sesto San Giovanni 2018

Florian Federico, "Intervista a Tomás Saraceno", in *Klat*, 7 dicembre 2012 [on line all'indirizzo: https://www.klatmagazine.com/art/tomas-saraceno/7407]

Gallo Francesca, *Les immatériaux. Un percorso di Jean François Lyotard nell'arte contemporanea*, Aracne, Roma 2008

Galloway Alexander R., *The Interface Effect*, Polity Press, Cambridge 2012

Gedrim Ronald J., *Edward Steichen's 1936 Exhibition of Delphinium Blooms: An Art of Flower Breeding*, in Kac Eduardo (a cura di) *Signs of Life. Bio Art and Beyond*, The MIT Press, Cambridge, Mass / Londra 2007

Gessert George, *Green Light. Toward an Art of Evolution*, MIT Press, Cambridge, Mass / Londra 2010

Gessert George, "Notes on Genetic Art", in *Leonardo*, Vol. 26, n. 3, 205-211, 1993

Gessert George, *"Why I Breed Plants",* in Kac Eduardo (a cura di) *Signs of Life. Bio Art and Beyond*, The MIT Press, Cambridge, Mass / Londra 2007, p. 187

Ghidini M. – Kelton, T. (2015), Silicon Plateau Vol-1, T.A.J. Residency and SKE Projects, Bangalore: India [on line all'indirizzo http://www.iocose.org/art-after-failure/index.html]

Gilardi Piero, profilo biografico pubblicato sul sito della Fondazione Centro Studi Piero Gilardi [on line all'indirizzo: http://www.fondazionecentrostudipierogilardi.org/it/home/]

Godfrey Mark, "Olafur Eliasson: A New Model of Artist", in Godfrey Mark (a cura di), *Olafur Eliasson: In Real Life*, catalogo della mostra alla Tate Modern, 11 luglio 2019-5 gennaio 2020, Tate Publishing, Londra 2019, p. 19

Grau Oliver – Coones Wendy – Rühse Viola, *Museum and Archive on the Move. Museum and Archive on the Move: Changing Cultural Institutions in the Digital Era*, De Gruyter, Berlino 2017

Grau Oliver, *Virtual Art: From Illusion to Immersion*, The MIT Press, Cambridge, Mass / Londra 2003

Green Rachel, *Internet Art*, Thames & Hudson, Londra 2003

Groys Boris, *In The Flow*, Postmedia books, Milano 2018 (ediz. orig. *In The Flow*, Verso, Londra 2016)

Guattari Félix, *Le tre ecologie*, Sonda, Casale Monferrato 1991 (ediz. orig. *Les trois écologies*, Galilée, Parigi 1989)

Guida Cecilia – Balbi Lorenzo – Arturo Fito Rodríguez Bornaetxea, *Muntadas. Interconnessioni*, catalogo della mostra, Museo Mambo, Villa delle Rose, Bologna, 17 gennaio-22 marzo 2020, Corraini Edizioni, Bologna 2020

Haeckel Ernst, *Generelle Morphologie der Organismen*, Georg Reimer, Berlino 1866

Hanru Hou, "Nature Forever. Sul lavoro di Piero Gilardi", in Hanru Hou, Pietromarchi Bartolomeo, Scotini Marco (a cura di), *Nature Forever. Piero Gilardi*, Quodlibet, Macerata 2017, p. 23

Hansen Mark B. N., *Bodies in Code. Interfaces with Digital Media*, Routledge, New York 2006

Haraway Donna J., *Chtulucene. Sopravvivere su un pianeta infetto*, Nero editore, Roma 2019 (ediz. orig. *Staying with the Trouble*, University of Chicago Press, Chicago 2016)

Hauser Jens, "Who is Afraid of the In-Between?", in *Sk-interfaces*, catalogo della mostra a cura di Jens Hauser, Liverpool University Press and FACT, Liverpool 2008

Hauser Jens in Daniela Silvestrin, *Dialoghi sulla Bioarte #1. Una conversazione con Jens Hauser*, Digicult, 10 dicembre 2012 [http://www.digicult.it/it/news/dialogues-on-bioart-1-a-conversation-with-jens-hauser/]

Hemment Drew, "Locative Arts", in *Leonardo*, Vol. 39, n. 4, agosto 2006, pp. 348-355

Hemment Drew, Buontempo Carlo, Dennen Alfie, Obsbourne Chris, Whitham Roger, Abel Pete, Marsden Howard, Bartlett Vanessa, *Climate Bubbles: Games to Monitor Urban Climate*, *Leonardo*, Vol. 44, n. 1, febbraio 2011, pp. 64-65

Holmes Brian, "Three Keys and No Exit: A Brief Introduction to Critical Art Ensemble", in *Critical Art Ensamble Disturbances*, Four Corners Books, Londra 2012, p. 16

Hooper-Greenhill Eilean Hooper-Greenhill, *Museums and the Shaping of Knowledge*, Routledge, Londra / New York 1992

Iaconesi Salvatore e Persico Oriana, *Angel_F. Diario di un'intelligenza artificiale*, Castelvecchi, Roma 2009

Ippolito Jon, *Death by Wall Label*, 2008 [on line all'indirizzo: http://thoughtmesh.net/publish/11.php]

Jacob Mary Jane, *The Gedankenexperiments of Katie Paterson* (2016) [on line all'indirizzo: http://2017.katiepaterson.org/wp-content/uploads/2017/04/Katie_Paterson_Mary_Jane_Jacob_essay2016.pdf]

Jeremijenko Natalie, *One Tree(s)*, in Kac Eduardo, *Signs of Life. Bio Art and Beyond*, The MIT Press, Cambridge, Mass / Londra 2007, p. 301

Jevbratt Lisa, "Inquires in Infomics", in Corby Tom, *Network Art: Practices and Positions*, Routledge, Londra 2005, p. 74

Jiménez José, *Teoria dell'arte*, Aesthtetica, Sesto San Giovanni 2002

Jones Caroline A., *Hans Haacke 1967*, catalogo della mostra al MIT Visual Art Center, 21 ottobre – 31 dicembre 2011, The MIT Press, Boston, Mass. 2012

Kac Eduardo, "L'emergere di biotelematica e biorobotica: integrazione di biologia, processualità dell'informazione, connettività delle reti e robotica", in Kac Eduardo (a cura di Capucci Luigi –Torriani Franco), *Telepresenza e Bioarte. Interconnessione in rete fra umani, conigli e robot*, Clueb Edizioni, Bologna 2016 (ediz. orig. *Telepresence & Bio Art. Networking Humans, Rabbits & Robots*, foreword James Elkins, Ann Arbor, The University of Michigan Press, 2005)

Kac Eduardo, "Transgenic Art", in Kac Eduardo (a cura di Capucci Luigi –Torriani Franco), *Telepresenza e Bioarte. Interconnessione in rete fra umani, conigli e robot*, op. cit.

Kaniari Assimina (a cura di), *Institutional Critique to Hospitality: Bio Art Practice Now*, A Critical Anthology, Ekdoseis Grigoris, Atene 2017

Kholeif Omar, *I was raised on the Internet*, catalogo della mostra al MCA – Museum of Contemporary Art, Chicago, 23 giugno – 14 ottobre, 2018, DelMonico Books, Monaco, Londra, New York 2018

Kidd Jenny, *Museum in the New Mediascape. Transmedia, Participation, Ethics*, Routledge, Londra / New York 2016 (prima pubblicazione Ashgate Publishing 2014)

Latour Bruno, "Some Experiments in Art and Politics", in *e-flux,* n. 23, marzo 2011 [on line all'indirizzo: https://www.e-flux.com/journal/23/67790/some-experiments-in-art-and-politics/]

Laval-Jeantet Marion, Stellino Paolo, Bagnolini Guillaume (a cura di), *Bioart et éthique*, Éditions CQFD, Montreuil 2019

Laval-Jeantet Marion, "The Fusional Haptics of Art Orienté object", in Jens Hauser (a cura di) *Sk-interfaces*, catalogo della mostra a cura di Jens Hauser, Liverpool University Press and FACT, Liverpool 2008, p. 91

Leers D., "Intervista ad Andrea Polli", in Andrea Polli, *Hack the Grid*, Carnegie Museum of Art, Pittsburgh 2017

Lialiana Olia e Espenschied Dragan, *Digital Folklore*, Merz and Solitude, Stoccarda 2009

Licklider J.C., *Man Computer Symbiosis, IRE Transactions and Human Factors* in *Electronics*, volume HFE-1, marzo1960, pp. 4-11, [online all'indirizzo: http://groups.csail.mit.edu/medg/people/psz/Licklider.html]

Lippard Lucy, *Weather Report: Art and Climate Change*, introduzione al catalogo della mostra al Boulder Museum of Contemporary Art, Colorado, 14 settembre-21 dicembre 2007, Boulder Museum of Contemporary Arts, Boulder 2007

Ludovico Alessandro, "Paul Vanouse. Interview", in *Neural*, n. 39, estate 2011, pp. 46-49

Malina Roger, "What is a Climate artist?", in Kovatis S. – Munz T. (a cura di), *Deep North*, Revolver Publishing, Berlino 2009

Manetas Miltos, *Websites, Are the Art of Our Times*, 2002-2004 [on line all'indirizzo: http://www.manetas.com/txt/websitesare.htm]

Manovich Lev, *Il Linguaggio dei nuovi media*, Edizioni Olivares, Milano 2002 (ediz. orig. *The Language of New Media*, The MIT Press, Cambridge, Mass / Londra 2002)

Mattes Eva, in Quaranta Domenico, "Eva e Franco Mattes", in *Flash Art*, 6 dicembre 2016 [on line all'indirizzo: https://flash---art.it/article/eva-e-franco-mattes/]

May Susan, *Olafur Eliasson: The Weather Project*, catalogo della mostra alla Turbine Hall della Tate Modern, Tate Publishing, Londra 2003

McLuhan Marshall, *Gli strumenti del comunicare*, Il Saggiatore, Milano 1971 (ediz. orig. *Understanding Media*, Routlege and Kegan Paul, Londra 1964)

McLuhan Marshall, *La Galassia Gutenberg. Nascita dell'uomo tipografico*, Armando Editore, Roma 1976 (ediz. orig. *The Gutenberg Galaxy: The Making of Typographic Man*, Routledge & Kegan Paul, Londra 1967)

Melanitis Yiannis, in *Transgenic art. Leda Melanitis Butterfly. Mario Savini's Interview with Yiannis Melanitis*, Postinterface, 3 agosto, 206, [on line all'indirizzo: http://www.postinterface.com/11-notizie/focus/316-transgenic-art-leda-melanitis-butterfly-mario-savini-interview-to-yiannis-melanitis]

Melotti Massimo, "Antoni Muntadas: la lentezza è conoscenza", in *Il Giornale dell'Arte.com,* numero 401, ottobre 2019 [on line all'indirizzo: https://www.ilgiornaledellarte.com/articoli/antoni-muntadas-la-lentezza-conoscenza/132005.html]

Michaud Yves, "Art and Biotechnology", in Eduardo Kac (a cura di), *Signs of Life. Bio Art and Beyond*, The MIT Press, Cambridge, Mass / Londra 2007, p. 294

Mitchell Robert, *Bio art and the Vitality of the Media*, University of Washinghton Press, Seattle / Londra 2010

Morano Marc, *The Politically Incorrect Guide to Climate Change*, Regnery Publishing, Washington DC 2018

Morton Timothy, "Floating as Ecological Action", in Hans Ulrich Obrist (a cura di), *Aerocene*, Skira, Milano 2017, p. 146

Morton Timothy, *Iperoggetti*, Nero edizioni, Roma 2018 (ediz. orig. *Hyperobjects*, University of Minnesota press, Minneapolis 2013)

Morton Timothy, *The Ecological Thought*, Harvard University Press, Cambridge 2010

Moss Ceci, "Expanded Internet Art. Twenty-First-Century Artistic Practice and the Informational Milieu, International Texts" in Moss Ceci, *Critical Media Aesthetics*, Bloomsbury Academic, New York 2019

Muntadas Antoni, *Antoni Muntadas. On translation*, MACBA, catalogo della mostra, Actar, Museu d'Art Contemporani de Barcelona, Barcelona 2002

Muntadas Antoni, "Riflessioni per una metodologia di progetto", in *Monos #4*, Venezia 2013

Natarajan Priyamvada, "Unravelling the Invisible Universe: Colourless, Soundless, Odourless and Painless but Real", in *Antoney Gormley*, catalogo della mostra presso la Royal Academy of Arts, 21 settembre-3 dicembre 2019, Royal Academy of Arts, Londra 2019

Obrist Hans-Ulrich (a cura di), "Hans-Ulrich Obrist in Conversation with Tomás Saraceno", in *Aerocene*, catalogo della mostra, Skira, Milano 2017, p. 5

Paglen Trevor, "Conversazione e-mail con Lauren Cornell", ripubblicata in Lauren Cornell e Ed Halter (a cura di), *Mass Effect: Art and the Internet in the Twenty-First Century*, The MIT Press, Cambridge, Mass / Londra 2015, p. 258

Pagliarini Luigi, "Polymorphic Intelligence", in *Proceedings of the Twelfth International Symposium on Artificial Life and Robotics*, In press AROB 12th, 25-27 gennaio 2007; B-Con Plaza, Beppu, Oita, Giappone

Pagliarini Luigi, "Intelligenza Polimorfa parte I", in *Digicult* [on line all'indirizzo: https://digicult.it/it/digimag/issue-029/polymorphic-intelligence-part-1/]

Parrikka Jussy, *Archeologia dei Media*, Carocci Editore, Roma 2019 (ediz. orig. *Geology of Media*, University of Minnesota Press, Minnesota 2015)

Paul Christiane (a cura di), *A Companion to Digital Art*, Wiley Blackwell Pub, Hoboken, New Jersey 2016

Paul Christiane, *Digital Art*, Thames & Hudson, Londra 2008 (terza edizione 2015)

Pisano Leandro, *Nuove geografie del suono. Spazi e territori nell'epoca postdigitale*, Meltemi Linee, Sesto San Giovanni 2017

Polli Andrea, "Active Vision," in *Leonardo,* Vol. 32, no. 5, 1999, pp. 405-411

Polli Andrea, "Atmospheric/Weather Works: A Multi-Channel Storm Sonification Project", in *Proceedings of ICAD 04-Tenth Meeting of the International Conference on Auditory Display*, 6-9 luglio 2004, Sydney [online all'indirizzo: www.icad.org/Proceedings/2004/Polli2004.pdf]

Polli Andrea, in *Ground Truth [Focus: The Antartic Dry Valleys]*, in Marsching Jane – Polli Andrea, *Farfield. Digital Culture, Climate Change, and the Poles*, Intellect, Bristol / Chicago 2012, p. 92

Pompili Matteo, "Intervista a Tommaso Tozzi", *Arshake*, 15 marzo 2018 [on line all'indirizzo: https://www.arshake.com/intervista-tommaso-tozzi/]

Price Seth, *Dispersion*, pubblicato per la prima volta come pdf distribuito online nel 2002, ripubblicato in Cornell Lauren – Halter Ed, *Mass Effect and the Internet in the Twenty-First Century*, The MIT Press, Cambridge, Mass / Londra 2015, pp. 51-68

Quaranta Domenico, "Eva e Franco Mattes", in *Flash Art*, 6 dicembre 2016 [on line all'indirizzo: https://flash---art.it/article/eva-e-franco-mattes/]

Quaranta Domenico, *Media New Media, Post Media*, Postmedia books, Milano 2018 (prima edizione, 2010)

Quaranta Domenico, "Situating Post Internet", in Valentino Catricalà (a cura di) *Media Art. Toward a New Definition of Art in the Age of Technology*, Gli Ori, Pistoia 2015

Raimondi Stefano, *Nanoart. Vedere l'invisibile*, Skira, Milano 2007

Randerson Janine, "Weather Envisioning: Visualization and Mapping", in Janine Randerson (a cura di) *Weather as a Medium. Toward a Meteorological Art*, The MIT Press, Cambridge, Mass / Londra 2018

Randerson Janine, *Between Reason and Sensation: Antipodean Artists and Climate Change*, 2005 [on line all'indirizzo: https://www.olats.org/space/colloques/expandingspace/te_jRanderson.php]

Randerson Janine, *Weather as a Medium. Toward a Meteorological Art*, The MIT Press, Cambridge, Mass / Londra 2018

Respini Eva (a cura di), *Art in the Age of the Internet*, 1989 to today, catalogo della mostra (The Institute of Contemporary Art, Boston), Yale Press University, New Haven 2018

Romano Gianni, *Artscape. Panorama dell'arte in Rete*, Costa & Nolan, Milano 2000

Rossi Elena Giulia, *Archeonet. Viaggio nella storia della net/web art e suo ingresso negli spazi dei musei tradizionali*, Lalli Editore, Poggibonsi 2003

Rossi Elena Giulia, "Estetiche del clima", in *Cura.magazine* n. 8, primavera-estate 2011

Rossi Elena Giulia, "*The Vitalist Museum*. Entre l'art de la vie et la vie de l'art" in Marion Laval-Jeantet, Paolo Stellino, Guillaume Bagnolini (a cura di), *Bioart et éthique*, Éditions CQFD , Montreuil 2019, pp. 155-179

Rossi Elena Giulia –Tolve Antonello, *Donato Piccolo. Aritmosferica,* nella serie *Critical Grounds* [on line all'indirizzo: https://www.arshake.com/critical-grounds-8-donato-piccolo-aritmosferica-2/]

Savini Mario, *Arte transgenica. La vita è il medium*, Pisa University Press, Pisa 2018

Scali Alessandro e Goode Robin, "Nanoarte. Mai fidarsi degli artisti", in Raimondi Stefano, *Nanoart. Vedere l'invisibile*, Skira, Milano 2007

Sholette Gregory, "Disciplining the Avant-Garde. The United States versus The Critical Art Ensemble", in *CIRCA: Contemporary Visual Culture in Ireland*, 21 agosto 2005, pp. 50-59

Simmons John E., *Museums. A History*, Rowman & Littlefield, Lanham (MD) 2016

Silvestrin Daniela, "Dialoghi sulla Bioarte #1. Una coversazione con Jens Hauser", *Digicult*, 10 dicembre 2012 [http://www.digicult.it/it/news/dialogues-on-bioart-1-a-conversation-with-jens-hauser/]

Sommerer Christa, Mignonneau Laurent, *Interface Cultures, Artistic Aspects of Interaction*, University of Michigan 2008

Steichen Edward, "My Half Century of Delphinium Breeding", in *Delphinium* (1959) citato in Gedrim Ronald J. Gedrim, *Edward Steichen's 1936 Exhibition of Delphinium Blooms: An Art of Flower Breeding*, in E. Kac (a cura di) *Signs of Life. Bio Art and Beyond*, The MIT Press, Cambridge, Mass / Londra 2007

Steyerl Hito, "Internet è morta", in *Duty Free Art. L'arte nell'epoca della guerra civile planetaria*, Johan & Levi, Monza 2018 (ediz. orig. *Duty Free Art: Art in the Age of Planetary Civil War*, Verso Books, Londra 2017), p. 137

Steyerl Hito, "Proxy Politics: segnale e rumore", in *Duty Free Art. L'arte nell'epoca della guerra civile planetaria, Duty Free Art. L'arte nell'epoca della guerra civile planetaria*, op.cit., p. 45

Tanni Valentina, "Net Art. Genesi e Generi", in Balzola Andrea, Monteverdi Anna Maria, *Le arti multimediali digitali. Storia, tecniche, linguaggi, etiche ed estetiche delle arti del nuovo millennio*, Garzanti, Milano 2004, pp. 277-287

Tanni Valentina, *Memestetica. Il settembre eterno dell'arte*, Nero Edizioni, Roma 2020

Todd Stephen – Latham William, *Evolutionary Art and Computers*, Academic Press, Londra 1992

Todorov Tzvetan, *Noi e gli altri. La riflessione francese sulla diversità umana*, Einaudi, Torino 1991 (ediz. orig. *Nous et les autres. La réflexion française sur la diversité humaine*, Éditions du Seuil, Parigi 1989)

Tolve Antonello, "L'arte allo stato atmosferico", in Rossi Elena Giulia –Tolve Antonello, *Donato Piccolo. Aritmosferica,* nella serie *Critical Grounds* [on line all'indirizzo: https://www.arshake.com/critical-grounds-8-donato-piccolo-aritmosferica-2/]

Tolve Antonello, "Quando la natura diventa arte #1", in *Arshake*, 11 febbraio 2016 [on line all'indirizzo: https://www.arshake.com/atmosfera-quando-la-natura-diventa-arte-1/]

Tolve Antonello, *Ubiquità. Arte e critica d'arte ai tempi del policentrismo ubiquitario*, Quodlibet, Macerata 2010

Tomeo Caterina (a cura di), *Sonic Arts. Tra esperienza percettiva e ascolto attivo*, Castelvecchi, Roma 2019

Tozzi Tommaso, *Arte di opposizione. Stili di vita, situazioni e documenti degli anni Ottanta*, Shake Edizioni, Milano 2008

Trini Tommaso (a cura di), *Piero Gilardi – La mia Biopolitica*, Prearo Editore, Milano 2016

Vesna Victoria (a cura di), *Database Aesthetics, Art in the Age of Information Flow*, University of Minnesota Press, Minneapolis 2008

Vesna Victoria, "Tracing Bodies of Information Overflow", in Marina Gržnić Mauhler (a cura di), *The Body Caught in the Intestines of the Computer & Beyond*, Maska, journal, n. 62-63, Slovenia 2000

Von Bertalanffy Ludwig, *Teoria generale dei sistemi*, Mondadori, Milano 2004 (ediz. orig. *General System Theory. Foundations, Development, Applications*, George Braziller, New York 1969)

Von Humboldt Alexander, *Cosmos: A Sketch of a Physical Description of the*

Universe, trans. Edward J. L. Sabine, Longman, Brown, Green and Longmans, e John Murray, Londra 1845-1852

Warner Nick, "Intervista a Marisa Olson", in *Art and Internet*, Black Dog Publishing Limited, Londra 2013, p. 196

Weibel Peter, *Sound Art. Sound as a Medium of Art*, The MIT Press, Cambridge, Mass / Londra 2020

Weibel Peter e Druckrey Timothy, *Net_Condition. Art and Global Media*, ZKM-Center for Art and Media, Karlsruhe; The MIT Press, Cambridge, Mass / Londra, p. 14

Werry Margaret, "Sea-Change: Performing a Fluid Continent, 2nd Oceanic Performance Biennial: Rarotonga, Cook Islands, 8-11 July 2015", in *Performance Research*, n. 21.2, 2016, pp. 90-95

Wiener Norbert, *La cibernetica*, Bompiani, Milano 1951 (ediz. orig. *Cybernetics or control and communication in the animal and the machine*, The Technology Press of MIT, Cambridge, Mass. 1948)

Wiener Norbert, *Introduzione alla Cibernetica. L'uso umano degli esseri umani*, Boringhieri, Torino 1966, p. 17 (ediz. orig. *The Human Use of Human Beings*, Houghton Mifflin Company, Boston 1950)

Wulf Andrea, *The Invention of Nature. Alexander Von Humboldt's New World. The Lost Hero of Science*, Alfred A. Knopf, New York 2015

Zanni Carlo, *Art in the Age of the Cloud*, Diorama Editions, Milano 2017

RINGRAZIAMENTI

Ringrazio l'Accademia di Belle Arti di Roma per aver accolto il progetto,
Gianni Romano per la fiducia accordatami, e quanti in questo periodo mi
hanno sopportato e supportato nei modi più diversi. Ringrazio gli artisti che
mi hanno concesso la pubblicazione delle immagini, ma anche quanti di loro
si sono prestati al dialogo e mi hanno letteralmente aiutato ad aggiustare il
tiro di molte parti del libro. Non posso elencare tutti i nomi perché sono tanti.
Sento tuttavia, di dover ringraziare, in particolare, Pier Luigi Capucci per tutti
gli stimoli che ha dato a molte fasi della ricerca coinvolgendomi in lezioni e
conferenze. Grazie a Marianna Mordenti che ha seguito la stesura del testo,
e tutta la delicata fase della correzione delle bozze, con professionalità,
intelligenza e cuore. A questo punto della storia, mi è più chiaro perché i
ringraziamenti alla famiglia sono sempre presenti e anche molto sentiti.
Nessuno, persone o istituzioni, è responsabile degli eventuali errori presenti in
questo libro che ha rischiato di avventurarsi in ambiti disciplinari altri da quelli
di propria competenza.

MIND THE GAP
La vita tra bioarte, arte ecologica e post Internet

di Elena Giulia Rossi

pp.192, ill. 72

isbn 9788874902897
seconda ristampa

Postmedia Srl
Milano
www.postmediabooks.it